TREES
OF THE WORLD

BÄUME
DER WELT

LE MONDE FANTASTIQUE DES
ARBRES

STROMY
SVĚTA

ÁRBOLES
DEL MUNDO

ALBERI
DAL MONDO

Tomáš Míček

TREES
OF THE WORLD

BÄUME
DER WELT

LE MONDE FANTASTIQUE DES
ARBRES

STROMY
SVĚTA

ÁRBOLES
DEL MUNDO

ALBERI
DAL MONDO

Text by Hans Torwesten

slovart

Contents

	Preface – Tree Fascination	7
Cercis siliquastrum	11	Judas Tree	11
Ceratonia siliqua	15	Carob	15
Fagus sylvatica	25	Copper (European) Beech	25
Quercus robur	29	English Oak	29
Thuja gigantea	37	Western Red Cedar	37
Castanea sativa	41	Sweet Chestnut	41
Olea europaea	45	Olive Tree	45
Dracaena draco	67	Canary Islands Dragon Tree	67
Adansonia	77	Baobab	77
Aloe dichotoma	103	Quiver Tree	103
Acacia	115	Acacia	115
Cyphostemma currorii	123	Cobas (Butter Tree)	123
Welwitschia mirabilis	133	Welwitschia	133
Taxodium distichum var. distichum	143	Swamp Cypress	143
Taxodium mucronatum	163	Montezuma Cypress	163
Pinus longaeva, Pinus aristata	171	Bristlecone Pine	171
Sequoia sempervirens	199	Coast Redwood	199
Sequoiadendron giganteum	213	Giant Sequoia	213
Juniperus	227	Juniper	227
Acer saccharum	235	Sugar Maple	235
Yucca	243	Yucca	243
Ceiba pentandra	253	Kapok Tree	253
Opuntia echios var. gigantea	267	Opuntia Tree	267
Fitzroya cupressoides	275	Patagonian Cypress	275
Araucaria araucana	287	Monkey-puzzle	287
Jubaea chilensis	301	Chilean Wine Palm	301
Xanthorrhoea preissii	311	Grass Tree (Balga)	311
Kingia australis	311	Kingia	311
Agathis australis	331	Kauri	331
Ficus Sp.	341	Sacred Fig Trees	341
	Index	366

Inhalt

Einleitung – Faszination Baum	7
Judasbaum	11
Johannisbrotbaum	15
Rotbuche	25
Stieleiche	29
Riesenlebensbaum	37
Edelkastanie	41
Ölbaum	45
Kanarischer Drachenbaum	67
Baobab	77
Köcherbaum	103
Akazie	115
Traubenbaum	123
Welwitschie	133
Echte Sumpfzypresse	143
Mexikanische Sumpfzypresse	163
Grannenkiefer	171
Küstenmammutbaum	199
Riesenmammutbaum	213
Wacholder	227
Zuckerahorn	235
Yucca	243
Kapokbaum	253
Baumopuntie	267
Patagonische Zypresse	275
Chilenische Araukarie	287
Honigpalme	301
Preiss-Grasbaum	311
Kingia australis	311
Neuseeländischer Kauri-Baum	331
Feigenbäume	341
Index	366

Sommaire

Introduction – Ces arbres qui nous fascinent	8
Arbre de Judée	11
Caroubier	15
Hêtre commun	25
Chêne commun	29
Thuya géant de Californie	37
Châtaignier commun	41
Olivier	45
Dragonnier	67
Baobab	77
Aloès	103
Acacia	115
Cyphostemma currori	123
Welwitschia	133
Cyprès chauve	143
Cyprès mexicain	163
Pin aristé	171
Séquoia	199
Séquoia géant	213
Genévrier	227
Érable à sucre	235
Yucca	243
Kapokier	253
Figuier de Barbarie	267
Cyprès de Patagonie	275
Araucaria du Chili	287
Palmier à miel	301
Xanthorrhoea	311
Black boy	311
Agathis	331
Ficus	341
Index	367

Obsah

Předmluva – Okouzlení stromy	8
Zmarlika Jidášova	11
Rohovník obecný	15
Buk lesní	25
Dub letní	29
Zerav obrovský	37
Kaštanovník setý	41
Olivovník evropský	45
Dračinec dračí	67
Baobab	77
Aloe rozsochatá	103
Akácie	115
Cyfostema	123
Welwitschie podivná	133
Tisovec dvouřadý	143
Tisovec Montezumův (Montezumův cypřiš)	163
Borovice osinatá	171
Sekvoj vždyzelená	199
Sekvojovec obrovský	213
Jalovec	227
Javor cukrový	235
Juka	243
Vlnovec pětimužný	253
Opuncie	267
Patagonský cypřiš	275
Blahočet chilský (Araukárie)	287
Jubaea chilská	301
Žlutokap	311
Kingia jižní	311
Damaroň jižní (australská)	331
Fíkovník	341
Rejstřík	367

Contenido

Introducción – Árboles fascinantes	9
Árbol de Judas	11
Algarrobo	15
El haya roja	25
Roble común	29
Tuya gigante	37
Castaño común	41
Olivo	45
Drago	67
Baobab	77
Aloe dichotoma	103
Acacia	115
Cyphostemma currorii	123
Weltwitschia	133
Ciprés calvo	143
Ciprés Mejicano	163
Pino longevo, Pino de Colorado	171
Secuoya roja	199
Secuoya gigante	213
Enebro	227
Arce azucarero	235
Yuca	243
Ceiba	253
Opuntia echios gigante	267
Alerce patagónico	275
Araucaria o Pehuén	287
Palma chilena	301
Xanthorrhoea preissii	311
Kingia australis	311
Kauri	331
Ficus	341
Índice	367

Indice

Introduzione – La magia degli alberi	9
Albero di Giuda	11
Carrubo	15
Faggio comune	25
Farnia o quercia comune	29
Tuja gigante	37
Castagno	41
Olivo	45
Dracena o albero del drago delle Canarie	67
Baobab	77
Albero faretra	103
Acacia	115
Cyphostemma currori	123
Welwitschia	133
Cipresso delle paludi o calvo	143
Cipresso messicano o di Montezuma	163
Pino dai coni setolosi	171
Sequoia della California	199
Sequoia gigante	213
Ginepro	227
Acero da zucchero	235
Yucca	243
Albero del kapok	253
Opuntia echios	267
Cipresso della Patagonia	275
Araucaria o pino del Cile	287
Palma del Cile	301
Xanthorrhoea preissii	311
Kingia australis	311
Kauri neozelandese	331
Fichi	341
Indice analitico	367

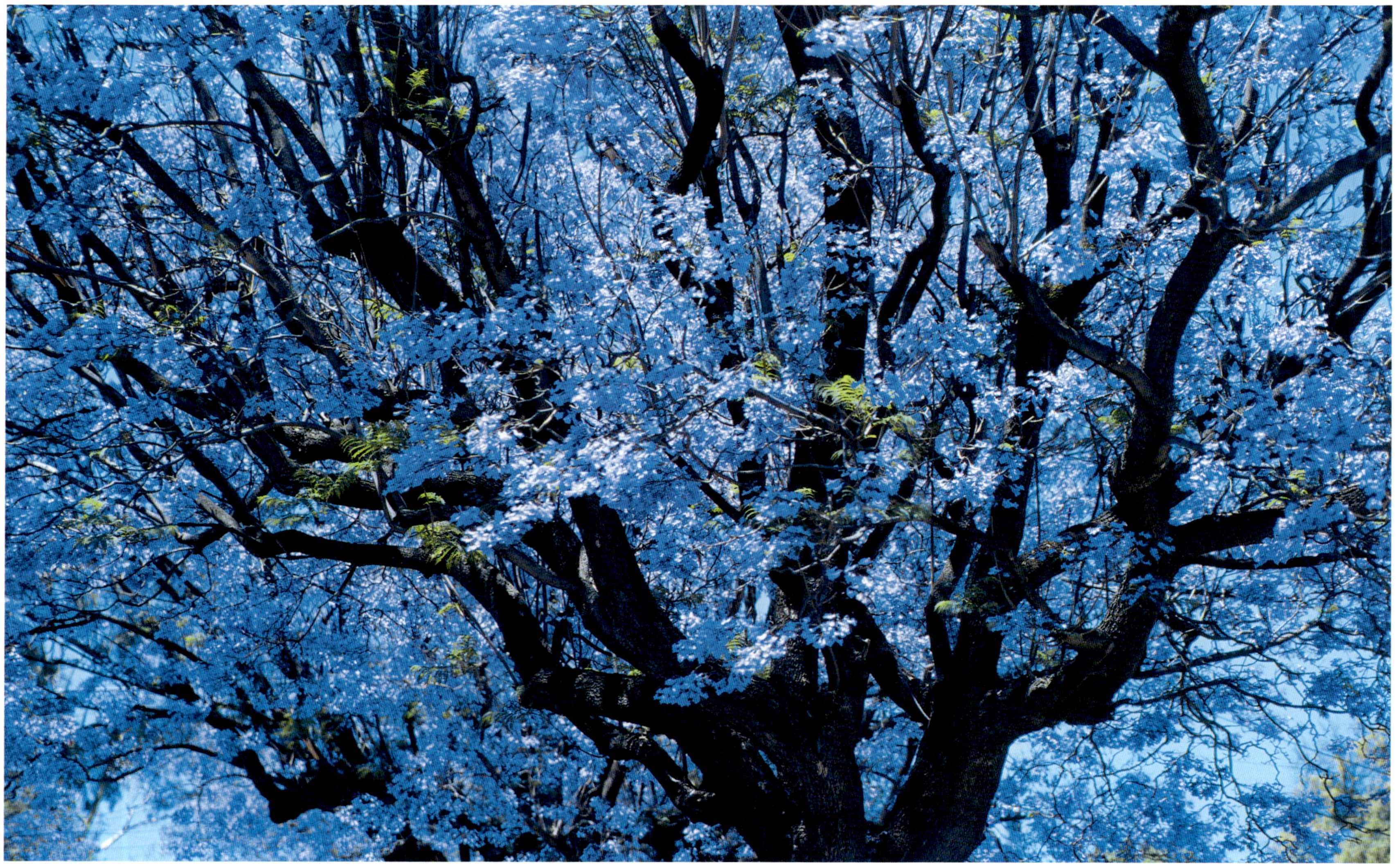

Tree Fascination

Why do trees fascinate us so much? Maybe because a tree highlights for us humans the "center" of creation: It is still "nature," and yet already on the way to becoming an individual. You can meet a tree, communicate with it. While at the same time you are grateful that it remains quiet or, more precisely, that it speaks to you through its presence. Whenever you get tired of human chatter, you are only too happy to sit down under an old oak tree or maybe an even older olive tree to listen carefully to its eloquent silence.

Tomáš Míček is a photographer whose many photo books have delighted his readers and who has captured the "presence" of trees and their magic in an almost mystical way, combining this intuitive approach with the highest level of technical photography. His original impulse for this adventure is an esthetic fascination, a sense of wonder, at the variety and expressive power of trees – whether the obstinate twists of a Greek olive tree, giant sequoias in California, Africa's whimsical baobabs, or Australian grass trees that appear to be out of this world. He also incorporates plant species with anything whose membership in the genus of "tree" can be debated. Every now and then, he also dedicates himself to the theme of "the forest," though he concentrates particularly on solitary trees. This is because it concerns not just nature's "embeddedness," but also the fight to survive defiantly in an often inhospitable environment. On the other hand, as a photographer, he often immerses himself in fascinating details, like cortical structures and reticular root networks – often emerging with almost abstract pictures that reveal the "texture" of nature.

Faszination Baum

Warum faszinieren uns Bäume so sehr? Vielleicht weil der Baum für uns Menschen die Mitte der Schöpfung markiert: Er ist noch ganz Natur und doch schon auf dem Weg zum Einzelwesen. Wir können einem Baum begegnen, wir können mit ihm kommunizieren. Gleichzeitig sind wir dankbar dafür, dass er stumm bleibt und nur durch seine Präsenz zu uns spricht. Wenn wir des menschlichen Geredes müde sind, setzen wir uns gern unter eine alte Eiche oder einen vielleicht noch älteren Ölbaum und lauschen seinem beredtem Schweigen.

Der Fotograf Tomáš Míček, der uns bereits mit vielen Fotografiebänden beglückte, hat diese Präsenz der Bäume und ihre Magie auf fast mystische Weise eingefangen. Dabei verbindet er seine intuitive Herangehensweise mit höchstem fotografisch-technischem Niveau. Der Ausgangspunkt für dieses Abenteuer ist die ästhetische Faszination, das Staunen vor der Vielfalt und Ausdruckskraft der Bäume: Ob es sich nun um die störrischen Windungen eines griechischen Ölbaums, um gigantische Mammutbäume in Kalifornien, skurrile Baobabs in Afrika oder australische Grasbäume handelt, die wie Außerirdische wirken. Tomáš Míček bezieht selbst Pflanzenarten mit ein, deren Zugehörigkeit zur Gattung Bäume umstritten ist. Bisweilen widmet er sich zwar auch dem Thema Wald, doch seine besondere Aufmerksamkeit gilt den Einzelgängern. Gleichwohl geht es nicht nur um das Eingebettet-Sein in die Natur, sondern ebenso um den trotzigen Überlebenskampf in einer oftmals unwirtlichen Umgebung. An mancher Stelle vertieft sich der Fotograf in faszinierende Details, in Rindenstrukturen und vielschichtige Wurzelgeflechte, wobei fast abstrakte Bilder entstehen, die uns das Gewebe der Natur offenbaren.

Ces arbres qui nous fascinent

Okouzlení stromy

Comment expliquer cette fascination éprouvée par l'être humain devant les arbres ? Dans notre imaginaire, ils marquent le milieu de la création, peut-être est-ce là la raison. Ils appartiennent encore à la nature, mais sont déjà sur la voie de l'individualisation. Nous pouvons les rencontrer, nous pouvons communiquer avec eux. En même temps, nous leur sommes reconnaissants de rester muets ou plutôt de nous parler par leur seule présence. Quand nous sommes las des bavardages humains, nous n'aimons que trop nous asseoir sous un vieux chêne ou sous un olivier vénérable et écouter son silence éloquent.

Le photographe Tomáš Míček, auteur de nombreux livres de photographies, a saisi cette présence des arbres et leur magie dans un esprit presque mystique – tout en associant à cette démarche intuitive une technique d'un professionnalisme parfait. Ce qui l'a poussé à se lancer dans cette aventure, c'est la fascination de l'esthète, l'émerveillement ressenti devant la diversité et la puissance d'expression des arbres – les torsions opiniâtres d'un olivier grec, les gigantesques séquoias californiens, les baobabs burlesques en Afrique ou cette sorte d'extraterrestre australien, *Xanthorrhoea*. Par ailleurs, il a observé des espèces végétales dont l'appartenance à la famille des arbres peut sembler discutable. De temps à autre, il choisit pour sujet la forêt, mais sa préférence va aux solitaires. Pour eux, il ne s'agit plus seulement de s'insérer dans la nature, mais aussi de lutter dans un milieu parfois hostile, il s'agit de survie pure et simple. Enfin, Tomáš Míček approfondit des détails passionnants, par exemple les structures des écorces ou les ramifications incroyables des racines et livre alors des images presque abstraites qui nous révèlent le tissu de la nature.

Proč nás stromy tak okouzlují? Možná proto, že pro nás, pro lidi, představuje strom jakýsi „střed" stvoření. Je to ještě stále příroda, ale již jakoby na cestě stát se bytostí. Člověk se může se stromem setkat, hovořit s ním a přitom být vděčný, že zůstává tichý, či přesněji, že k němu promlouvá svou přítomností. Kdykoli je člověk již unaven lidským tlacháním, rád se posadí pod starý dub nebo pod ještě starší olivovník, aby se vděčně zaposlouchal do jeho výmluvného ticha.

Fotograf Tomáš Míček potěšil svými obrázkovými knihami již celou řadu čtenářů. Téměř mystickým způsobem v nich zachytil „přítomnost" stromů a jejich kouzlo. Svůj intuitivní přístup přitom kombinoval s nejvyšší úrovní technické fotografie. Původním podnětem k tomuto dobrodružství bylo estetické okouzlení, úžas nad mnohotvárnou rozmanitostí a výrazovou silou stromů – ať už se jednalo o urputné pletence řeckého olivovníku, obří sekvoje v Kalifornii, podivné africké bacbaby, nebo o australské žlutokapy, jež vypadají, jako by ani nebyly z tohoto světa. Zařadil i rostlinné druhy, o jejichž příslušnosti ke skupině stromů by se dalo diskutovat. Čas od času se věnuje i tématu lesa jako takového, ačkoli se převážně zaměřuje na osaměle stojící stromy. Jde mu totiž nejen o přírodní zakotvenost, ale i o vzdorovitý boj o přežití v mnohdy nehostinném prostředí. Na druhé straně se jako fotograf často soustředí na úžasné detaily, jako jsou struktura stromové kůry či síťovitá spletitost kořenů, aby pak přišel s téměř abstraktními snímky, jež odhalují „tkáň" přírody.

Árboles fascinantes

¿Por qué los árboles nos fascinan tanto? Quizás porque para nosotros, los seres humanos, representan "el centro" de la creación: el árbol es parte de una "naturaleza" perfecta, pero de algún modo también está en camino de convertirse en un ser autónomo. Es posible encontrarse con un árbol, es posible comunicarse con él. Y, a la vez, estarle agradecido por permanecer en silencio o, mejor dicho, por hablarnos con su presencia. Cansados de las palabrerías humanas, nos gusta sentarnos bajo un viejo roble, o tal vez bajo un olivo todavía más anciano para escuchar su silencio elocuente.

El fotógrafo Tomáš Míček, que en el pasado ya nos deleitó con varios libros de fotografías, ha plasmado esta presencia de los árboles y su magia de manera casi mística, aunando intuición y una técnica fotográfica de alto nivel. El motivo que le llevó a emprender esta aventura radica en su fascinación estética y su admiración por la diversidad y la fuerza expresiva de los árboles, bien sean olivos griegos, secuoyas gigantes californianas, extravagantes baobabs africanos o árboles hierba australianos de apariencia casi extraterrestre. También suele considerar árboles algunas plantas cuya pertenencia a este género es discutible. De vez en cuando aborda también al tema "bosque", pero su atención se dirige especialmente a los árboles que crecen en solitario. En su caso no se trata solamente de estar "anidado" en la naturaleza, sino de una lucha con un entorno a menudo inhóspito, de una supervivencia a toda costa. Por otro lado, el fotógrafo con frecuencia profundiza en detalles fascinantes como la estructura de la corteza o las marañas de raíces estratiformes, gracias a lo cual nacen unas fotos más bien abstractas pero que nos revelan las "texturas" de la Naturaleza.

La magia degli alberi

Perché gli alberi ci affascinano tanto? Forse perché l'albero, per noi esseri umani, rappresenta il "punto mediano" della creazione: è ancora interamente "natura", eppure è già a metà strada per diventare un individuo. Con un albero può avvenire un incontro, con un albero possiamo comunicare. E, allo stesso tempo, siamo grati che resti muto, o meglio, che ci parli attraverso la sua *presenza*. Quando siamo stanchi delle chiacchiere umane, ci sediamo volentieri sotto un'antica quercia o sotto un olivo forse ancora più vecchio e ascoltiamo il suo silenzio eloquente.

Il fotografo Tomáš Míček, a cui dobbiamo già diversi volumi fotografici, ha catturato la "presenza" degli alberi e la loro magia in maniera quasi mistica, coniugando questo approccio intuitivo con una tecnica fotografica di altissimo livello. Il primo impulso che lo spinge a partire per questa avventura è il fascino estetico, lo stupore di fronte alla varietà e alla forza espressiva degli alberi, sia che si tratti delle tortuosità testarde di un olivo greco, sia delle gigantesche sequoie in California, dei curiosi baobab in Africa o degli "alberi erba" australiani, che ai nostri occhi sembrano "extraterrestri". In questa raccolta Míček include anche specie vegetali la cui appartenenza al genere "albero" è controversa. Di tanto in tanto si dedica anche al tema del "bosco", ma la sua attenzione è rivolta in modo particolare ai solitari. Ciò che conta, in questi casi, non è soltanto l'"essere inseriti" nella natura, ma anche lottare per la sopravvivenza in un ambiente spesso inospitale. Inoltre, Míček si immerge spesso anche in dettagli affascinanti, ad esempio nella struttura delle cortecce e nei complessi grovigli di radici, motivi che spesso generano immagini quasi astratte, che ci rivelano il "tessuto" della natura.

Olympía, Elláda

Judas Tree

Having betrayed Jesus, the distraught Judas supposedly hanged himself from this tree – hence its name. The tree is said to have dyed itself red from shame, though the pink grape-like hermaphrodite blossoms that open before the leaf buds could hardly in their magic bode something so tragic. Another feature of these bee-fertilized blossoms is that they grow directly out of old branches. The kidney-shaped leaves grow up to 10 cm long. In the eastern Mediterranean where this tree is particularly common, seldom reaching higher than 10 meters, its not yet ripened red pods are used in salads while the local cuisine is also enriched by its scalloped blossoms and pickled buds. The Judas tree's very hard wood is preferred in veneering due to its beautiful grain.

Judasbaum

Judas, der wegen seines Verrates an Jesus verzweifelte, soll sich an einem solchen Baum erhängt haben – daher der Name. Der Baum soll sich vor Scham darüber rot gefärbt haben. Doch die rosafarbenen traubenförmigen Zwitterblüten, die sich noch vor dem Knospen der Blätter öffnen, lassen in ihrem Zauber nichts von dieser Tragik erahnen. Eine Besonderheit der Blüten besteht auch darin, dass sie direkt aus den alten Ästen herauswachsen. Die nierenförmigen Blätter des Baumes werden bis zu zehn Zentimetern groß. Der Judasbaum selbst erreicht selten eine Höhe von mehr als zehn Metern. Im östlichen Mittelmeerraum, wo er vorrangig verbreitet ist, werden seine rohen unreifen Schoten für Salate verwendet. Außerdem wird die dortige Küche durch seine überbackenen Blüten und in Essig eingelegten Knospen bereichert. Das sehr harte Holz kommt aufgrund seiner schönen Maserung gern als Furnierholz zum Einsatz.

Arbre de Judée (ou de Judas)

Pris de remords après sa trahison, Judas, selon la légende, se pendit à cet arbre qui rougit sous l'effet de la honte. Cela dit, ses grappes de fleurs hermaphrodites, de couleur rose et qui s'ouvrent avant l'éclosion des bourgeons à feuilles, sont si jolies qu'elles font oublier cette histoire tragique. Fécondées par les abeilles, ces fleurs ont aussi la particularité de pousser directement sur le vieux bois. Les feuilles en forme de reins atteignent 10 centimètres. Dans la partie orientale du bassin méditerranéen, la principale aire de cet arbre qui dépasse rarement 10 mètres, ses gousses crues et immatures entrent dans la composition de salades, ses fleurs se dégustent en gratin et ses bourgeons font de délicieux pickles. Son bois très dur, aux veines du plus bel effet, est très utilisé pour les placages.

Cercis siliquastrum
Familia Fabaceae

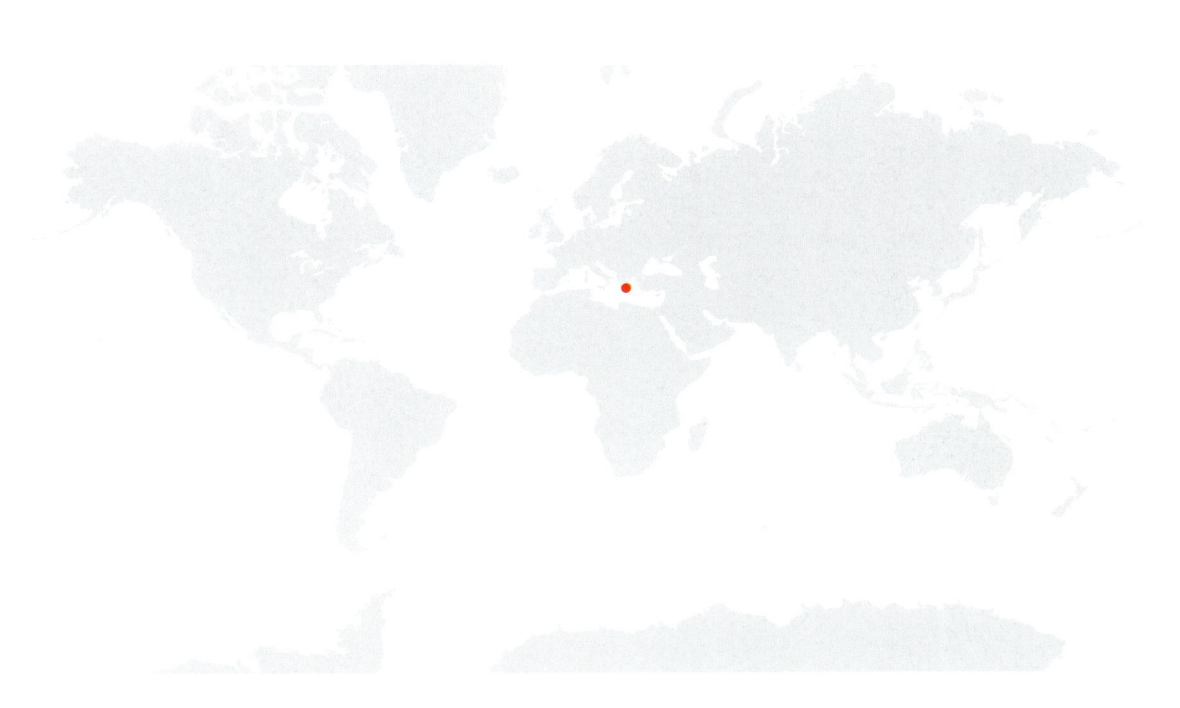

Zmarlika Jidášova

Po své zradě Ježíše se výčitkami rozervaný Jidáš zřejmě oběsil na tomto stromě – odtud pochází jeho jméno. Podle pověsti se strom sám zbarvil hanbou do ruda, ačkoli kouzelné, do svazečků shloučené drobné fialově červené či purpurově růžové oboupohlavní květy, jež připomínají kapky krve, mohou být sotva připomínkou něčeho tak tragického. Dalším rysem těchto včelami opylovaných květů je, že často vyrůstají přímo na starších větvích nebo i na kmeni a rozvíjejí se dřív než pupeny listů. Nápadně srdčité či ledvinovité listy bývají až 10 cm dlouhé, samotný strom dorůstá do výšky 7–10 metrů. Ve východním Středomoří, kde je zmarlika značně rozšířena, se její nedozrálé červené lusky používají do salátů. Tamější kuchyně využívá i její zapečené květy a nakládané pupeny. Zmarlika Jidášova má velmi tvrdé dřevo, které se pro svoji krásnou strukturu používá zejména pro dýhování.

Árbol de Judas / Ciclamor

Se dice que Judas Iscariote, desesperado por haber traicionado a Cristo, se colgó de un árbol de esta especie, de ahí uno de sus nombres. Dicen que el árbol enrojeció de vergüenza por este hecho, pero sus flores rosas y hermafroditas, que se abren antes de brotar las hojas, no recuerdan en su belleza aquella tragedia. Una particularidad de estas flores, que necesitan a las abejas para su polinización, es que nacen de las ramas viejas. Las hojas, con forma de riñón, alcanzan un tamaño de hasta 10 cm. En el Mediterráneo oriental, donde más extendido está el árbol, pocas veces llega a superar los 10 m de altura. Sus vainas se utilizan, todavía sin madurar y crudas, para ensaladas. Sus flores se comen gratinadas o los brotes se escabechan con vinagre. Su madera es muy dura y, debido a su atractiva veta, se usa para enchapado.

Albero di Giuda

La leggenda narra che Giuda, disperato per aver tradito Gesù, si sia impiccato proprio a un albero di questa specie – da qui il nome della pianta. Si dice che l'albero si sia tinto di rosso per la vergogna, ma i grappoli di infiorescenze ermafrodite rosa, che si aprono ancora prima del germogliare delle foglie, lasciano trasparire ben poco della tragicità di questa storia. Una particolarità di questi fiori, fecondati dalle api, è anche il fatto che crescono direttamente dai rami vecchi. Le foglie reniformi raggiungono i 10 centimetri di lunghezza. Nei Paesi del Mediterraneo orientale, ovvero l'area principale in cui è diffuso questo albero, che di rado supera i dieci metri di altezza, i suoi baccelli non ancora giunti a maturazione vengono utilizzati per condire le insalate e la cucina locale è arricchita anche dalle infiorescenze gratinate e dalle gemme sott'aceto. A causa della sua bella marezzatura, il legno durissimo di questo albero viene spesso utilizzato per rivestire legnami meno pregiati.

Olympía, Elláda

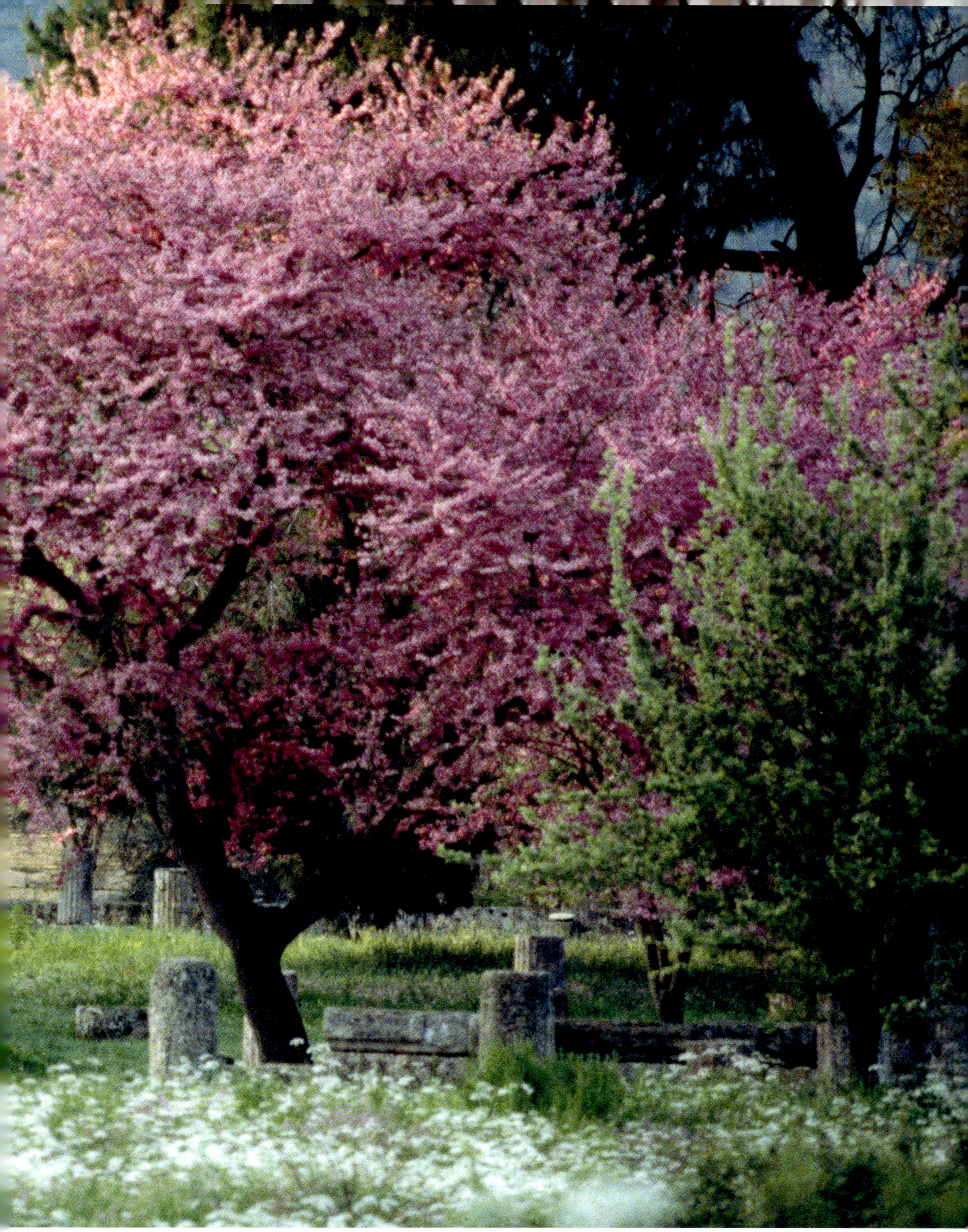

Carob

From a distance anyone could almost mistake the carob for an olive tree – particularly in Cyprus, where extensive groves dominate the landscape. Originally from Palestine, it has spread throughout the entire Mediterranean basin. Its name comes from a legend that says John the Baptist subsisted by eating the seeds from its dark brown pods.

The eyes can hardly be satisfied with the carob's rose red buds. But as the John the Baptist legend already demonstrates, this tree's massive trunk and broad crown offers something else useful. Dried in the sun, the fruit pulp loses its bitterness and becomes sweet, not only to sustain the poorer population but also to be squeezed into juice as a "stimulating drink." Its hard seeds whose weight never changes are known as "carats," derived from kharrub, the carob's name in Arabic, and have become a term commonly used in jewelry.

Johannisbrotbaum

Aus der Ferne könnte man den Johannisbrotbaum fast für einen Ölbaum halten – insbesondere auf Zypern, wo ausgedehnte Haine die Landschaft prägen. Ursprünglich aus Palästina stammend hat er sich im ganzen Mittelmeerraum verbreitet. Seinen Namen verdankt er einer Legende: Johannes der Täufer soll sich in der Wüste von den Samen seiner dunkelbraunen Schoten ernährt haben.

An den rosaroten Blütenständen des Baumes kann sich das Auge kaum satt sehen. Doch wie schon die Johannes-Legende erzählt: Dieser Baum mit seinem mächtigen Stamm und seiner breiten Krone bietet auch Nützliches. Das in der Sonne getrocknete Fruchtfleisch der Schoten verliert seine Bitterkeit, wird süßlich und ist dadurch zum einen Nahrung für die arme Bevölkerung, zum anderen dient der gepresste Saft als Genussmittel. Die harten Samen, die ihr Gewicht nicht verändern, hielten sogar als „Karat" – hergeleitet von „kharrub", der arabischen Bezeichnung für den Johannisbrotbaum – Eingang in die Juweliersprache.

Caroubier

De loin, le caroubier pourrait presque passer pour un olivier, en particulier à Chypre où d'importants bosquets marquent le paysage. Originaire de Palestine, il s'est propagé sur tout le pourtour méditerranéen. Selon la légende, saint Jean-Baptiste au désert se nourrissait surtout des graines de ses gousses brunes. C'est à peine si l'œil se lasse de ses inflorescences d'un rose soutenu. Néanmoins, comme en témoigne la légende, cet arbre au tronc puissant et à l'immense couronne sait aussi se rendre utile. Les habitants peu fortunés consomment la pulpe séchée au soleil des gousses, les caroubes, qui perd son amertume, devient sucrée et sert aussi de gourmandise sous forme de jus pressé.

Les graines dures, d'un poids très régulier, servaient dans l'Antiquité à peser les pierres précieuses et « caroube » serait à l'origine du mot carat.

▲ Noto, Sicilia, Italia

Ceratonia siliqua
Familia Fabaceae

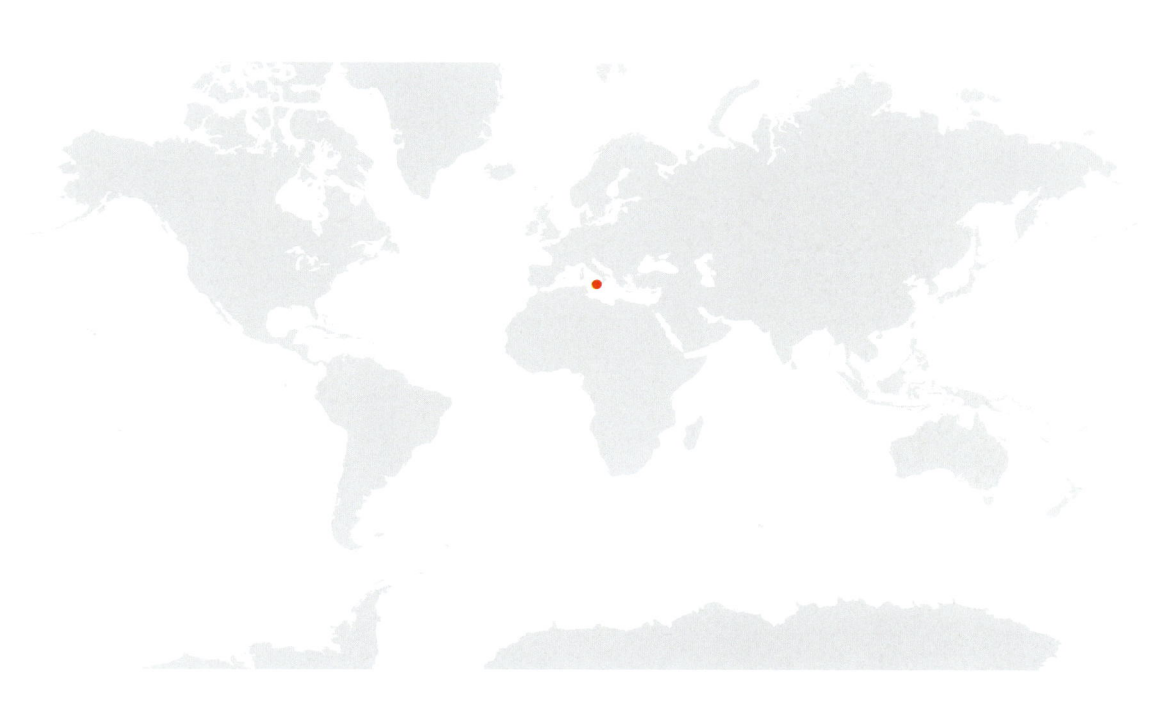

Rohovník obecný

Zdálky si většina lidí může splést rohovník s olivovníkem, zejména na Kypru, kde krajině vévodí jeho rozsáhlé háje. Strom, původem z Palestiny, se rozšířil po celém Středomoří. Podle pověsti získaly tmavohnědé plody rohovníku svůj název svatojánský chléb proto, že díky nim přežil na poušti Jan Křtitel, který se jimi živil. Červená květenství rohovníku oči sotva nějak zvlášť potěší, ale jak již naznačuje legenda o svatém Janu, jeho mohutný kmen a rozložitá koruna mohou být prospěšné jiným způsobem. Při sušení na slunci ztrácí dužina plodu svoji hořkost a sládne. Slouží tak nejen k obživě chudého obyvatelstva, ale lisuje se z ní i povzbuzující nápoj. Tvrdá semena mají všechna poměrně stejnou hmotnost, která se nemění, a proto v minulosti sloužila jako závaží. V arabštině se jim říkalo kharrub a v řečtině kerátion, z čehož vzniklo i české pojmenování karát, používané dnes jako název váhové jednotky v klenotnictví.

Algarrobo / Pan de San Juan Bautista

Desde lejos casi podríamos confundirlo con un olivo, especialmente en Chipre, cuyo paisaje se caracteriza por extensas arboledas. De origen palestino, se extendió por todo el Mediterráneo. Su nombre se lo debe a una leyenda: Dicen que San Juan Bautista estando en el desierto se alimentaba ante todo de las semillas contenidas en vainas de color castaño oscuro de esta planta.
El ojo nunca se sacia de ver sus inflorescencias de color rojo rosáceo. Pero como ya indica la leyenda de San Juan, este árbol de robusto tronco y amplia corona es muy útil. La pulpa de las vainas pierde su sabor amargo cuando se seca al sol, se vuelve ligeramente dulce y, así, no sólo sirve de alimento a la población necesitada sino que también, en forma de jugo, actúa como un "estimulante". Las duras semillas, que no experimentan cambios de peso, recibían en griego el nombre de *keration,* de donde viene la unidad de masa *quilate,* ampliamente utilizada en joyería.

Carrubo

Da lontano si potrebbe quasi scambiare il carrubo per un olivo, soprattutto a Cipro, dove il paesaggio è modellato da grandi oliveti. Originario della Palestina, il carrubo si è poi diffuso in tutta l'area mediterranea. Deve uno dei suoi nomi popolari, ovvero "pane di San Giovanni", ad una leggenda: si racconta che Giovanni Battista, nel deserto, si nutrisse soprattutto dei semi dei suoi baccelli di color bruno scuro.
Le sue infiorescenze rosate sono uno spettacolo che gli occhi non si stancano mai di ammirare. Ma, come dimostra già la leggenda di San Giovanni, questo albero, con il suo tronco possente e la sua grande chioma, presenta anche molte proprietà utili all'uomo. Un volta essiccata, la polpa dei baccelli perde il suo sapore amaro, diventa leggermente dolce e così non solo serve da alimento per la popolazione meno abbiente, ma, in forma di succo spremuto, diventa anche una gradevole bevanda. I semi durissimi, dal peso che resta invariato, sono entrati addirittura nel linguaggio dei gioiellieri: la parola "carato" deriva infatti da *kharrub*, il nome arabo del carrubo.

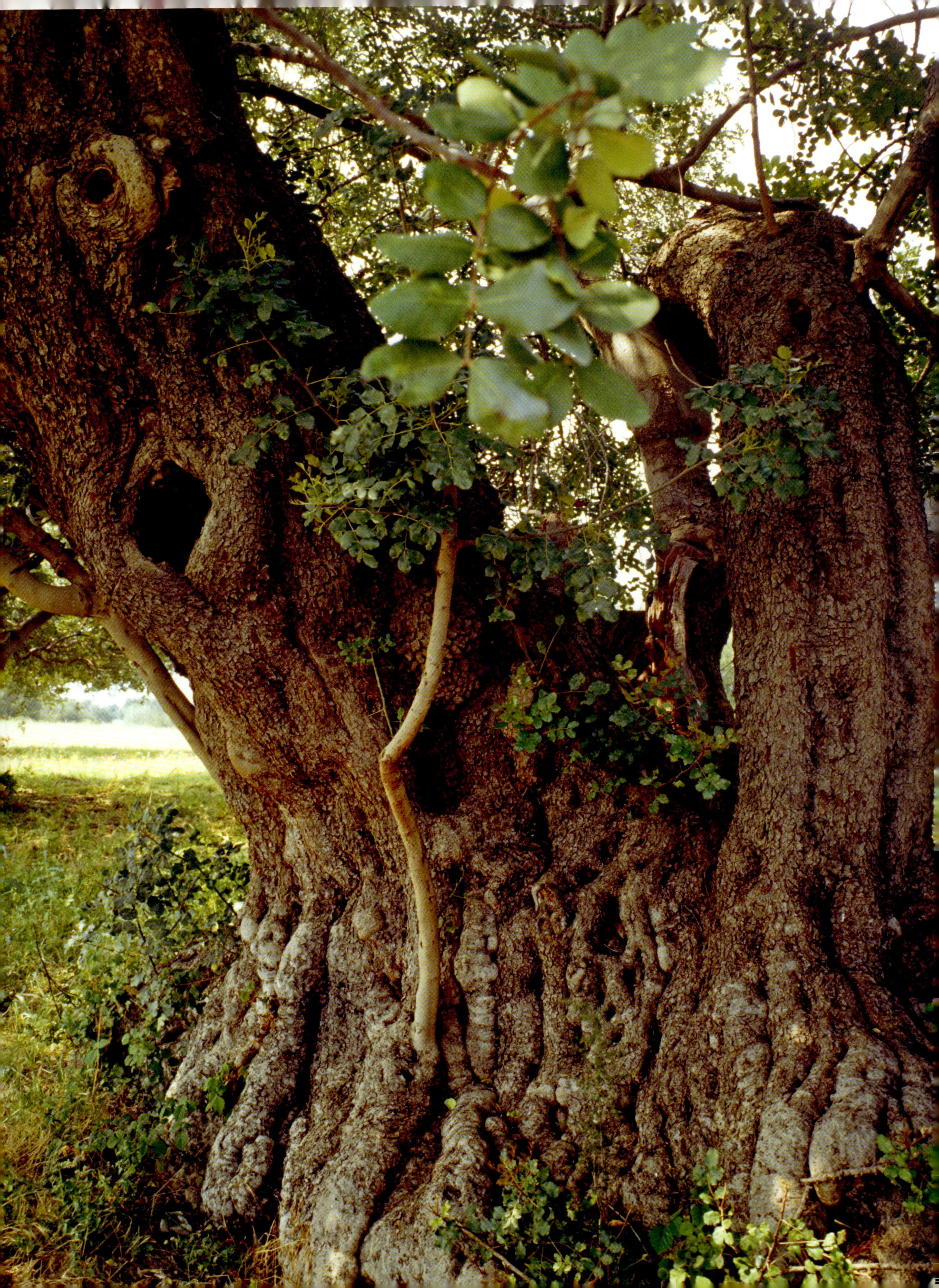

Ceratonia siliqua

Noto, Sicilia, Italia

Noto, Sicilia, Italia

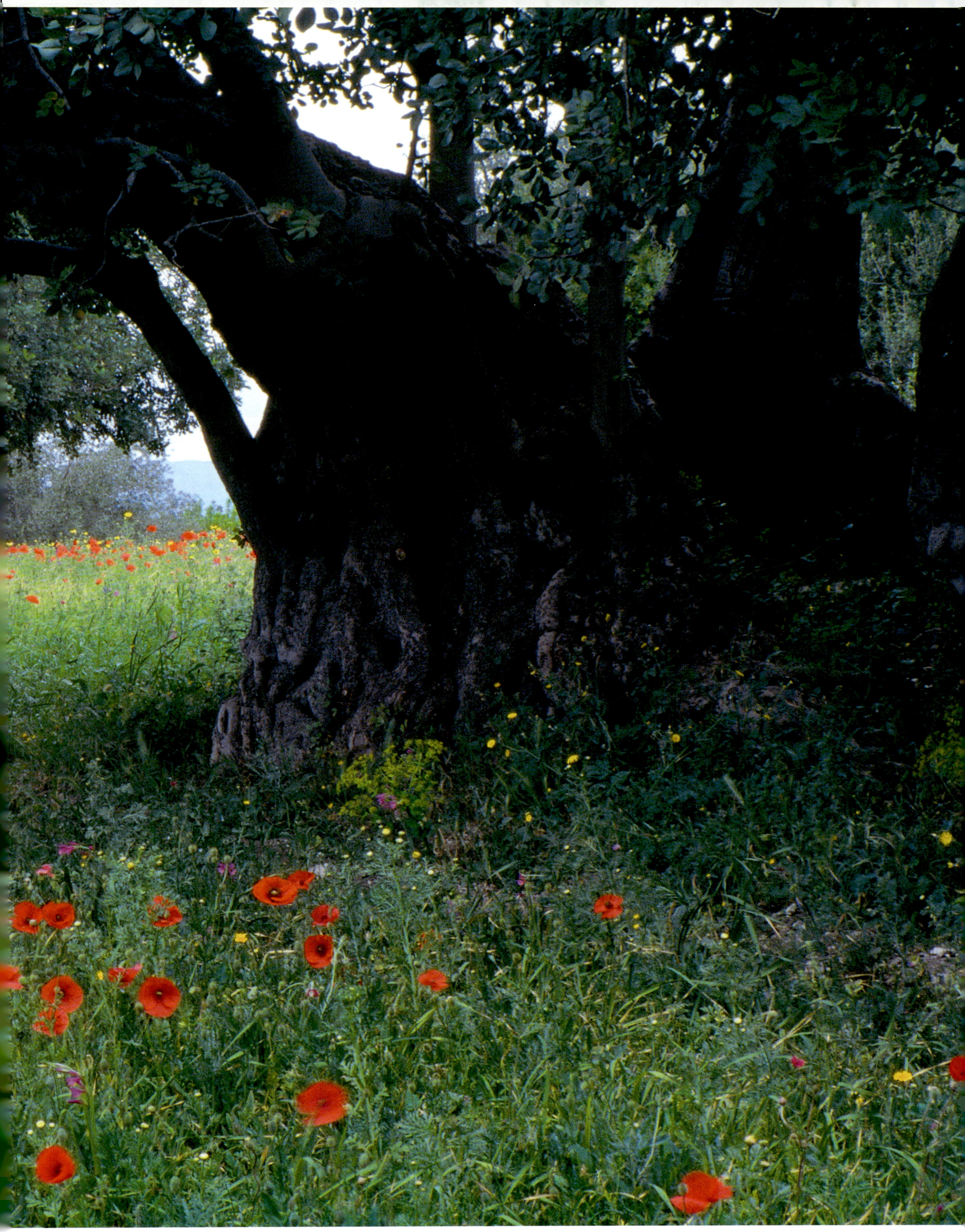

Noto, Sicilia, Italia

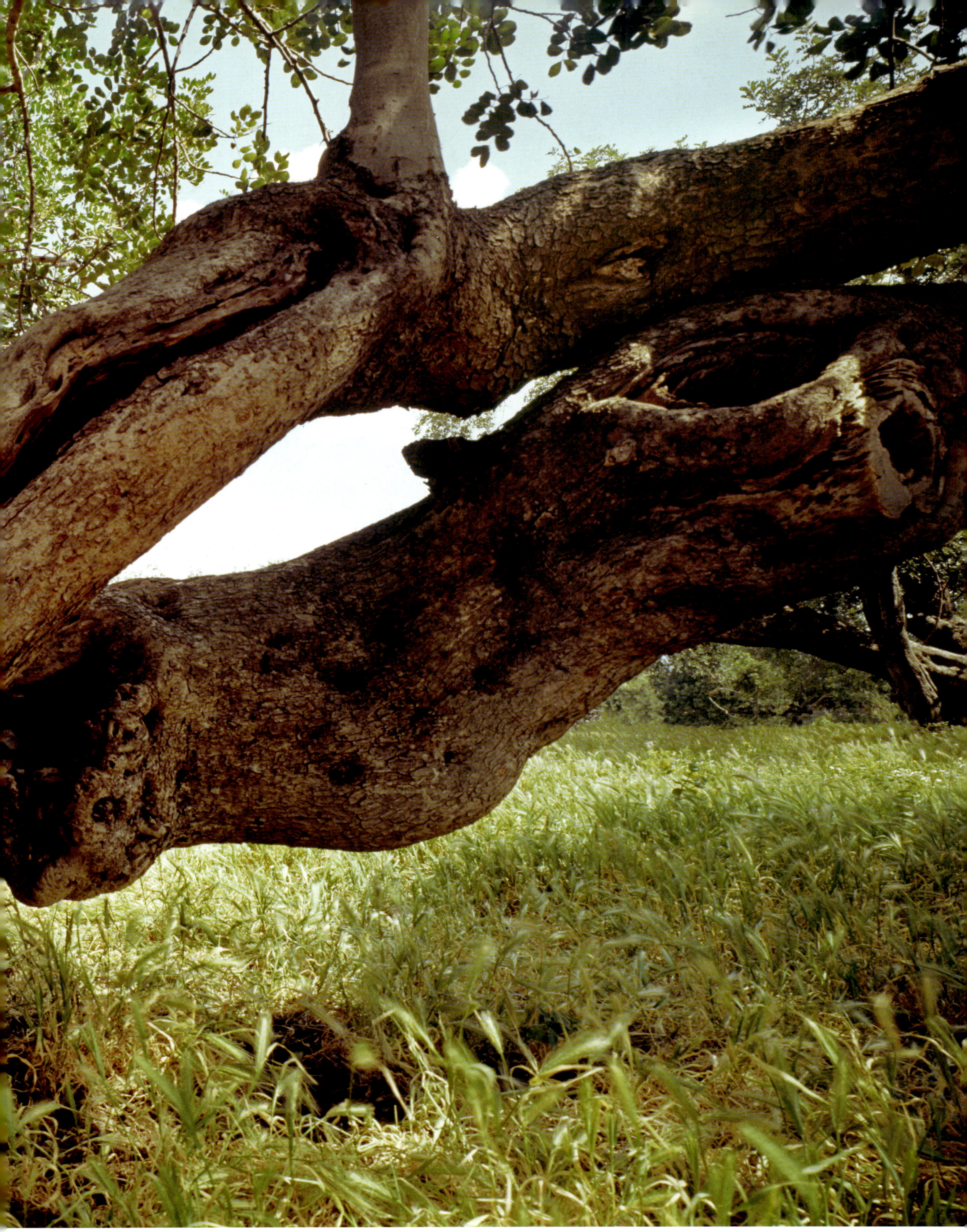

Noto, Sicilia, Italia

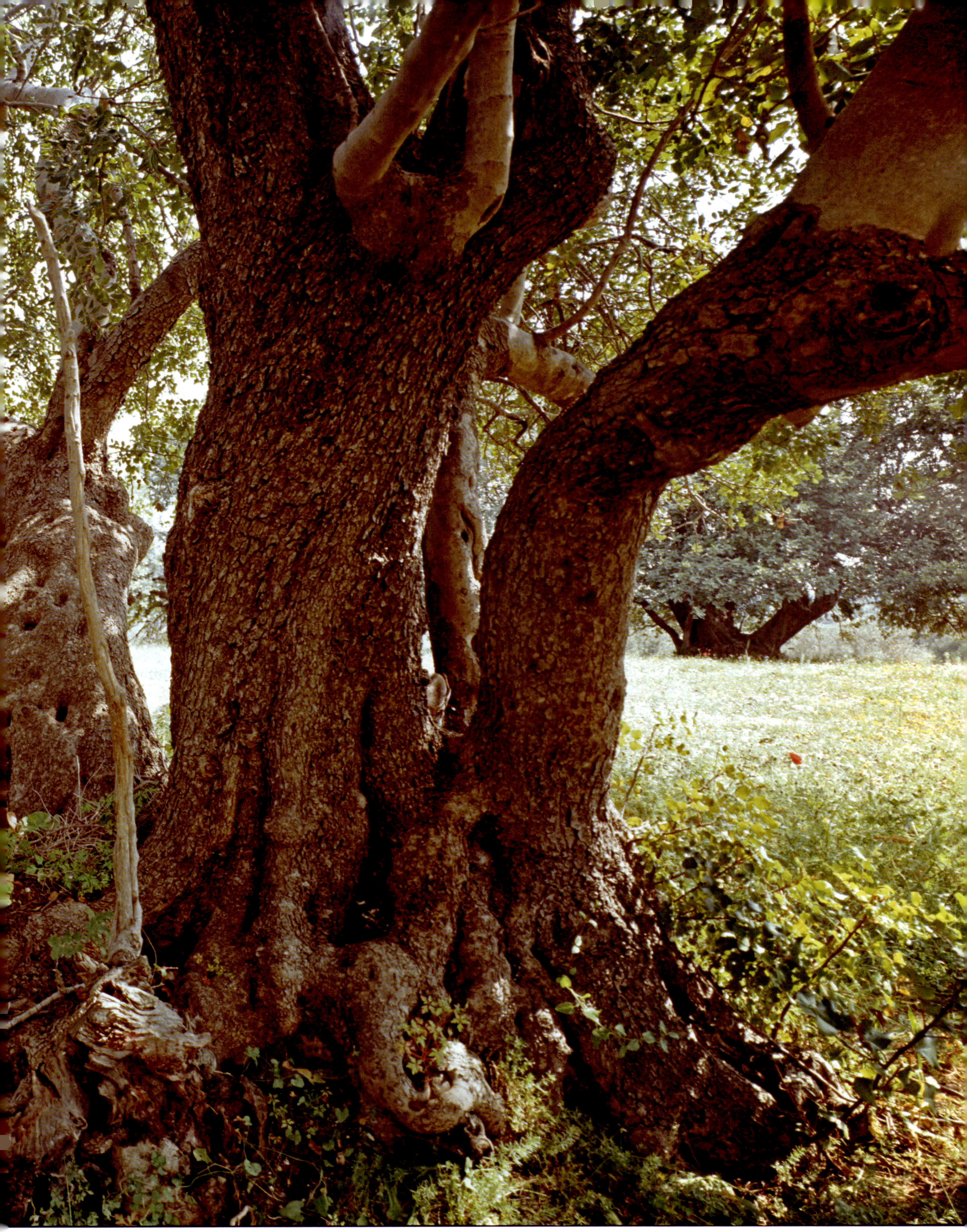

Copper (European) Beech

During the most recent Ice Age, the copper beech was displaced from Central Europe while surviving in the Mediterranean, though it soon returned victorious and is today the most common deciduous tree in Central Europe. The name comes from the reddish wood that is especially valued as firewood. The light gray trunk often shows scars in advanced age caused by branches that have fallen. The European beech is usually up to 30 meters in height, though in dense forests that force the tree to grow thinner and higher, it can reach 45 meters. Probably the most famous freestanding beech – photographed here – is the several centuries old *Bavaria-Buche* at Ponsdorf, in the Bavarian district of Eichstätt. Its trunk has a girth of 9.5 meters while its enormous crown boasts a range of 90 meters. Especially praised for its symmetry, the tree was damaged during a storm, which somewhat affected it.

Rotbuche

In der letzten Eiszeit wurde die Rotbuche aus Mitteleuropa verdrängt und überlebte im Mittelmeerraum. Doch schon bald kehrte sie siegreich zurück und ist heute der häufigste Laubbaum Mitteleuropas. Ihren Namen erhielt sie wegen des rötlichen Holzes, das vor allem als Brennholz sehr geschätzt wird. Der hellgraue Stamm zeigt in fortgeschrittenem Alter oft Narben von bereits abgefallenen Zweigen. Gewöhnlich erreicht die Rotbuche eine Höhe von etwa dreißig Metern. Im dichten Wald, der sie zu schlankem Höhenwachstum zwingt, kann sie auch 45 m hoch werden. Die wohl bekannteste – und hier fotografierte – frei stehende Buche ist die mehrere Jahrhunderte alte „Bavaria-Buche" bei Ponsdorf im bayrischen Landkreis Eichstätt. Sie hat einen Stammumfang von 9,5 m, während ihre gewaltige Baumkrone einen Umfang von neunzig Metern aufweist. Besonders berühmt war sie wegen ihrer Symmetrie. Allerdings wurde der Baum durch einen Sturm beschädigt und die Symmetrie dadurch beeinträchtigt.

Hêtre commun

Pendant la dernière période glaciaire, le hêtre commun disparut d'Europe centrale et survécut dans le Bassin méditerranéen, mais il parvint à reconquérir assez vite son ancienne aire naturelle, où il est aujourd'hui le plus courant des arbres feuillus. Son bois rouge est un excellent combustible. Les branches, en tombant, laissent peu à peu des cicatrices sur le tronc gris clair. Haut de 30 mètres en général, le hêtre commun atteint 45 mètres dans les forêts épaisses, où son fût doit rester mince pour mieux pousser en hauteur. Le plus connu – photographié ici –, le Bavaria, est un sujet isolé vivant à Ponsdorf, près d'Eichstätt en Bavière. Son tronc a une envergure de 9,50 m contre 90 mètres pour l'énorme couronne. Il était célébré pour sa symétrie qu'une tempête vint un jour malencontreusement déranger.

Fagus sylvatica
Familia Fagaceae

Buk lesní

Buk lesní roste téměř na celém území Evropy spadajícím do mírného zeměpisného pásma. Ve vyšších polohách je rozšířen i v jižní Evropě. Na naše území se dostal po poslední době ledové, asi 4000–3000 let př. n. l. Dnes je to nejrozšířenější opadavý strom ve střední Evropě. Jeho načervenalé dřevo je velmi kvalitní a využívá se v nábytkářství a v truhlářství. Je ceněné i pro svoji výhřevnost. Ve stáří pokrývají jeho světlešedý kmen šrámy po odpadlých větvích. Strom dorůstá obvykle do výšky 30 m. V hustých lesích, kde jsou stromy nuceny mít užší a vyšší kmeny, může dosáhnout až 45 metrů. Asi nejznámější volně stojící buk lesní (na snímku) byl několik set let starý *Bavaria-Buche* (Bavorský buk), který stál u Ponsdorfu v bavorském okrese Eichstätt. Jeho kmen byl vysoký 22 m a měl obvod 9,5 m. Tento buk byl veleben pro úžasnou symetrii koruny, jež měla obvod 90 m, avšak při bouři v roce 2006 utrpěla značnou újmu, načež strom v létě 2013 uhynul.

El haya roja

En el último periodo glacial el haya desapareció de Europa Central y sobrevivió en las regiones del Mediterráneo, pero pronto volvió triunfadora y actualmente es el árbol caducifolio más extendido en Europa Central. Su nombre se lo debe a su madera de color rojizo, apreciada ante todo como leña. A menudo el tronco de color gris claro tiene, en árboles de edades avanzadas, cicatrices de las ramas ya caídas. Es normal que alcance una altura de 30 m, en un bosque denso, cuando forzosamente crece más y con mayor esbeltez, puede alcanzar hasta 45 m. El haya más famosa al aire libre – cuya foto presentamos –tal vez sea la "Bavaria-Buche", que se encuentra cerca de Ponsdorf, en el distrito bávaro de Eichstätt. Su tronco tiene una circunferencia de 9,5 m, mientras que su magnífica copa alcanza los 90 m. Era especialmente admirada su simetría pero, desgraciadamente, sufrió graves daños a causa de una tormenta, por lo cual la simetría quedó un tanto mermada.

Faggio comune

Durante l'ultima glaciazione il faggio si ritirò dall'Europa centrale e sopravvisse nell'area mediterranea, ma ben presto ritornò vittorioso e oggi è la latifoglia più diffusa nella Mitteleuropa. Il nome tedesco *Rotbuche*, faggio rosso, deriva dal legno di colore rossastro, molto apprezzato soprattutto come legna da ardere. Quando l'albero ha raggiunto un'età avanzata, il tronco color grigio chiaro mostra spesso le cicatrici dei rami già caduti. Il faggio di solito raggiunge un'altezza di 30 metri, mentre nel fitto del bosco, che lo costringe a svilupparsi in altezza, può arrivare a 45 metri. L'esemplare di faggio singolo più celebre, e fotografato nel nostro volume, è *la Bavaria Buche*, il "faggio della Baviera", presso Ponsdorf, nel distretto bavarese di Eichstätt, un albero che ha alcune centinaia di anni. La circonferenza del tronco è di 9,5 metri, mentre la sua chioma imponente raggiunge una circonferenza di 90 metri. Ne è stata decantata in modo particolare la simmetria, che però, purtroppo, è stata in parte danneggiata da una tempesta.

Bayern, Deutschland

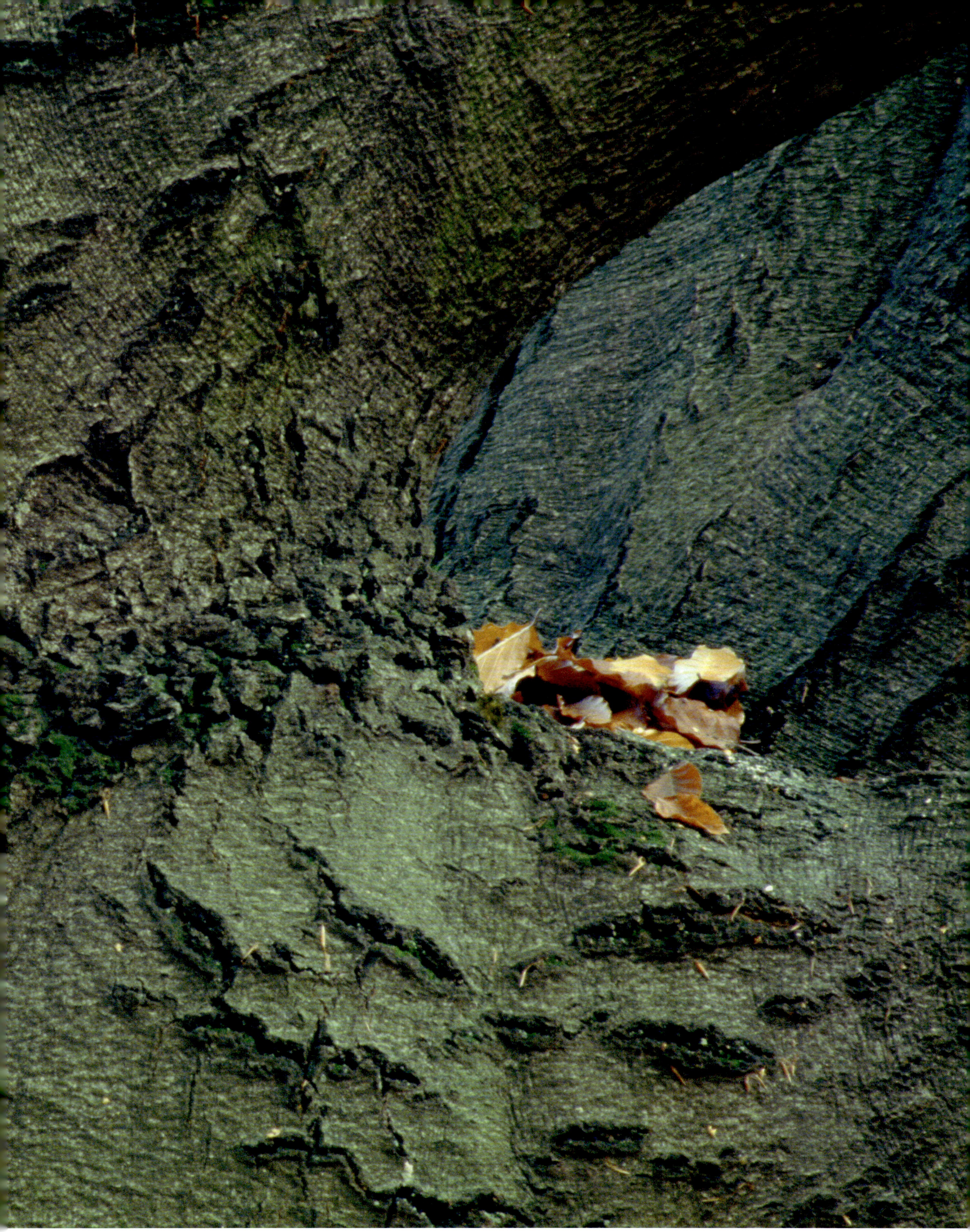

English Oak

Have you ever sat under an oak tree and listened to its leaves rustling? Perhaps the mysterious sounds they make can no longer produce an oracle, but anyone could understand why our ancestors, whether Celts, the Teutonic tribes, Slavs or Romans, considered the oak to be holy, consecrating these trees to the gods. One of the most impressive oak trees, often photographed, is the *Quercia delle streghe* or "Witches' Oak" in Tuscany. Legend says the witches who performed their rituals at this tree would cast a magic spell to make its strong branches stretch horizontally in order to be able to sit comfortably on them. During the Second World War, German soldiers tried to chop the tree down, but were fortunately thwarted by the Italians. It has also largely recovered from having been struck by lightning. This over 600-year-old oak tree is 24 meters high and its trunk has a girth of 4.5 meters, while the diameter of its immense crown is 40 meters.

Stieleiche

Haben Sie schon einmal unter einer Eiche gesessen und dem Rauschen ihrer Blätter gelauscht? Heute erkennen wir keine Orakel mehr in diesem geheimnisvollen Rascheln. Aber man versteht, warum unsere Vorfahren – einerlei ob Kelten, Germanen, Slawen oder Römer – die Eiche als heilig und den Göttern geweiht verehrten. Eine der eindrucksvollsten Eichen ist die von unserem Fotografen portraitierte sogenannte *Quercia delle streghe,* die „Hexeneiche" in der Toskana. Der Legende nach bewirkten Hexen, die dort ihre magischen Rituale vollführten, dass sich die starken Äste horizontal ausstreckten, so dass das Hexenvolk bequem auf ihnen sitzen konnte. Im 2. Weltkrieg versuchten deutsche Soldaten, die Eiche zu fällen. Glücklicherweise wurde dies jedoch von den Italienern hintertrieben. Auch von einem Blitzschlag hat sie sich weitgehend erholt. Diese etwa sechshundert Jahre alte Eiche ist 24 m hoch und hat einen Stammumfang von 4,5 m. Die gewaltige Krone hat sogar einen Durchmesser von vierzig Metern.

Chêne commun

Vous est-il déjà arrivé de vous asseoir sous un chêne et d'écouter le bruissement de ses feuilles ? Si aujourd'hui il ne nous semble plus être la voix de l'oracle, nous comprenons facilement pourquoi nos ancêtres – Celtes, Germains, Slaves ou Romains – considéraient cet arbre comme sacré et l'avaient dédié aux dieux. L'un des plus impressionnants, et choisi par notre photographe, vit en Toscane sous le nom de *quercia delle streghe* ou « chêne des sorcières ». Selon la légende, des sorcières accomplissaient ici leurs rites et, d'un tour de magie, forcèrent ses branches à rester à l'horizontale, ce qui leur paraissait plus confortable pour s'asseoir. Pendant la Seconde Guerre mondiale, des soldats allemands tentèrent d'abattre l'arbre, mais les Italiens réussirent heureusement à les en empêcher. Il s'est également assez bien remis d'un coup de foudre. Âgé d'environ 600 ans et haut de 24 mètres, il a un tronc d'une envergure de 4,50 m et une couronne d'un diamètre de 40 mètres.

Toscana, Italia

Quercus robur
Familia Fagaceae

Dub letní

Už jste někdy seděli pod dubem a naslouchali šelestění jeho listů? Jejich tajemný zvuk už dnes asi nevyvolá žádné zjevení, každý však pochopí, proč staří Keltové, Římané a Germáni považovali duby za posvátné a zasvěcovali je bohům. Jeden z nejúchvatnějších dubů je často fotografovaný *Quercia delle streghe* (Dub čarodějnic) v Toskánsku. Podle legendy dokázaly čarodějky, jež zde prováděly svá kouzla, přimět jeho silné větve, aby se vodorovně roztáhly, aby se v nich mohly pohodlně usadit. Za 2. světové války se němečtí vojáci pokoušeli strom porazit, Italům se však naštěstí podařilo jejich plán zmařit. Také zásah blesku se tomuto více než 600 let starému a 24 m vysokému dubu podařilo celkem bez úhony přežít. Obvod jeho kmene měří 4,5 metru, zatímco úctyhodná koruna má průměr 40 m.

Roble común / Roble carvallo

¿Se ha sentado alguna vez bajo un roble y escuchar el susurro de sus hojas? Tal vez ya no se adivine el futuro a partir de este ruido misterioso pero uno entiende por qué nuestros ancestros, celtas, germanos, eslavos o romanos, consideraban el roble un ábol sagrado, consagrado a los dioses. Uno de los robles más impresionantes – retratado por nuestro fotógrafo – es el llamado "quercia delle streghe" o "roble de las brujas" en la Toscana. Según una leyenda, las brujas que practicaban junto a él sus rituales mágicos podían extender horizontalmente sus fuertes ramas para sentarse cómodamente sobre ellas. Durante la segunda guerra mundial los soldados alemanes intentaron talarlo, pero los italianos, afortunadamente, lo evitaron. También se recuperó en gran parte de un rayo. Este roble, de unos 600 años de edad, mide 24 m de altura y tiene una circunferencia de 4,5 m y su impresionante corona alcanza un diámetro de 40 m.

Farnia o quercia comune

Vi è già capitato di sedere sotto una quercia e ascoltare lo stormire delle sue fronde? Forse non si traggono più oracoli da questo fruscio misterioso, ma si comprende benissimo perché i nostri antenati, Celti, Germani, Slavi o Romani, considerassero la quercia un albero sacro e protetto dagli dei. Una delle querce più imponenti, e ritratta proprio dal nostro fotografo, è la cosiddetta "Quercia delle streghe" in Toscana. Secondo una leggenda, le streghe che praticavano i propri rituali nei pressi di questo albero produssero un incantesimo per far crescere i rami in orizzontale, così da potercisi sedere comodamente. Durante la seconda guerra mondiale i soldati tedeschi cercarono di abbatterla, ma per fortuna furono distolti dal loro intento dall'intervento tempestivo di alcuni Italiani. La quercia si è ripresa bene anche dopo essere stata colpita da un fulmine. Questo albero della veneranda età di 600 anni è alto 24 metri e ha un tronco della circonferenza di 4,5 metri, mentre la possente chioma ha un diametro di 40 metri.

Toscana, Italia

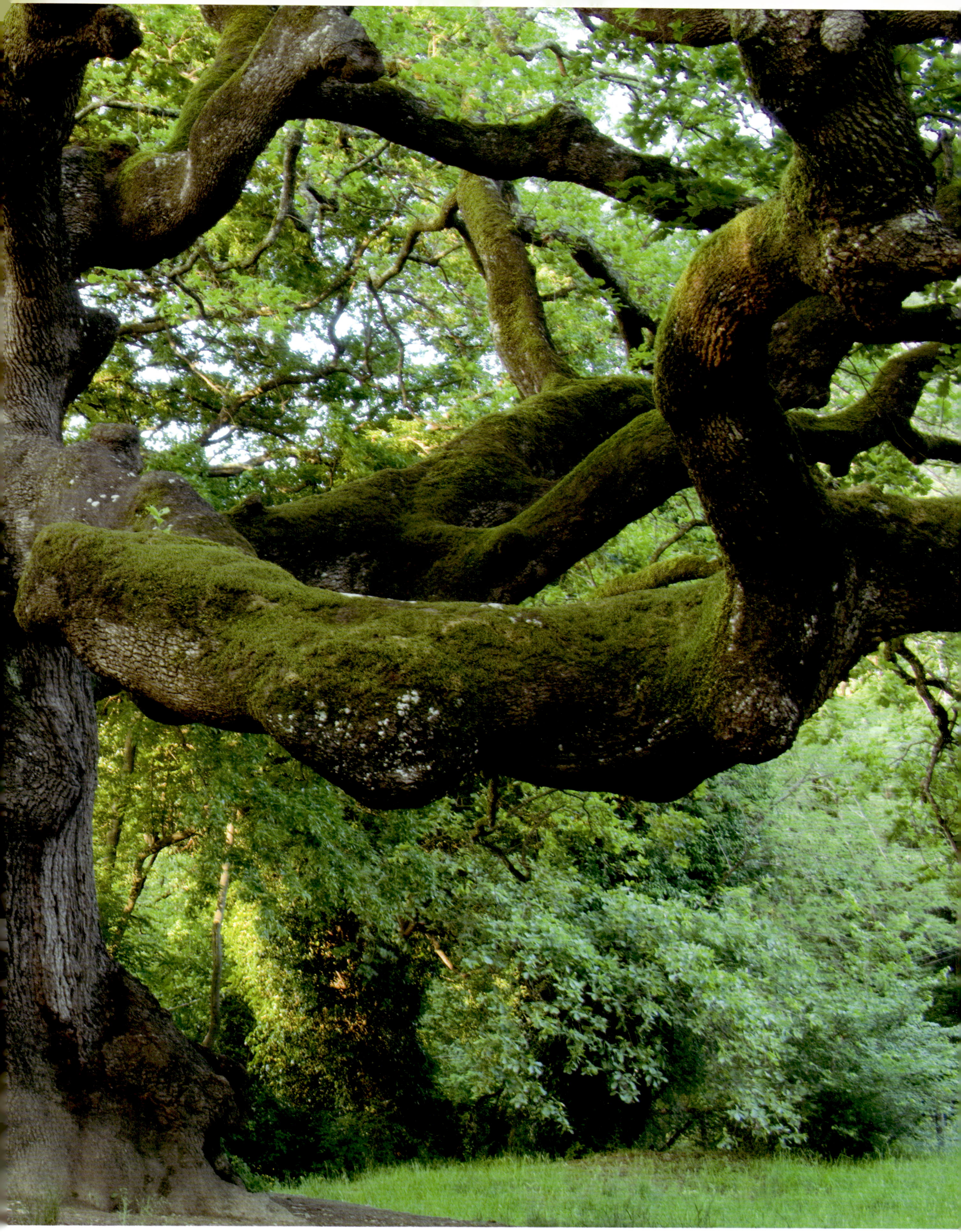

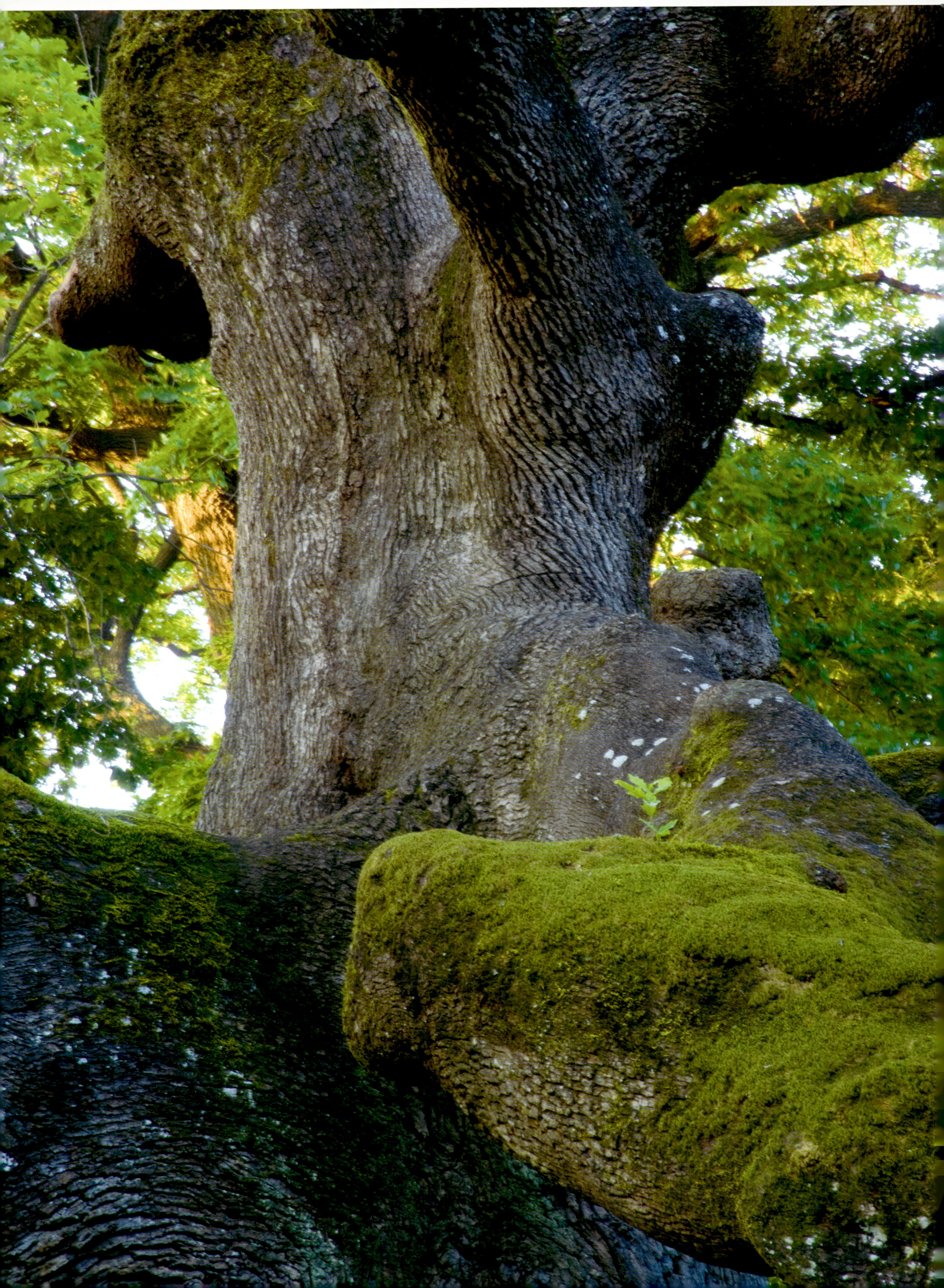

Quercus robur

Toscana, Italia

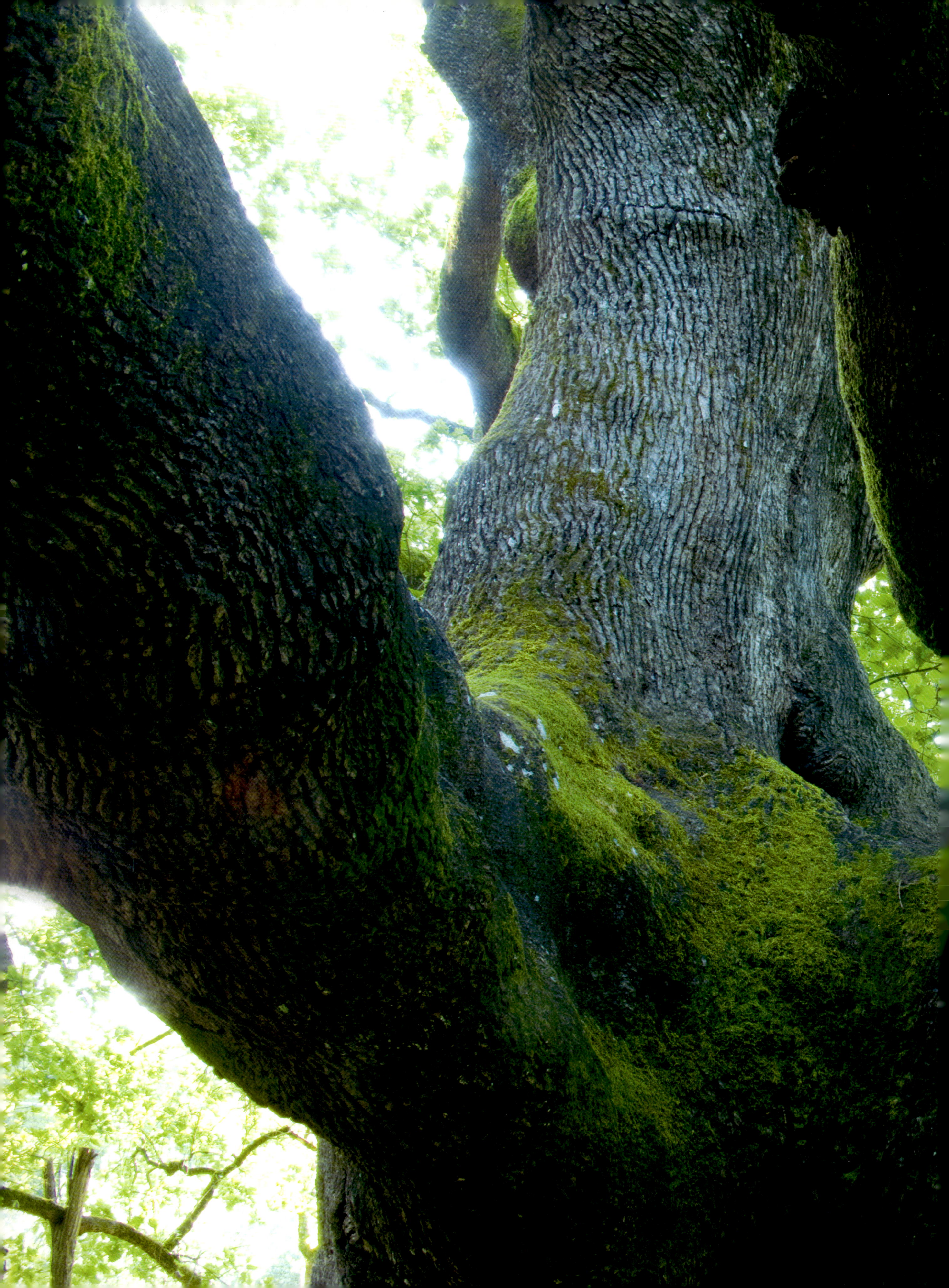

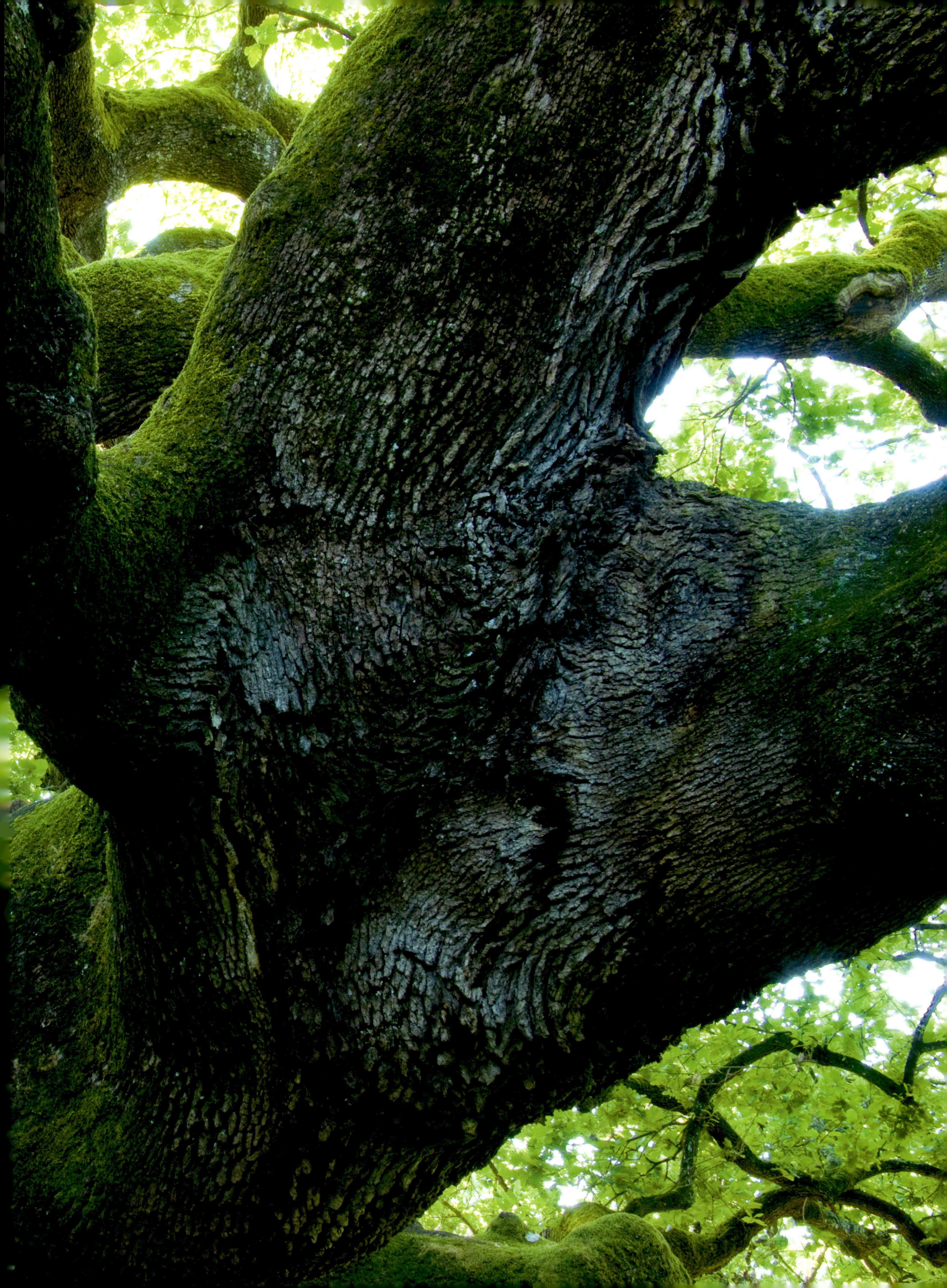

Western Red Cedar

The western red cedar can be found in European parks, where it is a favorite because of its size and decorative appearance, although its natural home is in western North America from California all the way to British Columbia in Canada. This evergreen tree belonging to the cypress genus can grow as high as 60 meters and its trunk can reach a diameter of 6 meters. You can rub the scaly needles into powder in your hands and be rewarded with a very pleasant scent reminiscent of apples or pineapples. Its fruit looks like an elongated egg-shaped cone. The indigenous tribes of British Columbia use all parts of the tree: its wood to build houses and canoes as well as to produce ritual objects such as totems; fibers from the bark to weave ropes and cables and the buds and twigs for medicinal purposes. The oldest western red cedar is located in the vicinity of Olympic National Forest and estimated to be 1,400 years old.

Riesenlebensbaum

Man kann den Riesenlebensbaum auch in europäischen Parks finden, wo er wegen seiner Größe und seines dekorativen Aussehens sehr beliebt ist. Doch seine natürliche Heimat ist das westliche Nordamerika, von Kalifornien bis ins kanadische Britisch Kolumbien. Dieser immergrüne Baum, der zur Gattung der Zypressen gehört, kann bis zu sechzig Meter hoch werden und einen Stammdurchmesser von bis zu sechs Metern erreichen. Zerreibt man die schuppigen Nadeln in den Händen, wird man von einem angenehmen Duft belohnt, der an Äpfel oder Ananas erinnert. Seine Frucht ist ein länglicher eiförmiger Zapfen. Die Indianer nutzen alle Bestandteile des Baumes: Das Holz diente dem Bau von Häusern, Kanus und zur Herstellung ritueller Gegenstände. Die Fasern der Rinde wurden zum Flechten von Seilen und Tauen genutzt. Und die Knospen und Ästchen erfüllten medizinische Zwecke. Der älteste Riesenlebensbaum ist in der Gegend des Olympic National Forest zu finden, er wird auf 1400 Jahre geschätzt.

Thuya géant de Californie

Très apprécié pour sa taille et ses qualités ornementales, le thuya géant de Californie est fréquent dans les parcs européens, mais son aire naturelle se situe sur la côte ouest d'Amérique du Nord, de la Californie à la Colombie-Britannique, au Canada. Appartenant au genre des cyprès, ce sujet à feuillage persistant peut atteindre 60 mètres, pour une envergure allant jusqu'à 6 mètres. Si l'on frotte quelques aiguilles écailleuses dans ses mains, il s'en dégage un parfum très agréable, rappelant la pomme ou l'ananas. Le fruit est un cône ovoïde. Les Indiens de Colombie-Britannique utilisent toutes les parties du thuya géant : le bois pour construire des maisons, des canots ou fabriquer des objets rituels comme des totems, les fibres de l'écorce pour tresser des ficelles et des cordes, les bourgeons et les brindilles pour leurs propriétés médicinales. Le plus vieux thuya géant de Californie, qui vit dans la région de l'Olympic National Forest, aurait dans les 1 400 ans.

Clères, Normandie, France

Thuja gigantea
Familia Cupressaceae

Zerav obrovský

Zerav obrovský, známý též jako zerav řasnatý či túje obrovská, je pro svůj vzrůst a dekorativní vzhled oblíbenou dřevinou evropských parků, ačkoli jeho přirozeným domovem je západ Severní Ameriky, od Kalifornie až po Britskou Kolumbii. Tento stálezelený jehličnatý strom dorůstá do výšky přes 60 metrů a jeho kmen může dosáhnout průměru až 5 m. Šupinaté lístky zeravu se dají v rukou rozemnout, přičemž vydávají příjemnou vůni připomínající jablko či ananas. Jeho šišky mají protáhlý vejčitý tvar. Indiánské kmeny v Britské Kolumbii využívají všechny části stromu: ze dřeva si budují domy a kánoe a vyřezávají z něj rituální předměty včetně totemů, z pruhů kůry a lýka pletou rohože, provazy či košíky a pupeny a ratolesti slouží k léčebným účelům. Největší zerav obrovský na světě roste u Quinaultského jezera severně od města Aberdeen v americkém státě Washington. Je přes 1000 let starý.

Tuya gigante / Árbol de la vida

Aunque este árbol se puede encontrar también en los parques de Europa, ya que gusta mucho por su altura y aspecto decorativo, su verdadera patria es América del Norte, desde California hasta la Columbia Británica canadiense. Este árbol perennifolio que pertenece a la familia de los cipreses, consigue alcanzar hasta 60 m de altura y 6 m de diámetro en su tronco. Si frotamos sus escamosas pinochas entre las palmas de las manos, nos corresponde con un agradable olor parecido al de la manzana o la piña. Su fruto es un cono oval oblongo. Los indios de la Columbia Británica utilizan todas las partes de este árbol: la madera para construir casas, canoas y también para fabricar objetos rituales como tótems, la fibra de la corteza para tejer cuerdas y redes, y los brotes y ramitas para usos medicinales. La tuya gigante más antigua se halla en el Olympic National Forest y según las estimaciones tiene unos 1 400 años de edad.

Tuja gigante

La tuja gigante, conosciuta in America come "Arbor vitae", si può trovare anche nei parchi europei, dove è molto popolare per le sue dimensioni e il suo aspetto decorativo, ma la sua patria naturale erano le regioni dell'America nord-occidentale, dalla California fino al British Columbia canadese. Questo sempreverde, che appartiene al genere delle Cupressacee, può raggiungere un'altezza di 60 metri e un diametro del tronco di sei metri. Sfregando tra le mani gli aghi squamati, si viene premiati da un profumo molto gradevole, che ricorda le mele o gli ananas. Il frutto della tuja è una pigna allungata di forma ovoidale. Gli Indiani del British Columbia utilizzano tutte le parti dell'albero: il legname per costruire abitazioni, canoe e anche per la produzione di oggetti rituali, ad esempio dei totem, le fibre della corteccia per intrecciare corde e funi, mentre le gemme e i rametti sono impiegati a scopo medicinale. La tuja gigante più antica si trova nell'area della Olympic National Forest: si stima che abbia 1.400 anni.

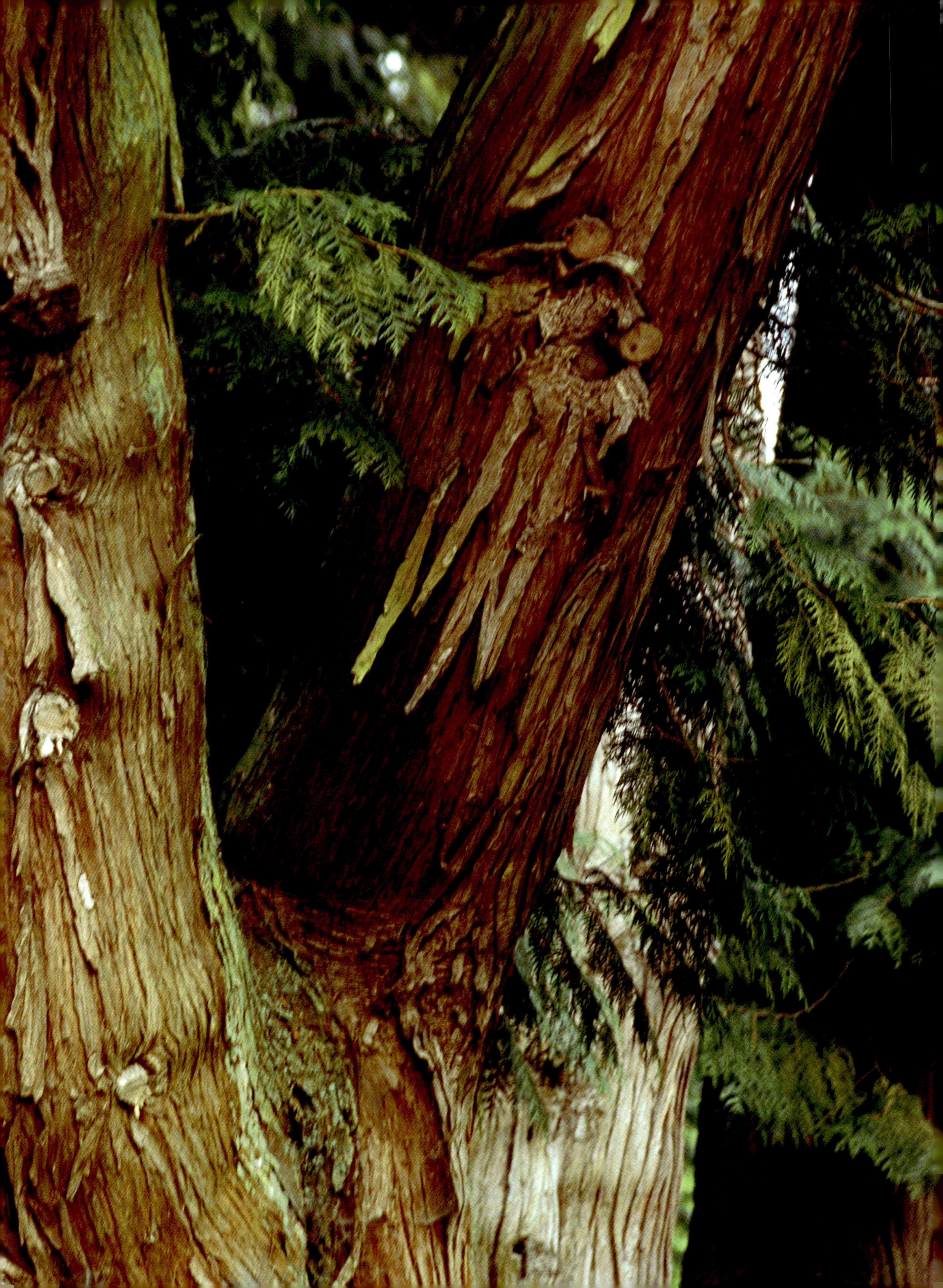

Thuja gigantea

Clères, Normandie, France

Sweet Chestnut

In the English county of Avon you can bump into an almost 2,000 year old sweet chestnut tree which so impressed the 13th century English aristocracy with its tremendous stature that they invoked the Magna Charta under its shelter. Belonging to the *Fagaceae* family and having been cultivated since ancient times, the sweet chestnut tree's large blossoms are a feast for the eyes in spring, while the sweet chestnuts from these trees are best eaten roasted in late autumn or winter. In some districts, especially the mountainous regions of southern Europe, they were the most important source of food before the potato was introduced. The 20th century saw the sweet chestnut heavily threatened by the rapid spread of chestnut blight introduced from America, though stocks have recovered since then. The largest known chestnut tree is the *Castagno dei Cento Cavalli* (Hundred Horse Chestnut) in Sicily.

Edelkastanie

In der englischen Grafschaft Avon stößt man auf eine etwa zweitausend Jahre alte Edelkastanie, welche die englischen Adligen bereits im 13. Jahrhundert so sehr mit ihrem gewaltigen Wuchs beeindruckte, dass sie in ihrem Schutz die Magna Charta beschworen. Die großen Blüten der Edelkastanie, die zur Familie der Buchengewächse gehört und schon sehr früh kultiviert wurde, sind im Frühling ein wahrer Augenschmaus. Die aus ihnen hervorgehenden Früchte, die Maroni, werden hingegen im Spätherbst und Winter gern in geröstetem Zustand verzehrt. Vor allem in den Bergregionen Südeuropas galten sie vor der Einführung der Kartoffel als wichtigste Nahrungsquelle. Im 20. Jahrhundert war die Edelkastanie durch die rasche Ausbreitung des aus Amerika eingeschleppten Kastanienrindenkrebses stark gefährdet. Inzwischen haben sich die Bestände jedoch wieder erholt. Der größte bekannte Kastanienbaum ist der *Catagno dei Cento Cavalli* (Kastanienbaum der hundert Pferde) auf Sizilien.

Châtaignier commun

Dans le comté d'Avon, en Angleterre, se dresse un châtaignier vieux de 2 000 ans dont la stature imposante impressionnait déjà les barons anglais du XIIIe siècle à tel point qu'ils placèrent la *Magna Carta* sous sa protection. Les fleurs mâles, ou chatons, du châtaignier, membre de la famille des fagacées cultivé depuis la nuit des temps, réjouissent les yeux au printemps, tandis qu'en automne et en hiver, ses fruits, les châtaignes, font le bonheur des gourmands sous le nom de marrons – grillés ou non. Dans certaines régions, en particulier les zones montagneuses du Sud de l'Europe, les châtaignes étaient la principale source de nourriture, avant l'introduction de la pomme de terre. Au XXe siècle, le chancre du châtaignier, un champignon parasite venu d'Amérique, se propagea très vite et ravagea les châtaigneraies, qui s'en sont remises depuis. En Sicile pousse le plus grand sujet connu, le *Castagno dei Cento Cavalli* (« châtaignier des cent chevaux »).

▲ Tortworth, Avon, Great Britain

Castanea sativa
Familia Fagaceae

Kaštanovník setý

V bývalém anglickém hrabství Avon roste asi dva tisíce let starý kaštanovník, který byl již ve 13. století tak mohutný, že se angličtí šlechtici rozhodli přísahat pod jeho záštitou na Velkou listinu práv a svobod, Magna charta. Kaštanovník setý patří do čeledi bukovitých a lidé ho pěstují už od starověku. Jeho velké bílé květy skýtají na jaře pastvu pro oči. Semena, jedlé kaštany, dozrávají v září a jedí se pečená nebo vařená. V některých částech Evropy, zejména v horských oblastech na jihu, znamenaly jedlé kaštany před příchodem brambor nejdůležitější potravinu. Ve 20. století začala kaštanovníky vážně ohrožovat rychle se šířící zhoubná korová nekróza zavlečená do Evropy z Ameriky. Největší známý kaštanovník setý je *Castagno dei Cento Cavalli* (Kaštanovník sta koní), který roste na Sicílii.

Castaño común

En el condado inglés de Avon uno tropieza con un castaño que debe tener unos 2 000 años. Tanto impresionaba ya en el siglo XIII a la nobleza inglesa su enorme tamaño que sus miembros juraban la Carta Magna bajo su protección. En primavera las grandes flores del castaño, que pertenece a la familia de las fagáceas y empezó a cultivarse muy pronto, son un verdadero festín para nuestros ojos, mientras que el fruto que nace de ellas, las castañas, se consumen asadas en las postrimerías del otoño. En algunos lugares, ante todo en las regiones montañosas del sur de Europa, las castañas representaban, antes de introducirse la patata, la principal fuente de alimento. En el siglo XX se vio fuertemente afectado por la rápida extensión del cáncer cortical procedente de América, no obstante, hoy en día sus plantaciones ya se han recuperado. El castaño más grande conocido es el *Catagno dei Cento Cavalli* (castaño de cien caballos) de Sicilia.

Castagno

Nella contea inglese dell'Avon ci si imbatte in un castagno di circa 2.000 anni dall'imponente sviluppo verticale. Già nel XIII secolo impressionò i nobili inglesi a tal punto che questi giurarono sulla Magna Charta al riparo dei suoi rami. I grandi fiori del castagno, appartenente alla famiglia delle Fagacee e coltivato già in epoca antica, sono una vera gioia per gli occhi in primavera, mentre i suoi frutti, i "marroni", vengono consumati come caldarroste alla fine dell'autunno e in inverno. In alcune aree, soprattutto nelle regioni montane dell'Europa meridionale, prima dell'introduzione delle patate le castagne erano considerate addirittura la fonte di sostentamento più importante. Nel Novecento il castagno è stato fortemente minacciato dal rapido diffondersi del cancro corticale del castagno, ma ora il patrimonio forestale di questi alberi è nuovamente in crescita. Il più grande albero conosciuto di questa specie è il "Castagno dei Cento Cavalli", in Sicilia.

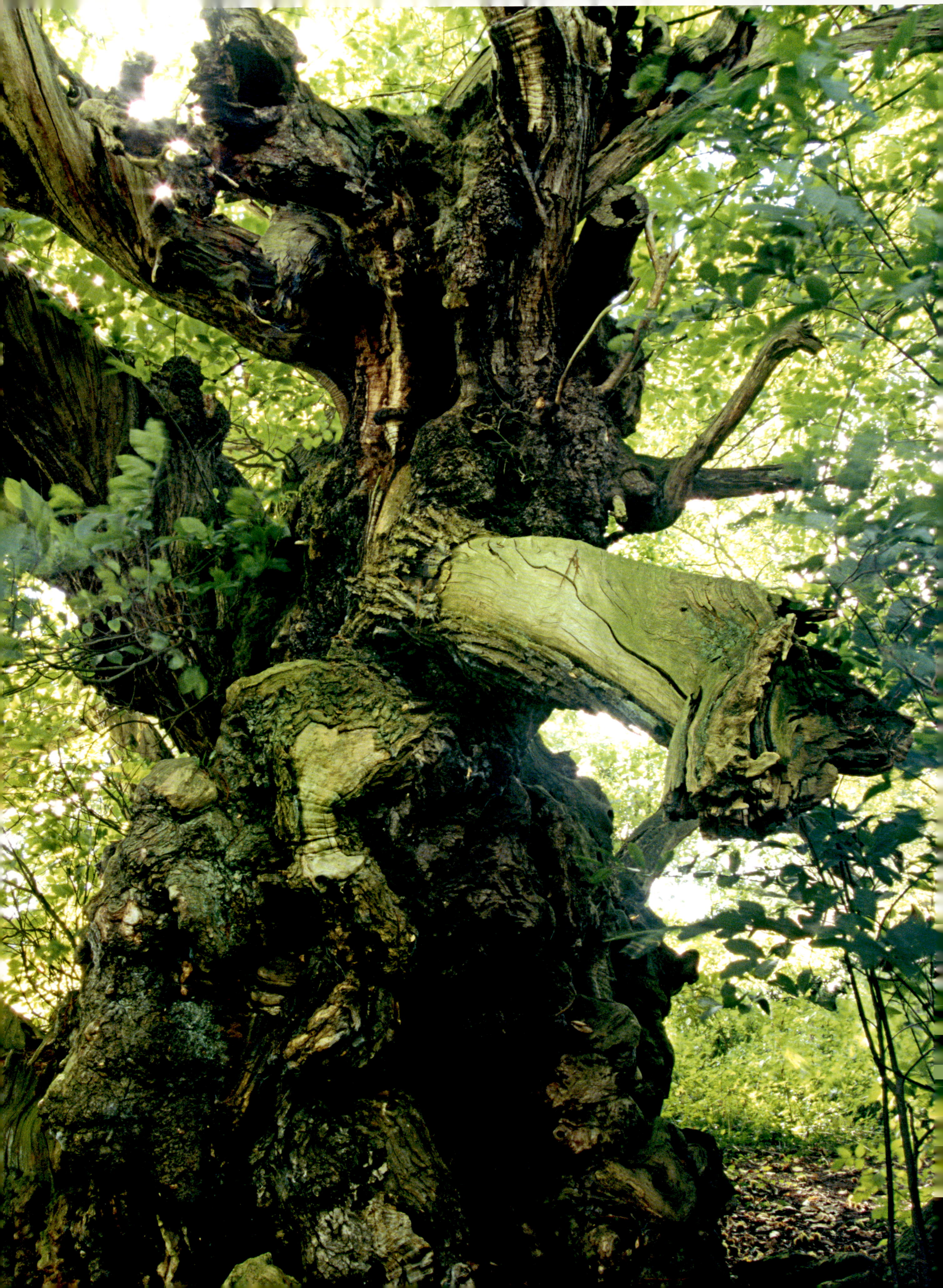

Castanea sativa

Tortworth, Avon, Great Britain

Olive Tree

Who has never dreamt of falling under the spell of an olive grove, fascinated by the often weirdly shaped trunks and pointed leaves, whose upper faces glimmer silvery-white in the sun? Originally a native of Persia, the olive tree was cultivated very early and soon spread throughout the entire Mediterranean region. In Greece, it was dedicated as a "holy" tree to the goddess Athena, with winners at the Olympic Games being awarded with its branches. The tree's wood is extremely hard and so tenacious that it braves even the most adverse conditions and has become virtually proverbial.
Naturally, you also think of the olives the tree bears while you eat them, as inside you part of the Mediterranean attitude toward life suddenly awakens. The olives are green as they begin to ripen, but then their colors change to green-brown and blue hues to a deep black. In order to obtain the especially large and succulent fruit needed for precious olive oil, the olive tree has undergone many improvements since ancient times.

Ölbaum

Wer verfällt nicht dem Zauber eines Olivenhains – fasziniert von den oft bizarr geformten Stämmen und den spitzen Blättern, deren Oberseite silbrig-weiß in der Sonne flimmert? Der ursprünglich aus Persien stammende Ölbaum wurde schon früh kultiviert und verbreitete sich bald im gesamten Mittelmeerraum. In Griechenland wurde er der Göttin Athene geweiht und dadurch zum „heiligen" Baum, mit dessen Zweigen die Sieger der Olympischen Spiele geehrt wurden. Sein Holz ist extrem hart und seine Zähigkeit, die selbst widrigsten Umständen trotzt, ist geradezu sprichwörtlich.
Natürlich denken wir auch an seine Früchte, die Oliven, bei deren Verzehr das mediterrane Lebensgefühl schlagartig in uns wach wird. Zu Beginn ihrer Reife sind die Oliven grün und verfärben sich dann über grünbraune und blaue Tönungen in ein tiefes Schwarz. Um besonders große und fleischige Früchte für das kostbare Öl zu züchten, werden die Ölbäume seit dem Altertum veredelt.

Olivier

Qui n'a pas succombé un jour au charme d'une oliveraie, fasciné par les troncs aux contorsions étranges et les feuilles lancéolées dont le soleil fait briller la face argentée ? De la Perse, son berceau, où il a toujours été cultivé depuis les temps les plus reculés, il a gagné tout le pourtour méditerranéen. En Grèce, il fut consacré à la déesse Athéna et devint de ce fait un arbre sacré ; les vainqueurs des Jeux olympiques recevaient une couronne tressée dans un rameau d'olivier. Son bois est d'une dureté extrême et sa résistance, même dans les pires conditions, est devenue proverbiale.
Bien sûr, nous pensons aussi à ses fruits, les olives, dont la dégustation a pour effet immédiat de nous faire rêver de ciel bleu et de soleil. Vertes au début, les olives prennent une coloration brun-vert puis bleutée avant de virer au noir profond une fois mûres. La sélection pratiquée depuis le Moyen Âge vise à l'obtention de fruits gros et charnus pour produire la précieuse huile.

Olea europaea
Familia Oleaceae

Olivovník evropský

Kdo nikdy nepropadl kouzlu olivového háje uchvácen fantastickými tvary olivovníků a jejich špičatými listy, které se na slunci přízračně stříbřitě lesknou? Olivovník pochází původně z Persie, ale lidé ho začali velmi brzy pěstovat a záhy se rozšířil po celém Středomoří. Ve starověkém Řecku byl zasvěcen bohyni Athéně a jeho větévkami byli odměňováni vítězové olympijských her. Dřevo olivovníku je velmi tvrdé a tak houževnaté, že dokáže vzdorovat i těm nejnepříznivějším podmínkám. Nesmíme samozřejmě zapomenout ani na olivy, které tento strom rodí a při jejichž pojídání člověk náhle pocítí příval onoho legendárního středomořského životního stylu. Na začátku své zralosti jsou olivy zelené, potom však jejich barva přejde do hnědozelené, začnou nabývat stále tmavší modré odstíny, až nakonec zcela zčernají. Olivovníky jsou od starověku neustále šlechtěny, aby rodily co největší a nejšťavnatější plody, z nichž se lisuje jemný olivový olej.

Olivo

¿Quién no se ha dejado seducir alguna vez por la magia de un olivar, fascinado por los troncos a menudo de formas extravagantes y las hojas puntiagudas cuya cara superior centellea en el sol de color blanco plateado? De origen persa, empezó a cultivarse muy pronto y rápidamente se extendió por todo el Mediterráneo. En la Antigua Grecia el olivo estaba consagrado a la diosa Atenea y así se convirtió en el árbol sagrado con cuyas ramitas condecoraban a los ganadores de los juegos olímpicos. Su madera es de extrema dureza y su resistencia en las circunstancias más hostiles ha llegado a ser proverbial. Naturalmente no podemos olvidarnos tampoco de sus frutos, las aceitunas, cuyo consumo provoca en uno la sensación de vivir en el mediterráneo. Al principio de su maduración la aceituna es verde, más tarde adquiere un color verde pardusco o azulado para acabar con un negro-morado intenso. Para obtener frutos grandes y carnosos con el fin de extraerles el codiciado aceite, los olivos injertan desde tiempos remotos.

Olivo

A chi non è capitato di cedere all'incanto di un oliveto e di rimanere ammaliato dai tronchi dalle forme spesso bizzarre e dalle foglie aguzze, la cui pagina superiore scintilla bianco-argentea al sole? L'olivo, originario della Persia, fu coltivato in epoche molto antiche, diffondendosi rapidamente nell'intera area mediterranea. In Grecia era consacrato alla dea Atena e diventò così un albero "sacro", i cui rami adornavano il capo dei vincitori dei giochi olimpici. Il suo legno è estremamente duro e la sua resistenza, che sfida persino le circostanze più avverse, è diventata addirittura proverbiale. Naturalmente pensiamo anche ai suoi frutti, le olive, che ci ricordano l'atmosfera legata allo stile di vita mediterraneo. All'inizio della maturazione, le olive sono verdi, per poi cambiare colore fino a raggiungere un nero intenso, passando per tonalità di grigio-bruno e di violetto. Per ottenere frutti particolarmente grossi e polposi in grado di produrre un olio pregiato, sin dall'antichità gli alberi d'olivo vengono sottoposti a innesti.

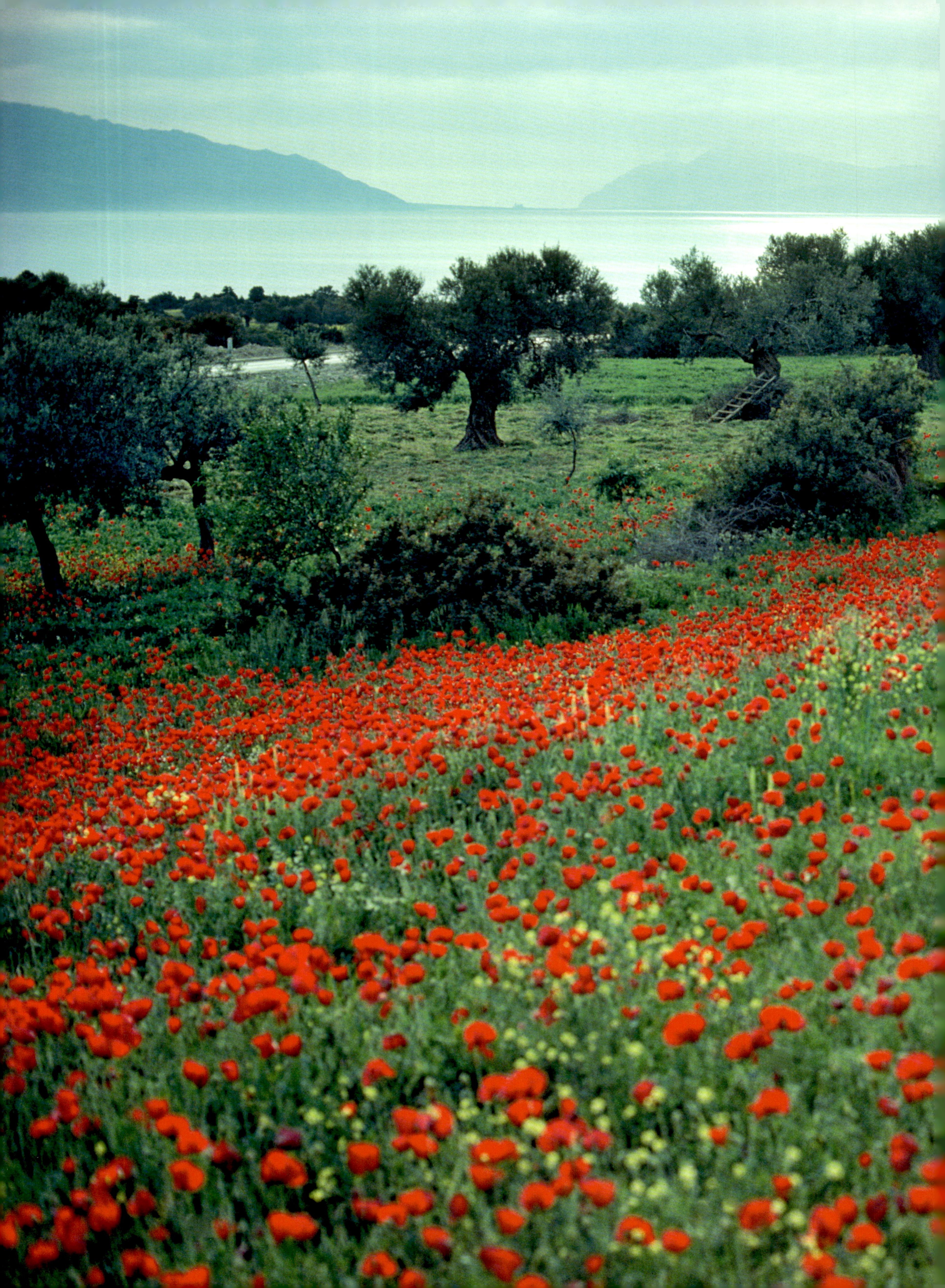

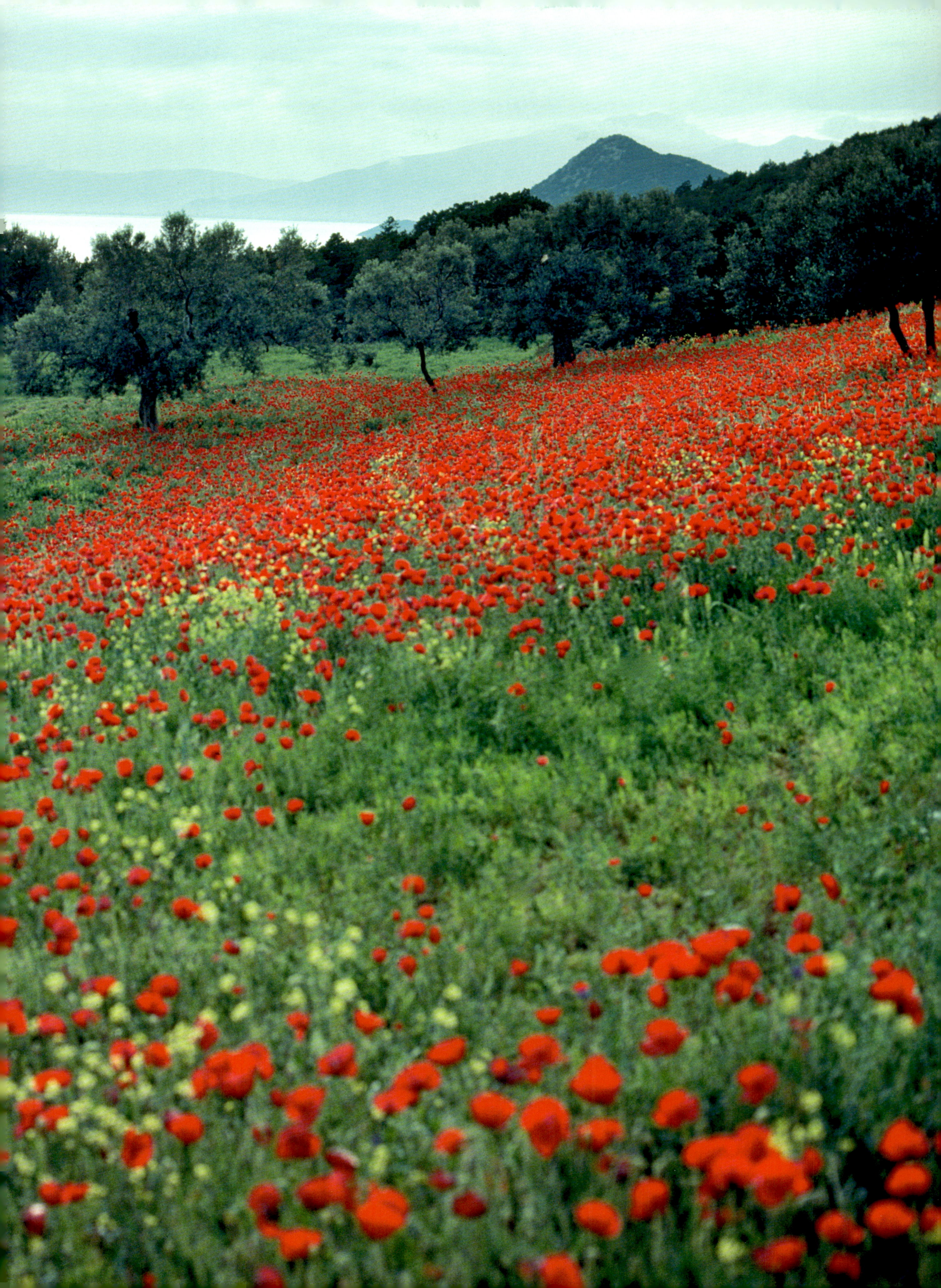

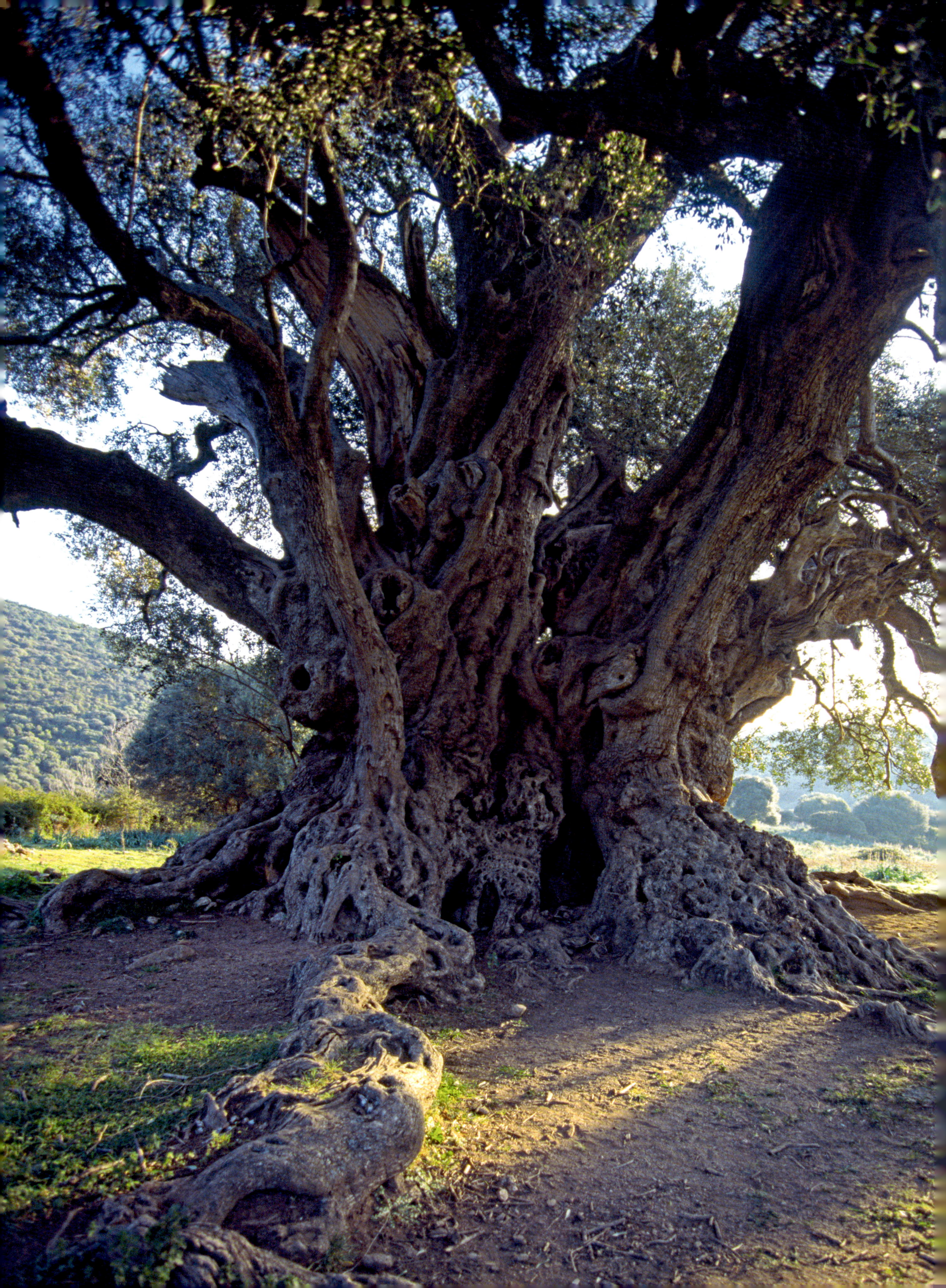

Olea europaea

« Nafpaktos, Elláda
‹ Sardegna, Italia

∧ Sicilia, Italia ∧ Itéa, Elláda
∧ Itéa, Elláda ∧ Kriti, Elláda

Kérkyra, Elláda

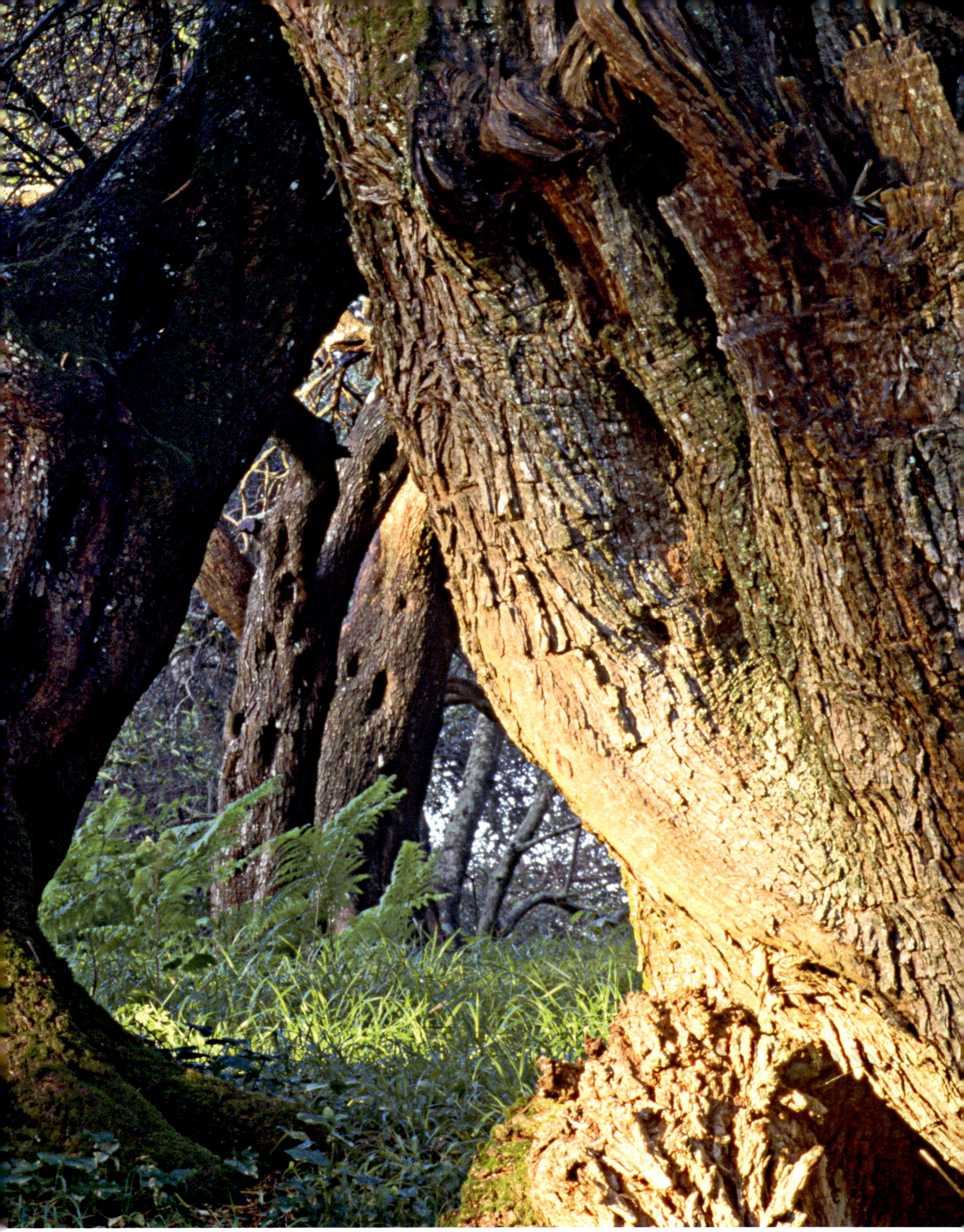

Kriti, Elláda

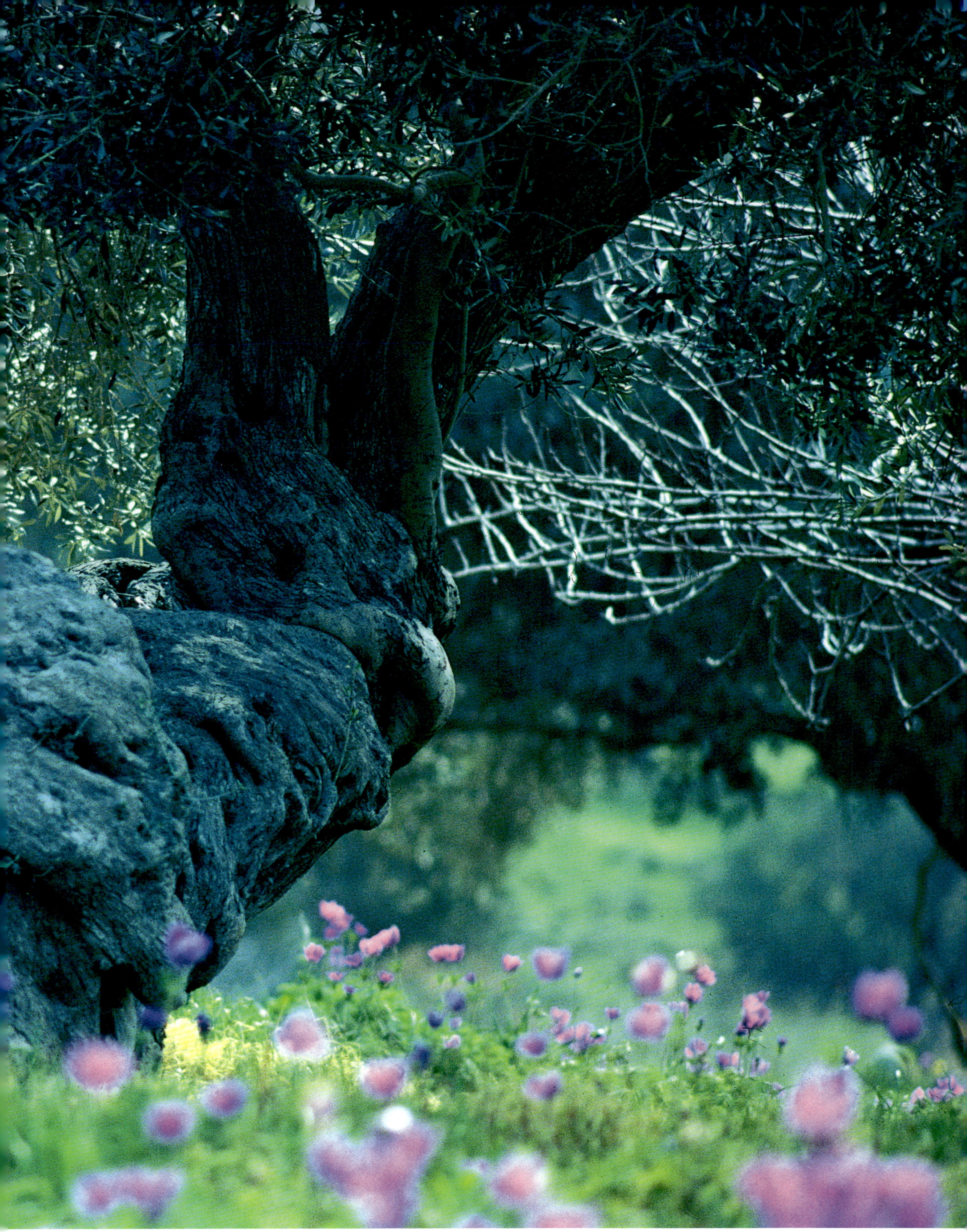

Kriti, Elláda

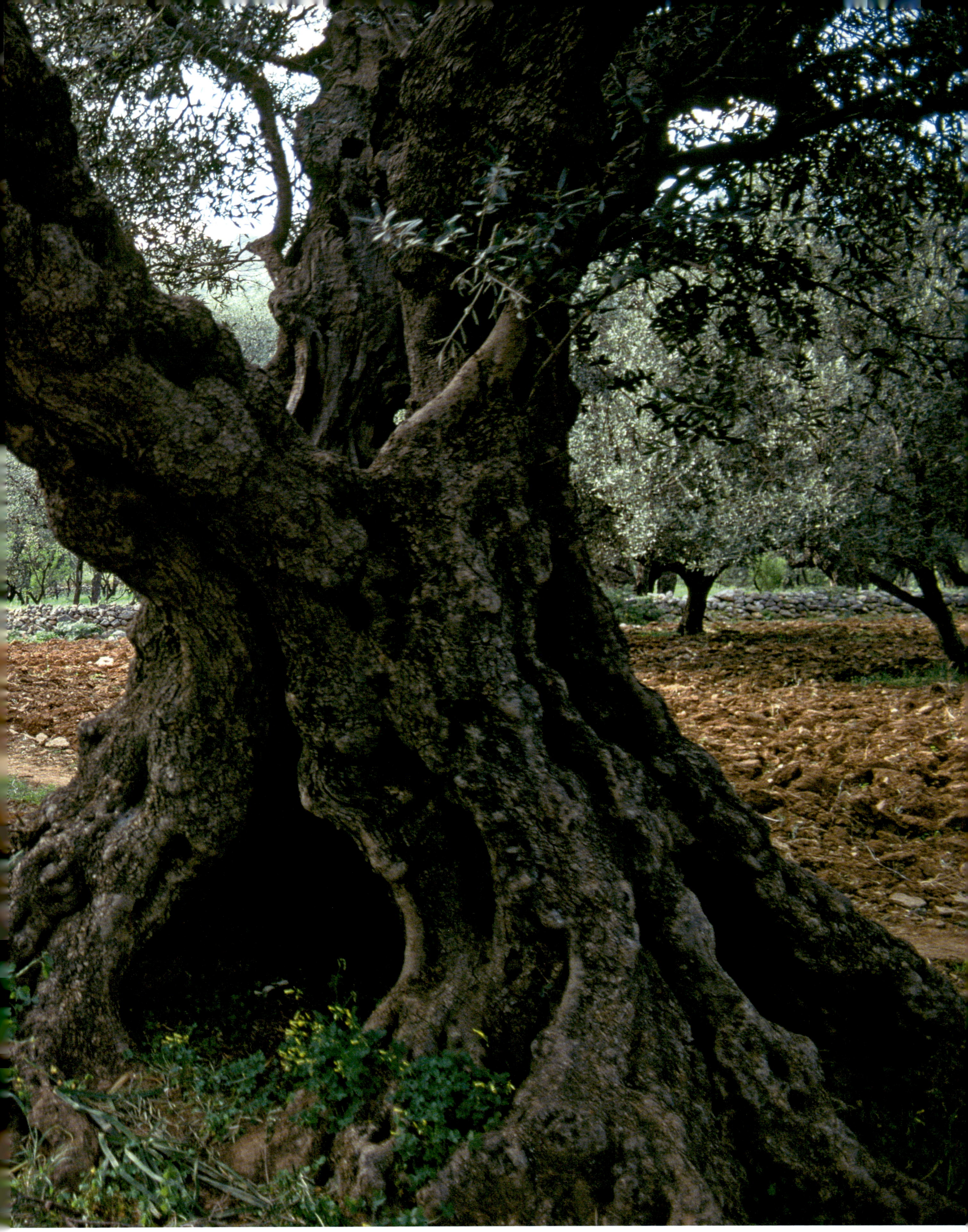

Kriti, Elláda

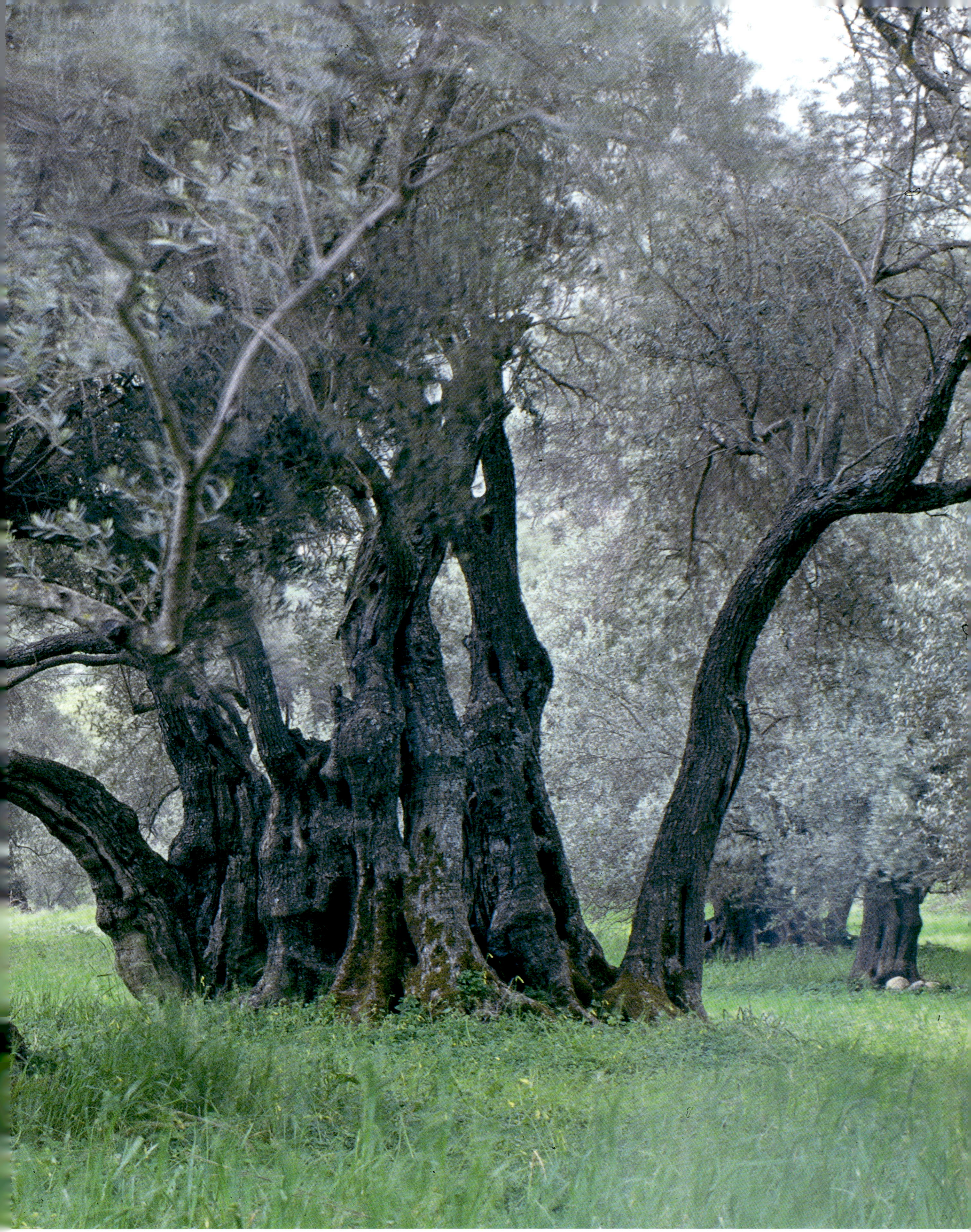

Kriti, Elláda

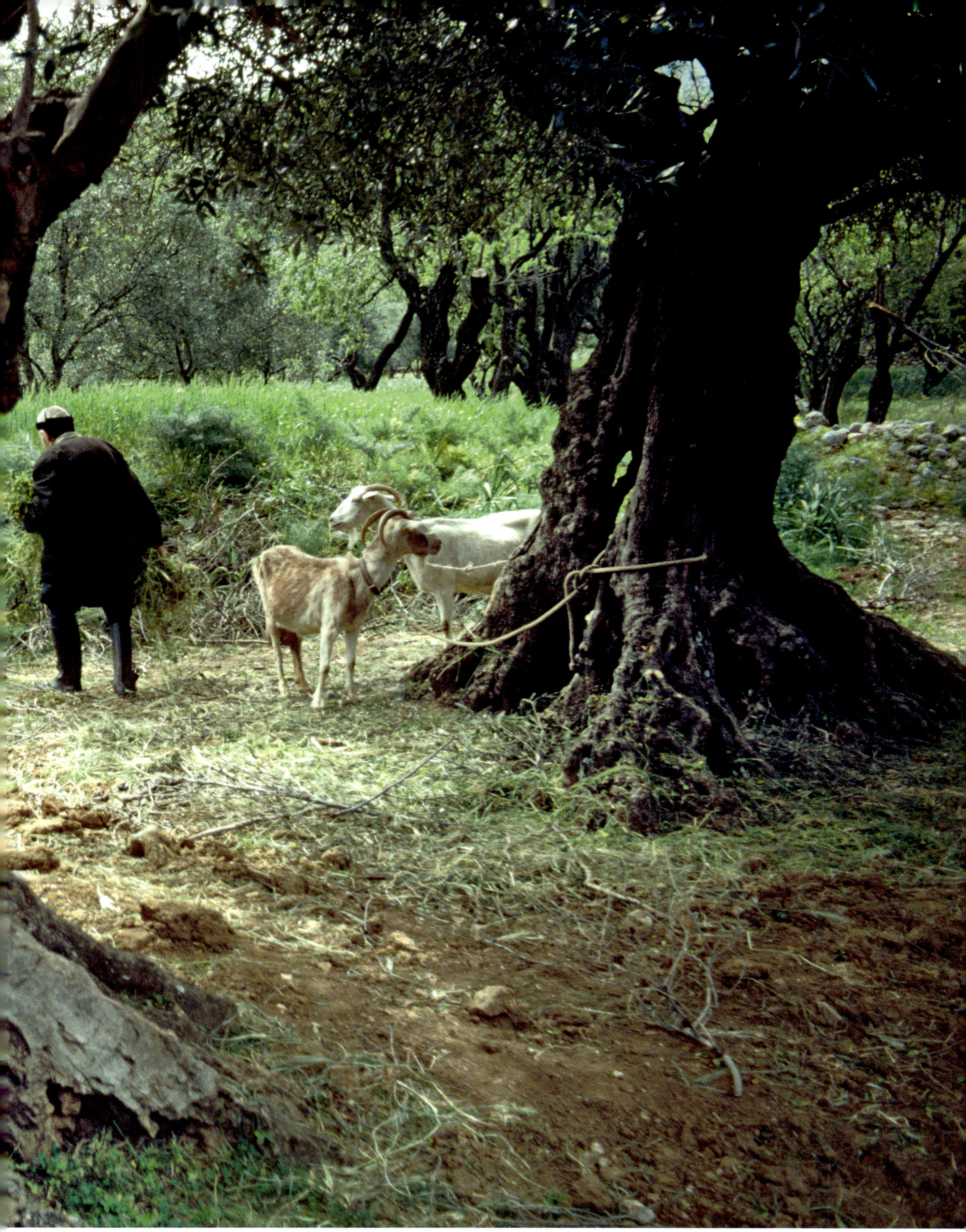

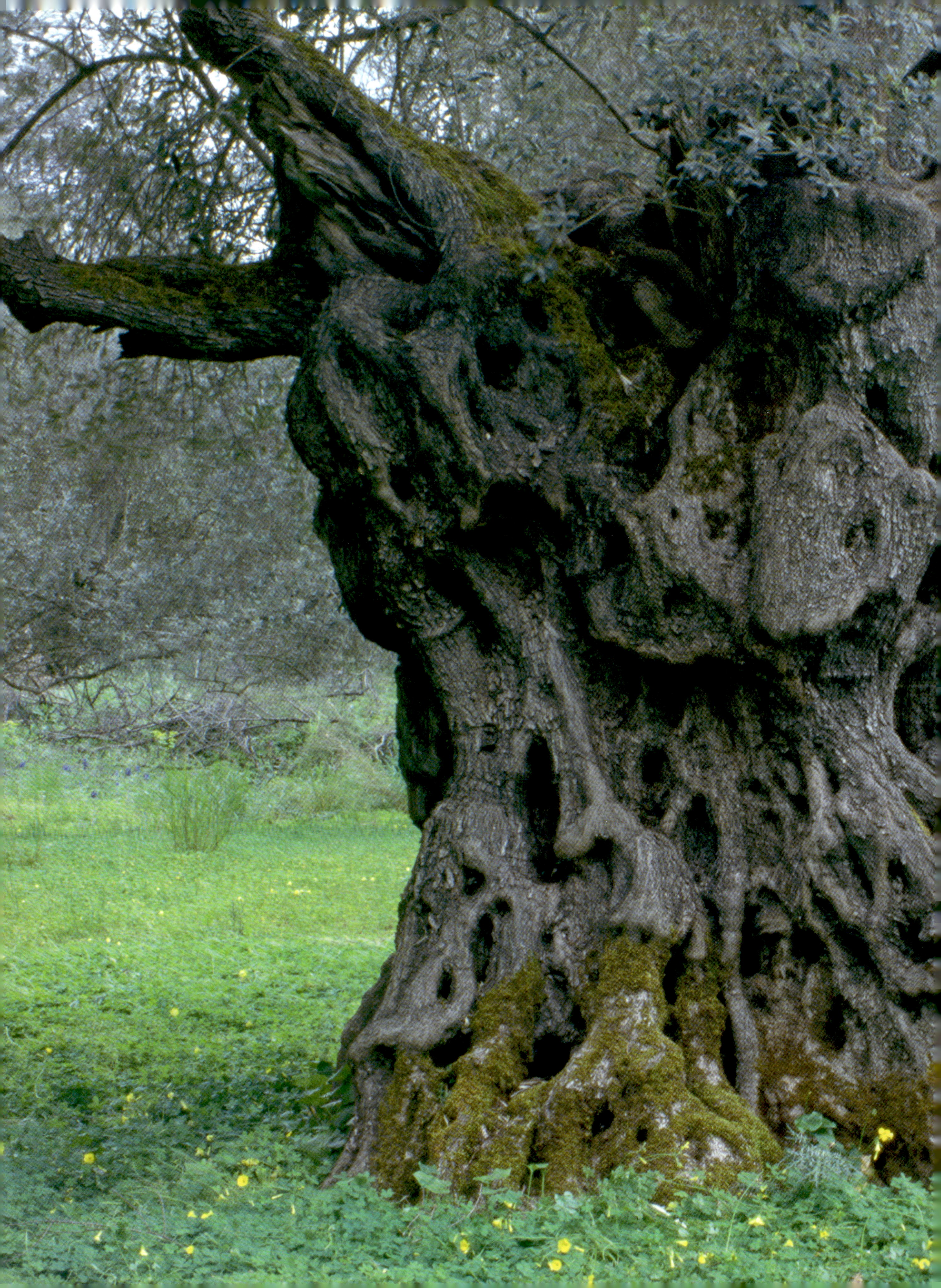

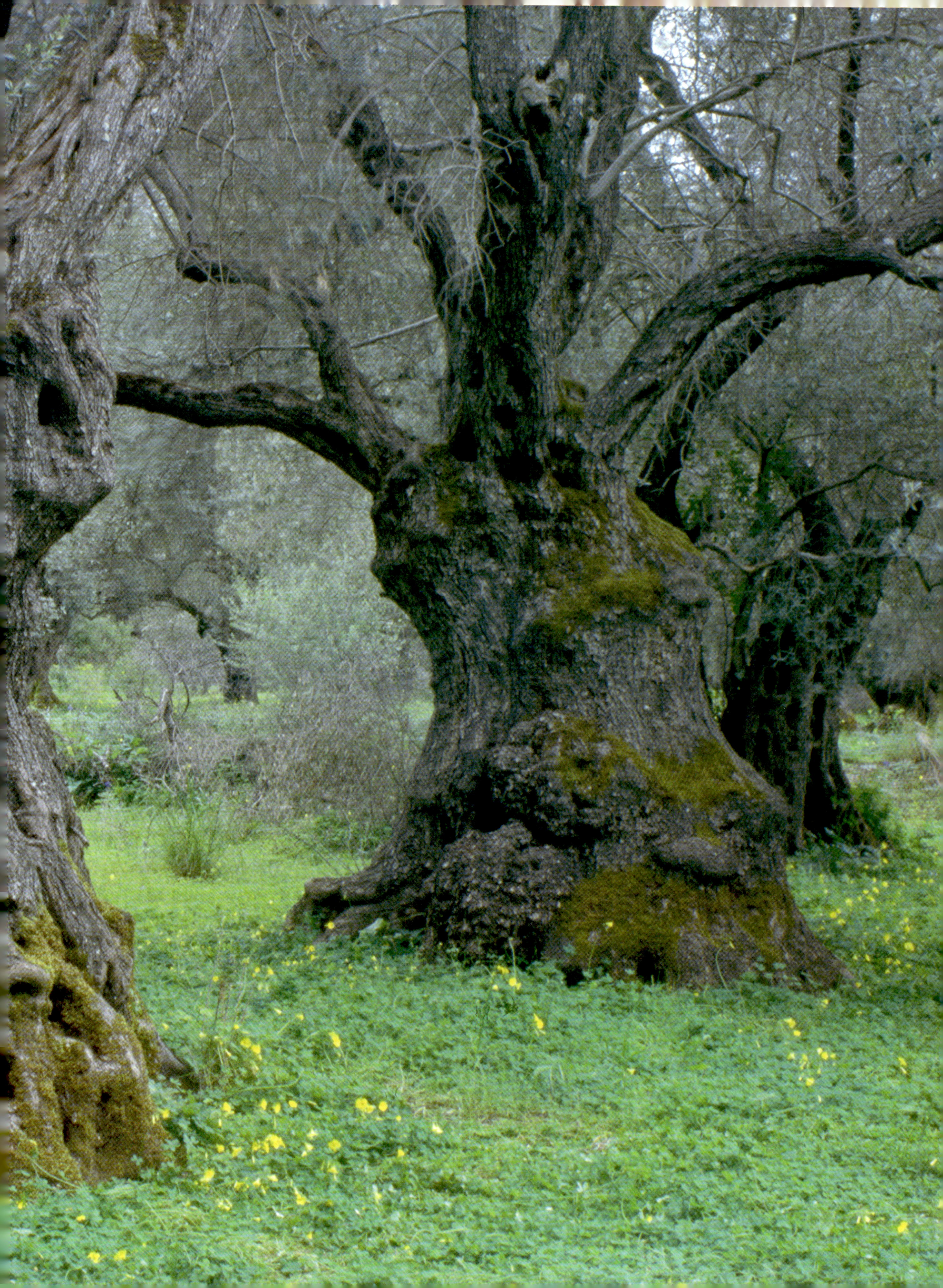

« Kriti, Elláda

^ Sardegna, Italia

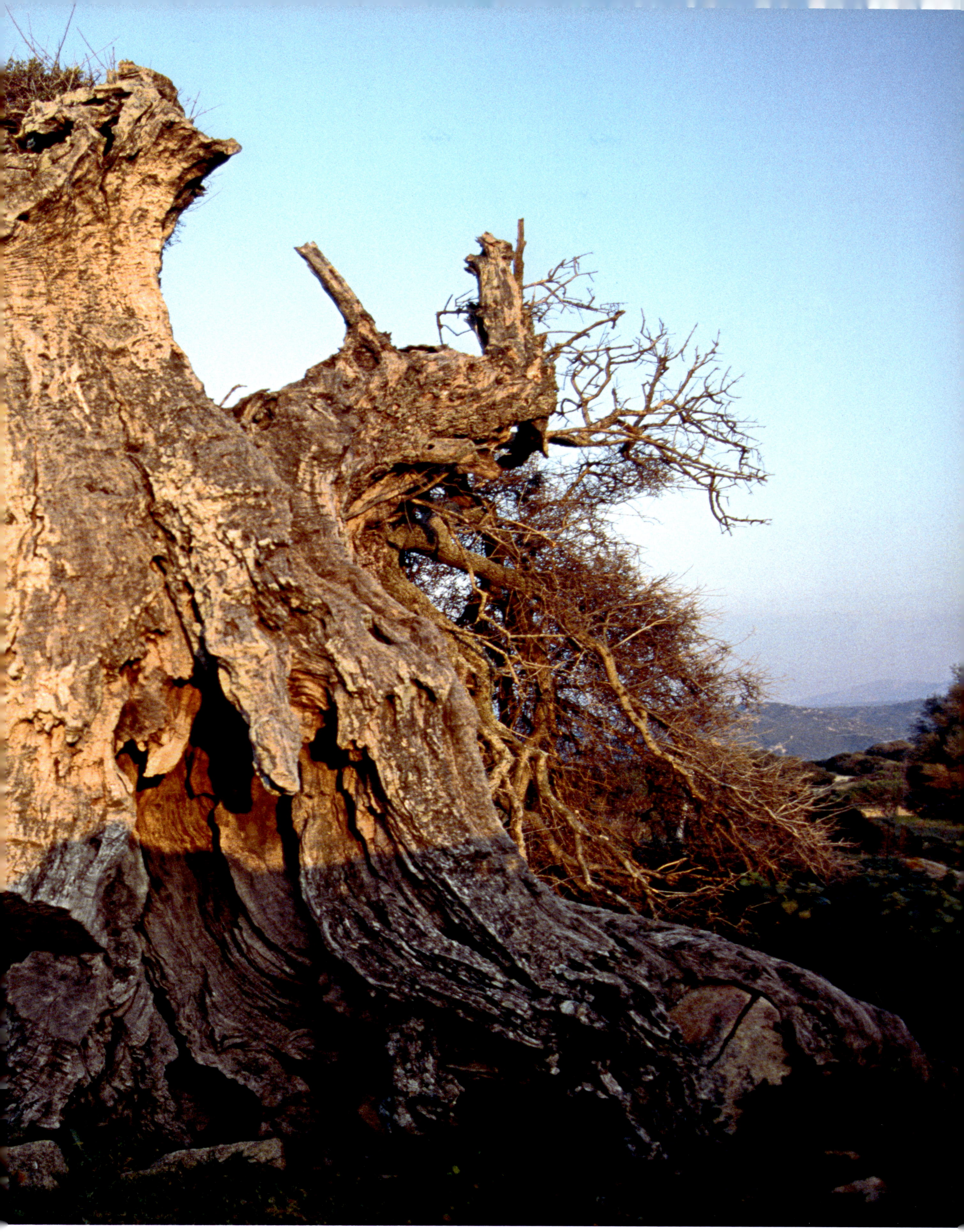

Olea europaea

Kriti, Elláda

Kérkyra, Elláda

Olea europaea

Canary Islands Dragon Tree

Many of us know the genus Dracaena as a house plant whose resemblance to palm trees and ability to clean the air of noxious odors make it very popular. However, these low-maintenance indoor plants have gigantic siblings, the most famous being the over 17-meter-high "Millennial" dragon tree at Icod de los Vinos in northern Tenerife that never ceases to amaze. The dragon tree's pale yellow blossoms and candelabra-like crown are impressive. This tree owes its name to being able to grow new branches immediately after the older ones break off – two surrogate branches that look like a severed dragon head. In addition, its resinous sap turns dark red when exposed to the air, and because this precious "dragon's blood" was used for different purposes such as to stain wood, the Canary Islands dragon eye became nearly threatened with extinction.

Kanarischer Drachenbaum

Viele von uns kennen die Gattung Dracaena als Zimmerpflanze, die wegen ihrer Ähnlichkeit zu Palmen sehr populär ist. Doch diese pflegeleichten Zimmerpflanzen haben gigantische Geschwister. Und jeder, der vor dem berühmten über 17 m hohen „tausendjährigen" Drachenbaum von Icod de los Vinos im Norden Teneriffas steht, wird aus dem Staunen nicht herauskommen. Beeindruckend sind die leuchtend gelben Blüten und die kandelaberartig verzweigten Baumkronen der Drachenbäume. Ihren Namen verdanken sie der Fähigkeit, sofort neue Verzweigungen zu bilden, sobald ein Trieb abgebrochen wurde. Diese Eigenschaft erinnerte die Menschen an einen abgeschlagenen Drachenkopf, der gleich durch zwei neue ersetzt wird. Außerdem verfärbt sich der harzige Saft des Baumes an der Luft dunkelrot wie Blut. Da dieses kostbare „Drachenblut" für die verschiedensten Zwecke verwendet wurde, beispielsweise zum Imprägnieren von Holz, drohte den Kanarischen Drachenbäumen zeitweise fast das Aussterben.

Dragonnier

Les dragonniers, qui ressemblent à des palmiers et dépolluent l'air ambiant, remportent un franc succès en plantes d'intérieur. Or, ces ornements si faciles à vivre dans nos appartements ont des parents gigantesques, et ceux qui ont contemplé le célèbre dragonnier millénaire, dépassant les 17 mètres, qui se dresse à Icod de los Vinos au nord de Ténérife, n'en sont pas encore revenus. Leurs fleurs d'un jaune lumineux et leurs couronnes ramifiées tels des candélabres produisent toujours un certain effet. Ils doivent leur nom à leur aptitude à former un nouveau rameau dès qu'on en a éliminé un – tout comme la tête d'un dragon décapité est aussitôt remplacée par deux autres. De plus, sa résine devient rouge sang au soleil et ce précieux « sang de dragon » trouvant toutes sortes d'emplois, par exemple pour imprégner le bois, le dragonnier des Canaries a frôlé l'extinction plus d'une fois.

Dracaena draco

Familia Agavaceae/Convallariaceae/Ruscaceae

Dračinec dračí

Mnozí lidé znají dračinec jako pokojovou rostlinu, k jejíž oblibě přispívá i podobnost s palmou a schopnost čistit vzduch od škodlivých látek. Tyto nenáročné pokojové rostliny však mají obří sourozence. Nejznámější z nich je přes 17 m vysoký strom zvaný *El Drago Milenario* (Tisíciletý drak) v Icod de los Vinos na severozápadě kanárského ostrova Tenerife. Dračinec dračí člověka neustále udivuje. Má světle žluté květy a jeho korunu tvoří deštníkovitě uspořádané větve. Za své jméno vděčí skutečnosti, že jakmile se mu odlomí stará větev, začnou na jejím místě vyrůstat dvě nové, jako když se pohádkovému drakovi usekne hlava. Navíc z poraněných dřevnatých částí stromu vytéká pryskyřice, která se na vzduchu zbarvuje do červenohněda. Díky tomu, že se tato „dračí krev" používala k nejrůznějším účelům, například v léčitelství, jako barvivo nebo jako složka laků pro výrobu hudebních nástrojů (lak z dračince byl použit i při výrobě stradivárek), začalo těmto stromům hrozit vyhubení.

Drago

Muchos de nosotros conocemos la especie "Dracaena" como una planta de interior muy popular por su semejanza con las palmeras y por su capacidad para limpiar el aire de sustancias nocivas. Pero esta planta, que es de fácil mantenimiento, tiene hermanos gigantes y toda persona que ha oído hablar alguna vez del famoso drago milenario de Icod de los Vinos, en el norte de la isla Tenerife, de más de 17 m de altura, no sale de su asombro. Impresionan sus flores amarillas y los troncos formados por muchas ramas que se alzan en forma de candelabros para formar la copa. Su nombre se debe a su capacidad de desarrollar rápidamente nuevas ramificaciones en cuanto se le corta un retoño – al igual que a un dragón le nacen dos cabezas por cada una decapitada. Además, la savia de este árbol se vuelve con la luz de un color rojo oscuro como la sangre y, dado que esta preciosa "sangre de drago" se utilizaba para fines diversos, como por ejemplo la impregnación de maderas, el drago estuvo durante algún tiempo en peligro de extinción.

Dracena o albero del drago delle Canarie

Molti di noi conoscono il genere "Dracena" come pianta d'appartamento, molto popolare per la sua somiglianza con le palme e per la sua capacità di depurare l'aria dalle sostanze nocive. Ma queste piante da appartamento di facile coltivazione hanno delle sorelle giganti e chiunque si sia mai trovato davanti al celebre albero del drago "millenario", alto oltre 17 metri, di Icod de los Vinos, nella parte settentrionale di Tenerife, avrà faticato a riprendersi dallo stupore. Ciò che colpisce molto delle dracene sono le infiorescenze di colore giallo intenso e le chiome il cui intreccio ricorda un candelabro. Il nome di questi alberi deriva dalla loro capacità di sviluppare subito nuove ramificazioni se un getto viene spezzato, così come il capo mozzato di un drago viene subito sostituito da due nuove teste. A contatto con l'aria, la linfa resinosa della Dracaena Draco cambia colore, diventando di un rosso scuro simile al sangue; poiché questo prezioso "sangue di drago" veniva utilizzato per gli scopi più svariati, ad esempio per impregnare il legname, l'albero del drago delle Canarie, in passato, ha quasi rischiato l'estinzione.

Tenerife, España

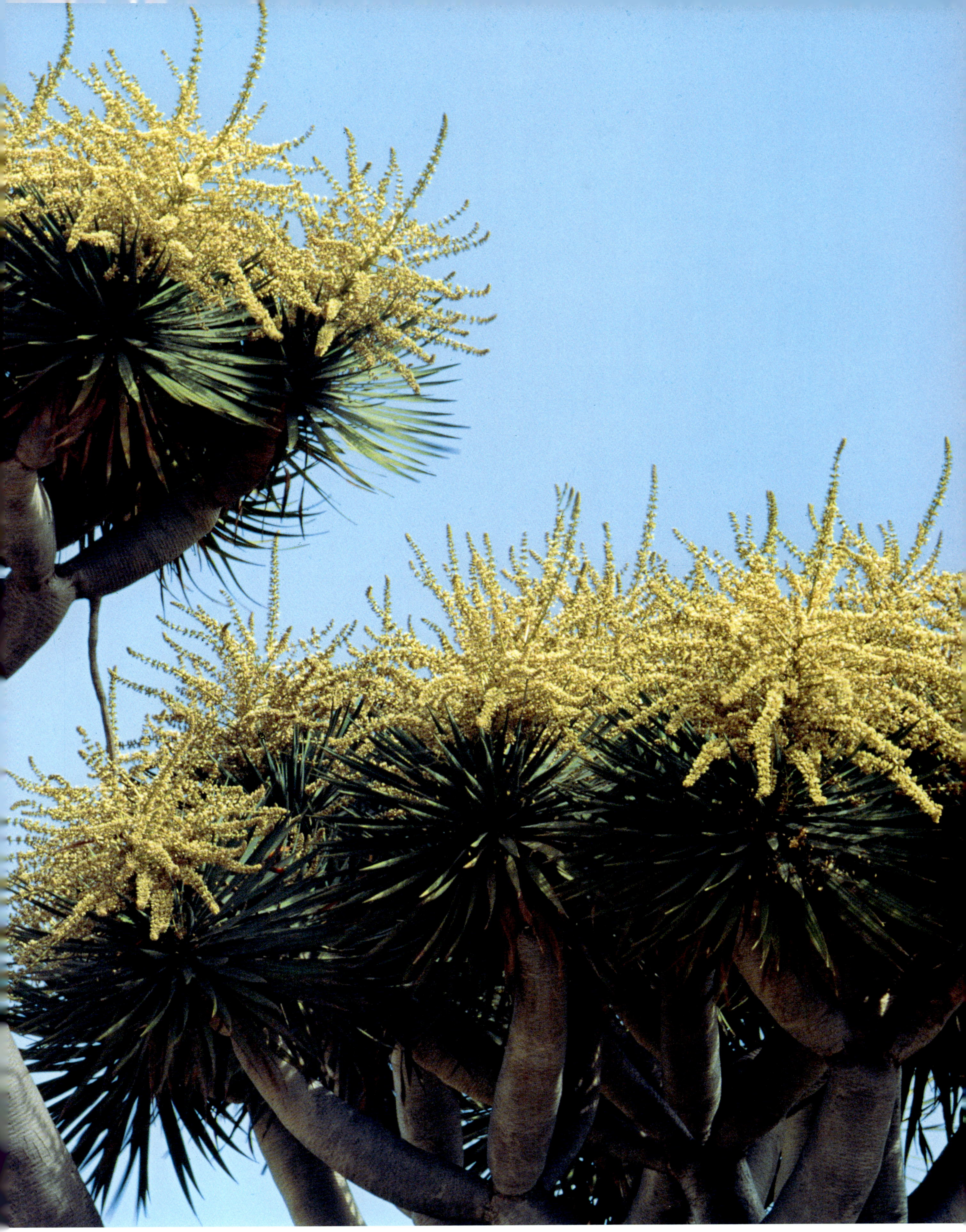

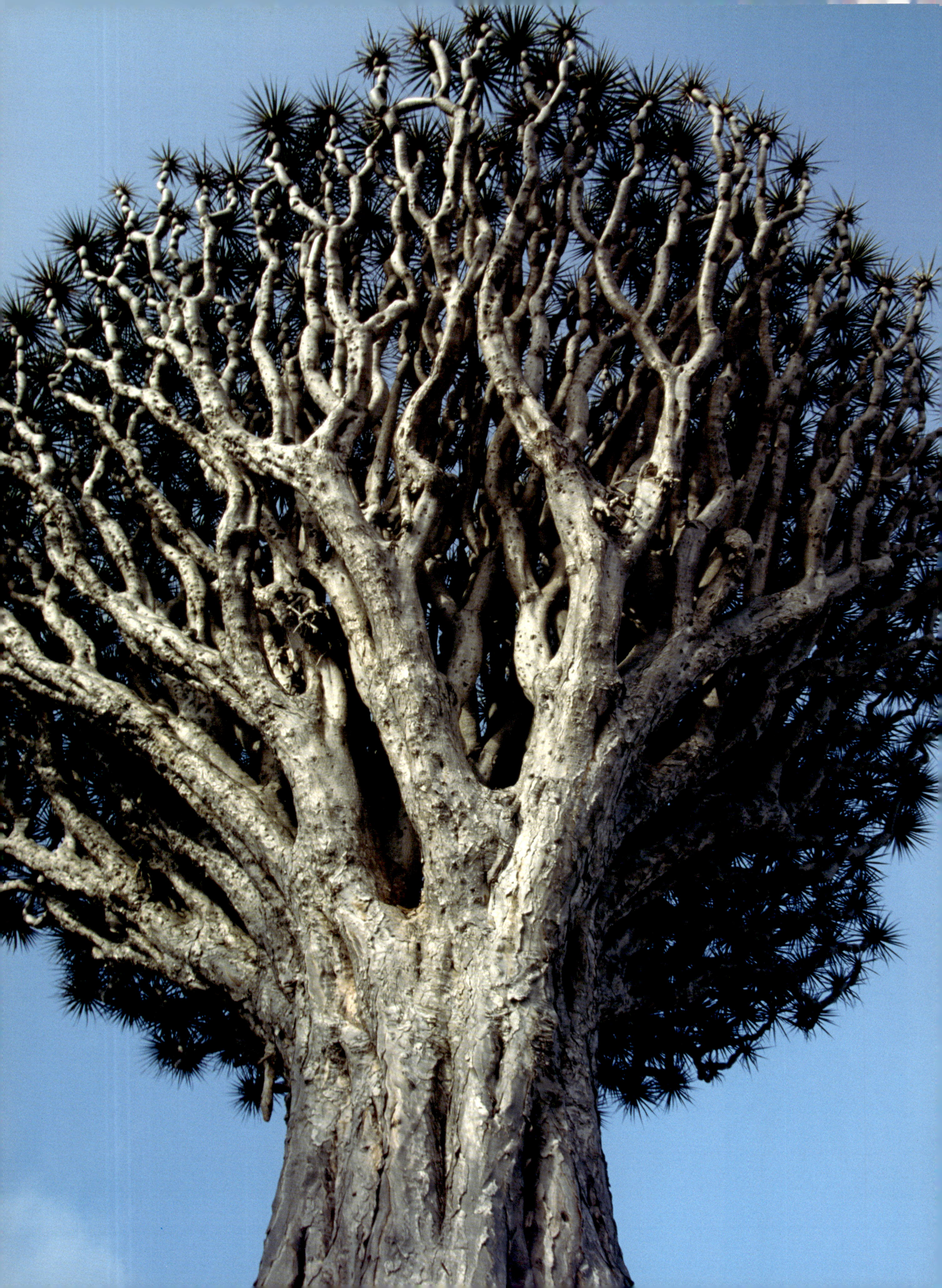

Dracaena draco

Tenerife, España
La Palma, España

Dracaena draco

La Palma, España

Dracaena draco

Tenerife, España

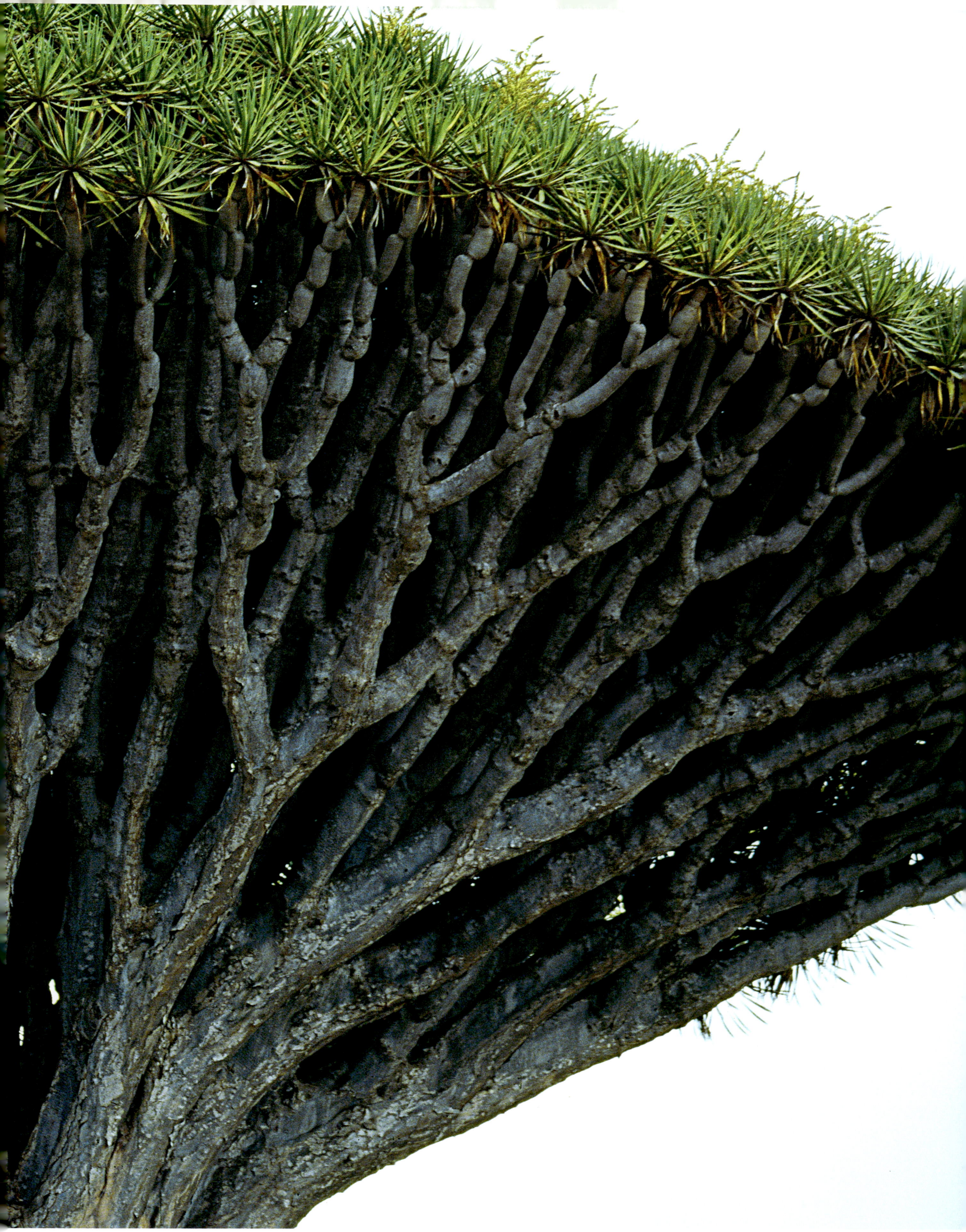

Baobab

Could a surrealistic artist or even Hieronymus Bosch himself have devised the baobab, especially one whose limbs look so grotesquely like roots that many Africans believe God must have planted the baobab upside down? (Another tale says the devil pulled the tree out of the earth and then thrust it back in branches first.) Seven species alone grow in Madagascar, while one type lives just in Africa and another is found only in Australia. Their trunks can be straight columns, although the imagination is more likely to be stimulated when they are stout and knotty-shaped, with a girth that can span over 10 meters. The trees grow very slowly, but often reach an age of several thousand years. The fibrous material in their trunks acts like a sponge to absorb large quantities of water, so they are also used as a reservoir. Moreover, the roots, leaves, fruit and seeds are found in both food and medicine.

Baobab

Ob ein surrealistischer Künstler oder gar Hieronymus Bosch den Baobab erfunden hat? Oder hat Gott die Baobab-Arten, deren Äste grotesken Wurzeln gleichen, verkehrt herum gepflanzt, wie viele Afrikaner glauben? Oder hat der Teufel den Baum ausgerissen und ihn dann mit den Zweigen zuerst in den Boden gesteckt? Sieben Arten des Baobab wachsen ausschließlich auf Madagaskar, eine findet sich nur in Afrika, eine andere ausschließlich in Australien. Es existieren auch Baobabs mit geraden, säulenartigen Stämmen, aber unsere Phantasie wird vor allem von den dicken knolligen Ausformungen angeregt, deren Stammumfang über zehn Meter umfassen kann. Diese Bäume wachsen äußerst langsam, dafür erreichen sie oft ein Alter von mehreren tausend Jahren. Das faserige Material der Stämme kann wie ein Schwamm viel Wasser aufsaugen, weswegen sie auch als Wasserspeicher benutzt werden. Darüber hinaus finden die Wurzeln, Blätter, Früchte und Samen Verwendung als Nahrung oder Medizin.

Baobab

Un artiste surréaliste, voire Jérôme Bosch, n'aurait-il pas inventé le baobab – surtout l'espèce affublée de branches ressemblant à des racines grotesques ? Les Africains racontent que Dieu le planta à l'envers ou que le diable arracha l'arbre puis le replanta à l'envers. Sept espèces sont endémiques de Madagascar, une ne pousse qu'en Afrique et une autre seulement en Australie. Certains baobabs ont des troncs droits comme des colonnes, mais ce sont les fûts semblables à d'énormes bulbes, d'une envergure parfois supérieure à 10 mètres, qui piquent le plus notre imagination. La croissance est d'une lenteur extrême, mais les arbres vivent parfois plusieurs millénaires. La matière fibreuse des troncs peut absorber beaucoup d'eau, comme une éponge, et c'est pourquoi ils servent aussi de réservoirs d'eau. Enfin, les racines, les feuilles, les fruits et les graines trouvent des emplois dans l'alimentation ou en médecine.

Morondava, Madagasikara

Adansonia
Familia Bombacaceae

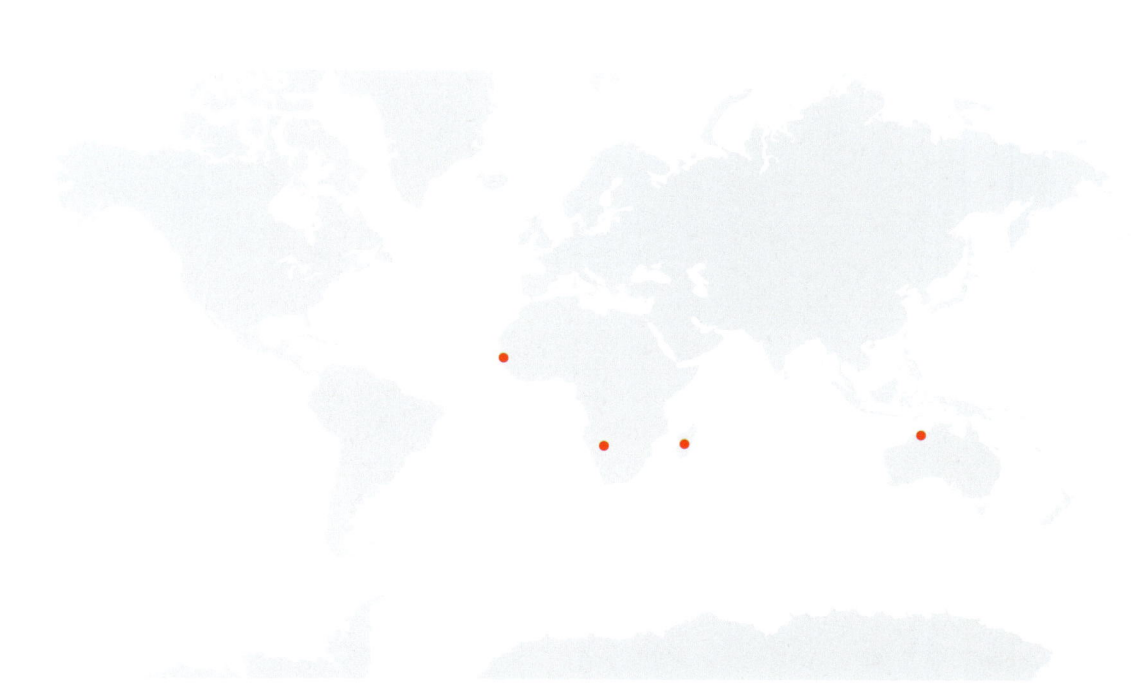

Baobab

Vymyslel snad baobab nějaký surrealistický umělec, či dokonce sám Hieronymus Bosch? Anebo ho snad Bůh zasadil vzhůru nohama, jak mnozí Afričané věří, protože jeho větve vypadají jako kořeny? Podle jiné pověsti to byl ďábel, kdo baobab vytrhl ze země a pak ho do ní znovu zarazil korunou dolů. Rod baobab zahrnuje celkem 9 druhů, z toho na Madagaskaru jich je původních 6. Dva další pocházejí z afrického kontinentu a jeden z Austrálie. Existují i baobaby s rovnými kmeny, naši fantazii však nejvíc podněcují ony lahvicovitě ztlustlé kmeny, které mají průměr až 11 m. Tyto stromy rostou velmi pomalu, dožívají se však až dvou tisíc let. Jejich vláknité dřevo má schopnost zadržovat vodu, přičemž průměr kmene se mění v závislosti na množství srážek. Stromy tak slouží i jako zásobníky vody. Kořeny, listy, plody a semena baobabů se navíc využívají i jako potrava či v léčitelství.

Baobab

¿Fue inventado el baobab por un surrealista? ¿Acaso por el mismísimo El Bosco? Nos referimos en especial a la especie cuyas ramas parecen grotescas raíces, por lo que muchos africanos creen que Dios plantó el baobab al revés. (Según otra versión, fue el diablo quien arrancó el árbol y lo introdujo de nuevo al revés en la tierra). Siete especies crecen exclusivamente en Madagascar, una es endémica de África y otra de Australia. Puede elevar troncos rectos como columnas, pero nuestra fantasía la incitan sobre todo las formaciones gruesas y tuberosas, cuyas circunferencias llegan a medir más de 10 m. Su crecimiento es extremadamente lento pero, por otro lado, estos árboles alcanzan frecuentemente edades milenarias. El material fibroso de sus troncos, parecido a la esponja, logra absorber mucha agua, con lo cual éstos se utilizan como depósitos. Además, sus raíces, hojas, frutas y semillas también encuentran uso, sea como alimento o como medicina.

Baobab

È stato un surrealista o addirittura Hieronymus Bosch a inventare il baobab, soprattutto quella specie i cui rami assomigliano a grottesche radici, facendo credere a molti Africani che Dio abbia piantato il baobab al contrario? (Secondo un'altra leggenda, fu il diavolo a estirpare l'albero e a piantarlo a testa in giù nel terreno.) Sette specie di baobab crescono esclusivamente in Madagascar, una si trova soltanto in Africa, un'altra ancora solo in Australia. Esistono anche baobab dal tronco diritto, che ricordano delle colonne, ma la nostra fantasia è stimolata soprattutto dalle spesse formazioni bitorzolute, la cui circonferenza può arrivare a 10 metri. La crescita è lentissima, in compenso questi alberi spesso raggiungono un'età pari a diverse migliaia di anni. Il materiale fibroso dei tronchi può assorbire molta acqua, come una spugna, ragione per cui spesso sono usati anche come serbatoi. Anche le radici, le foglie, i frutti e i semi trovano impiego come alimento o rimedi curativi.

Morondava, Madagasikara

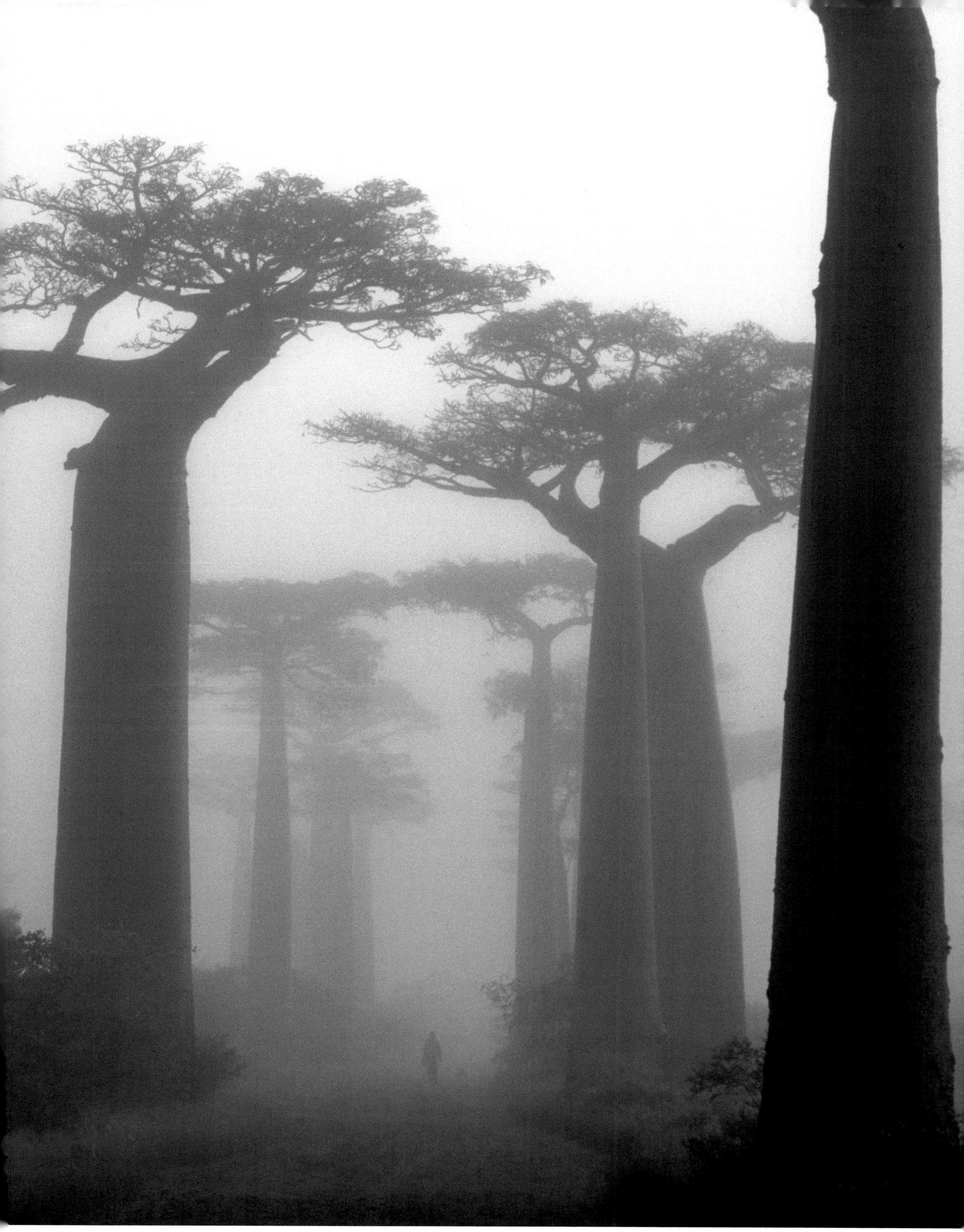

Adansonia

Morombe, Madagasikara

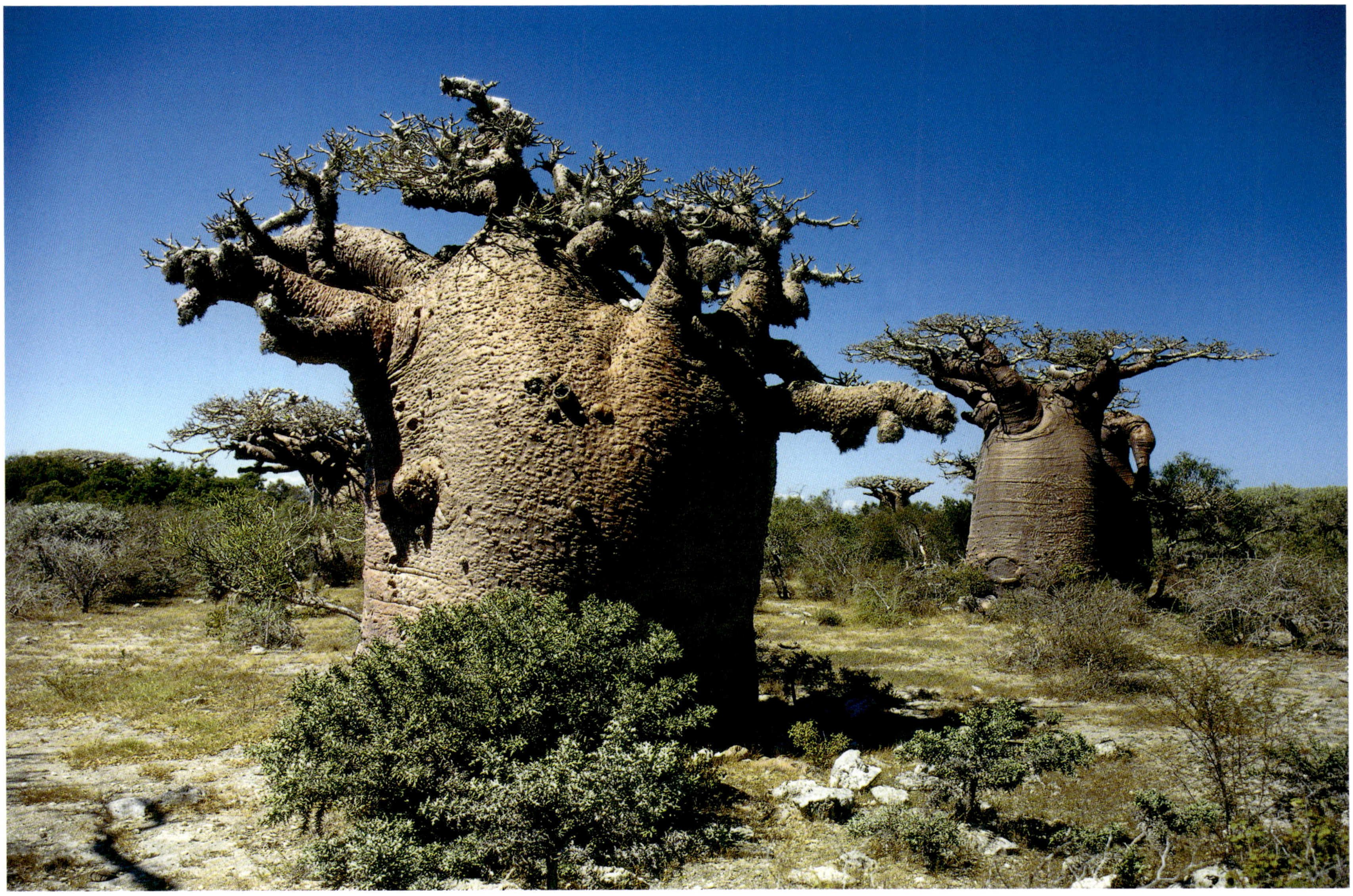

Morondava, Madagasikara

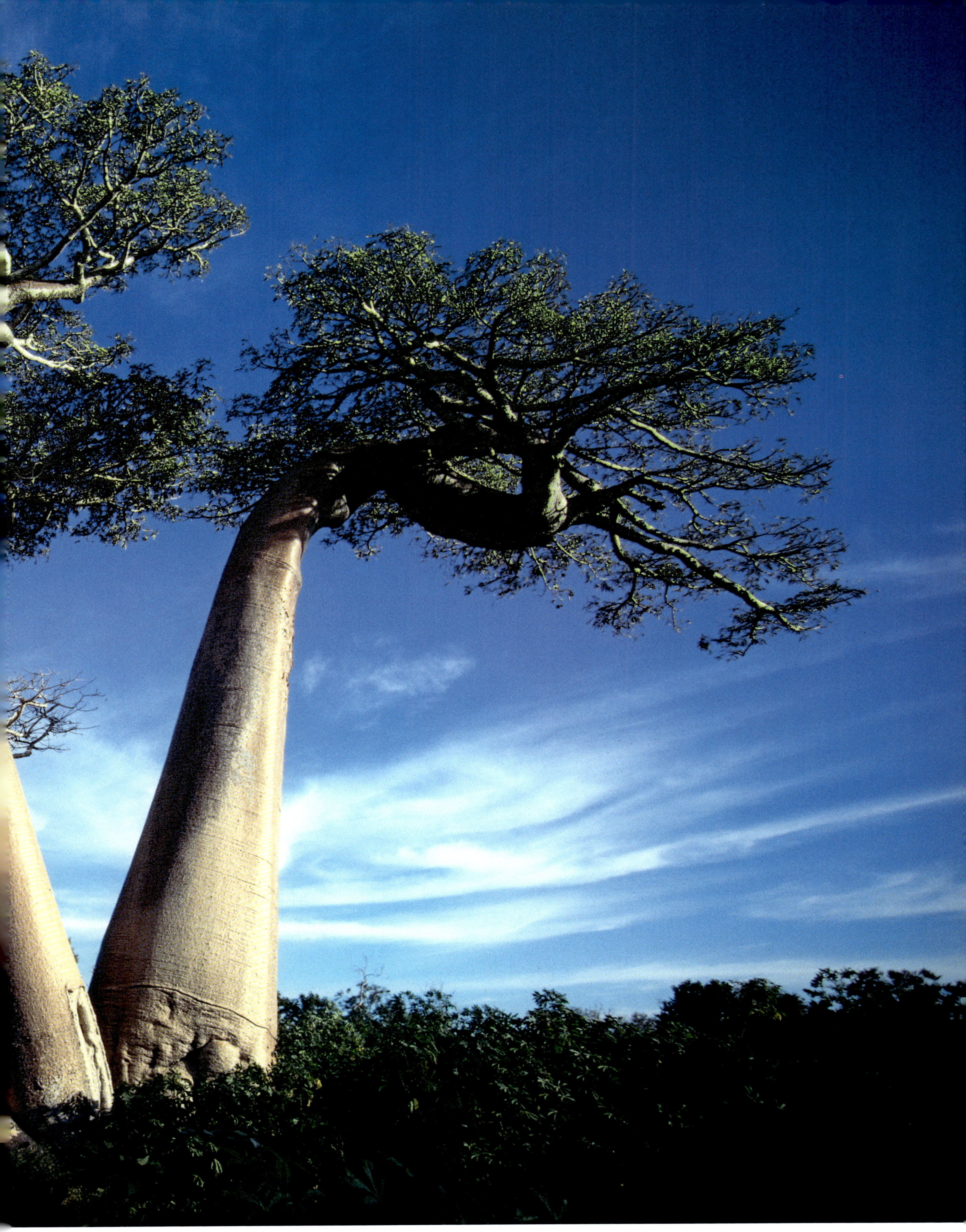

Morombe, Madagasikara

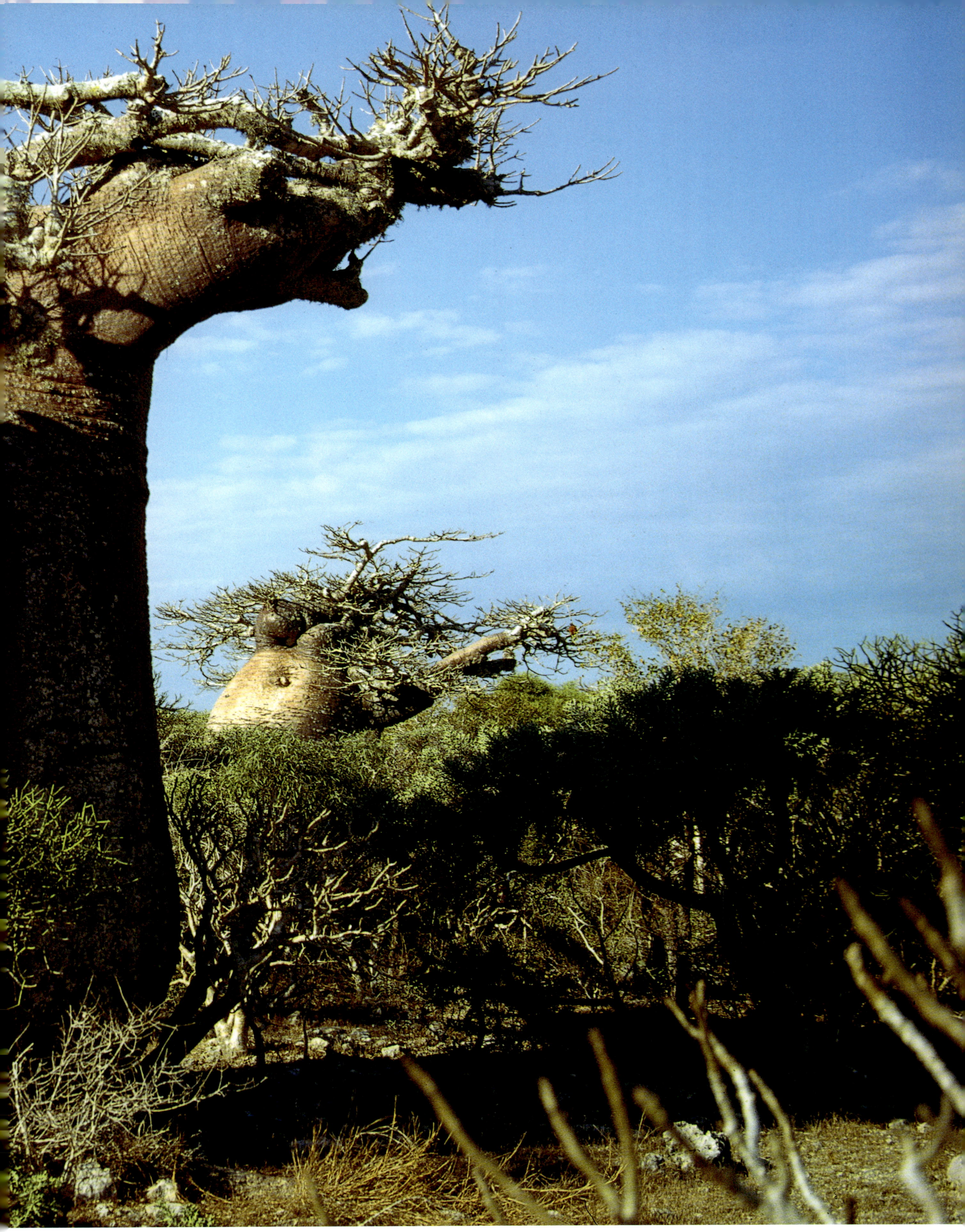

Morombe, Madagasikara

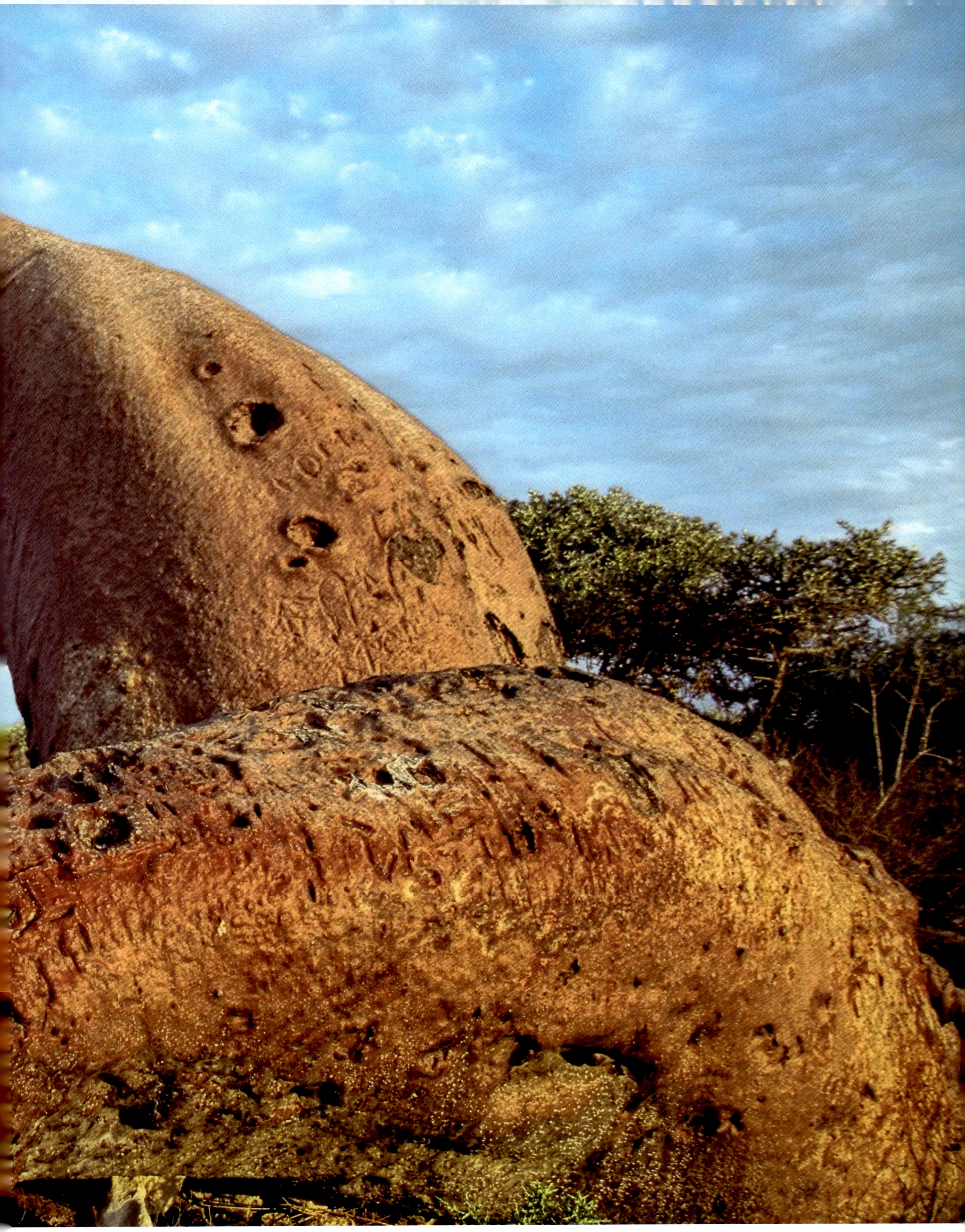

Morondava, Madagasikara

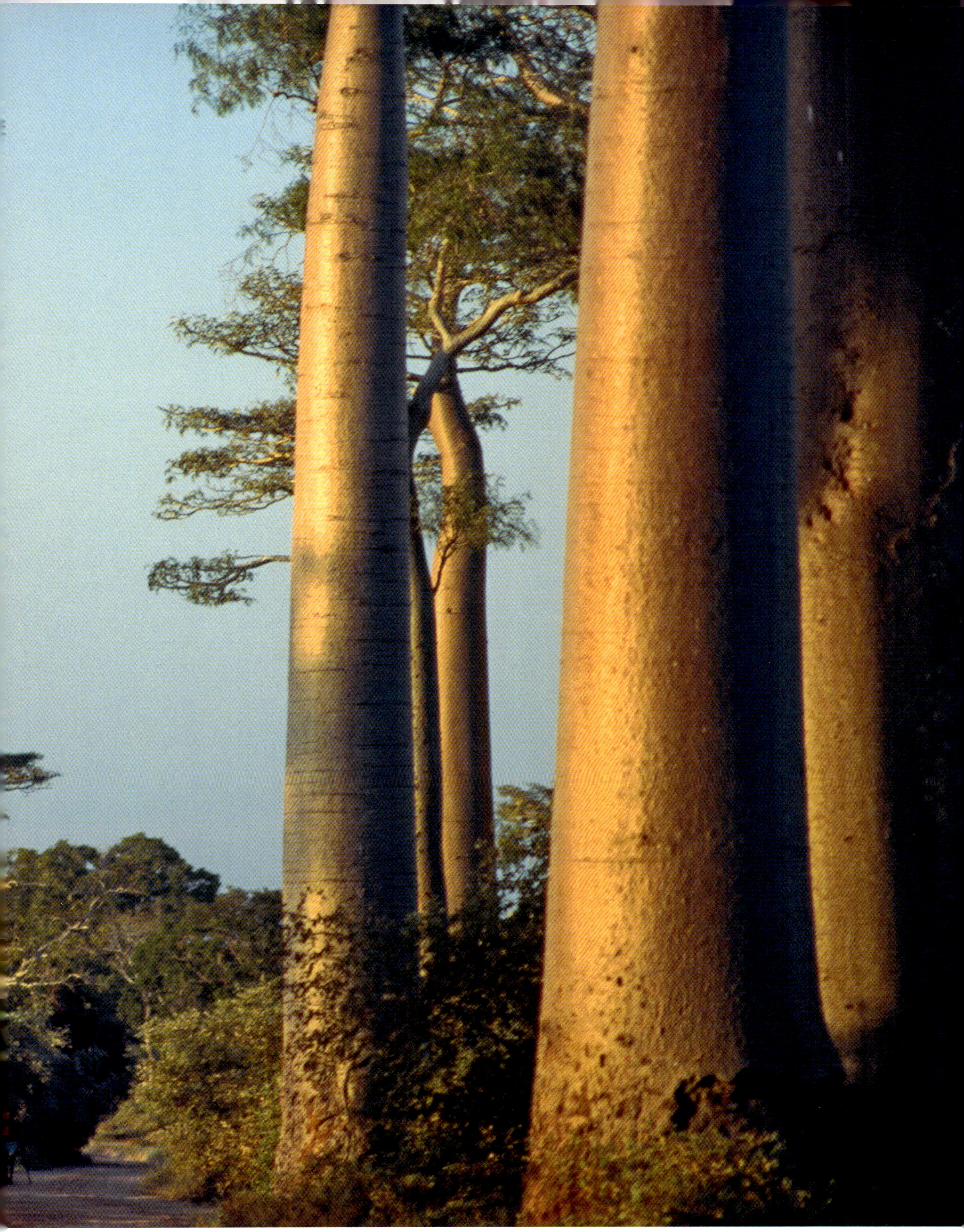

Morondava, Madagasikara

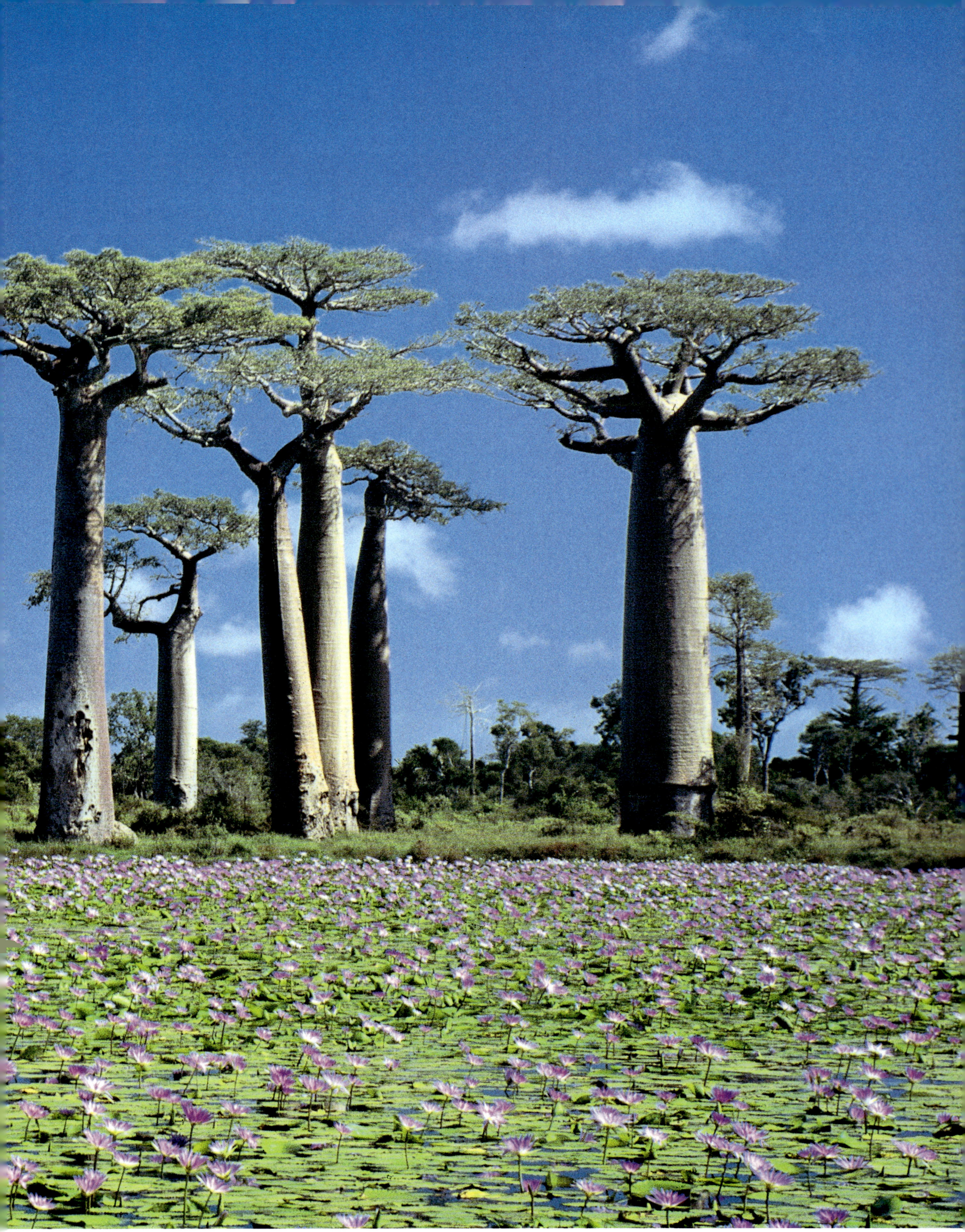

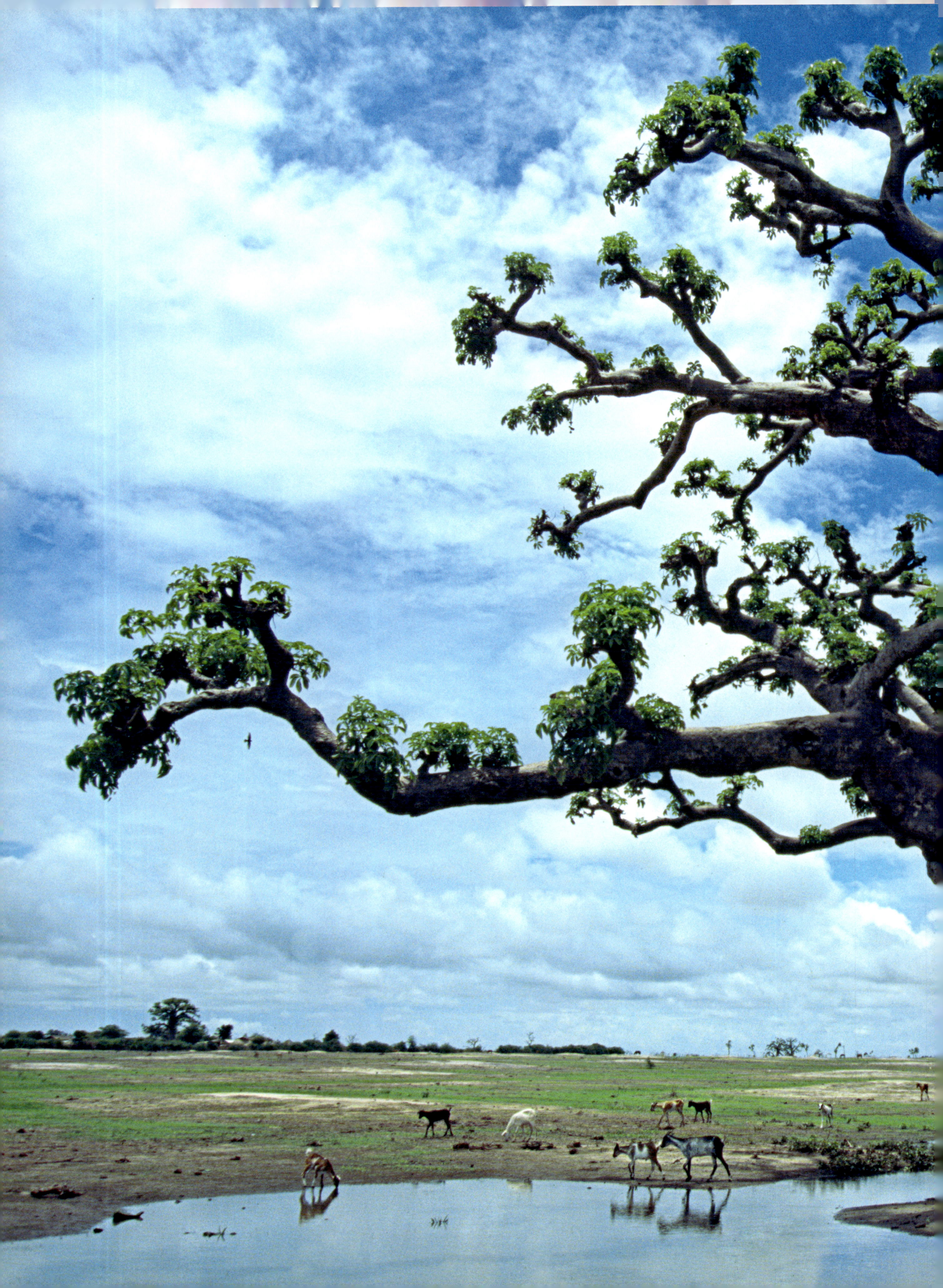

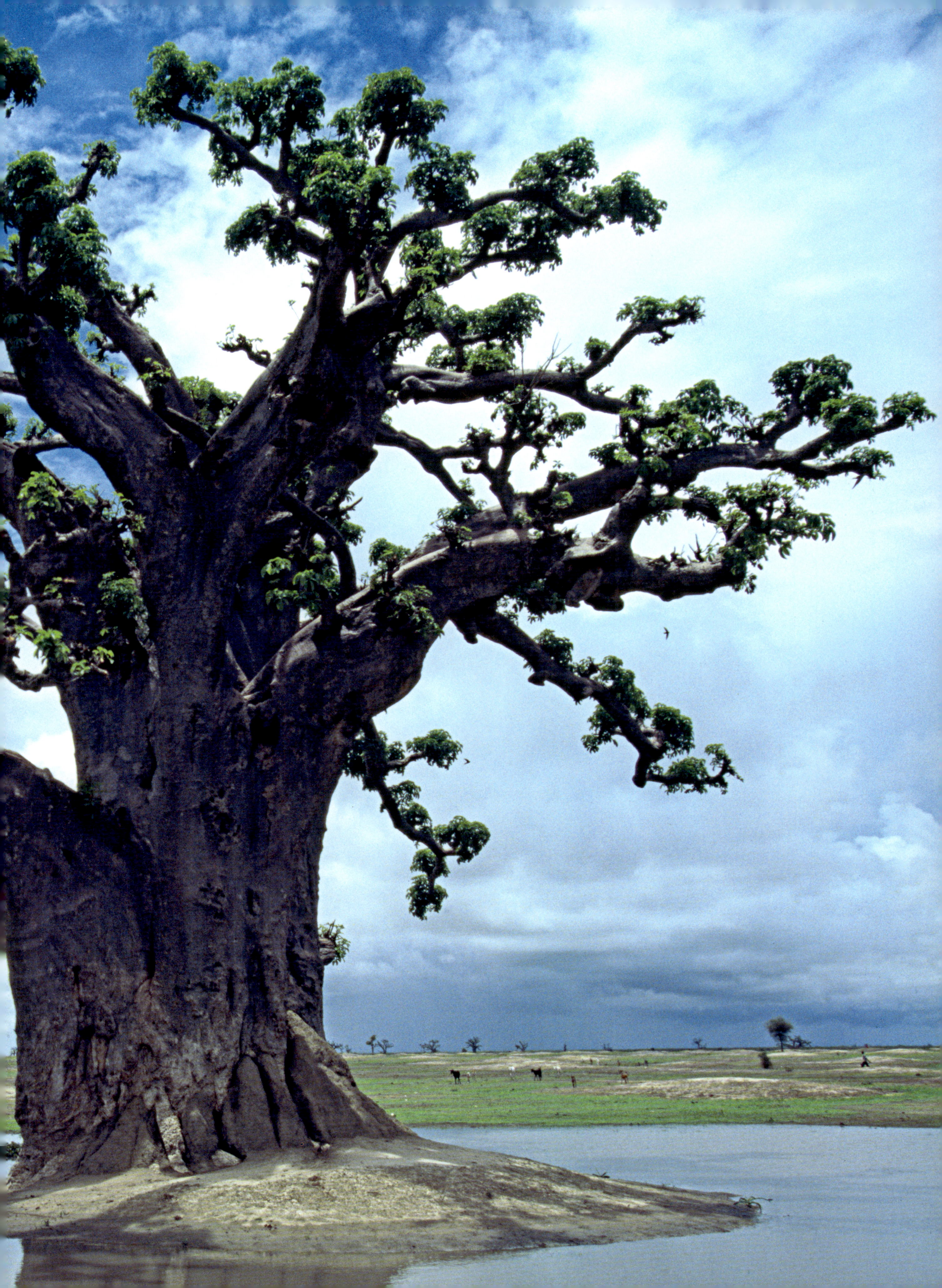

Adansonia

« Tène Toubab, Sénégal
^ Morombe, Madagasikara
» Tène Toubab, Sénégal
» Tène Toubab, Sénégal
» Morombe, Madagasikara

Adansonia

Adansonia

Tsumeb, Namibia

Adansonia

▲ Tsumeb, Namibia
» Kimberley, Australia

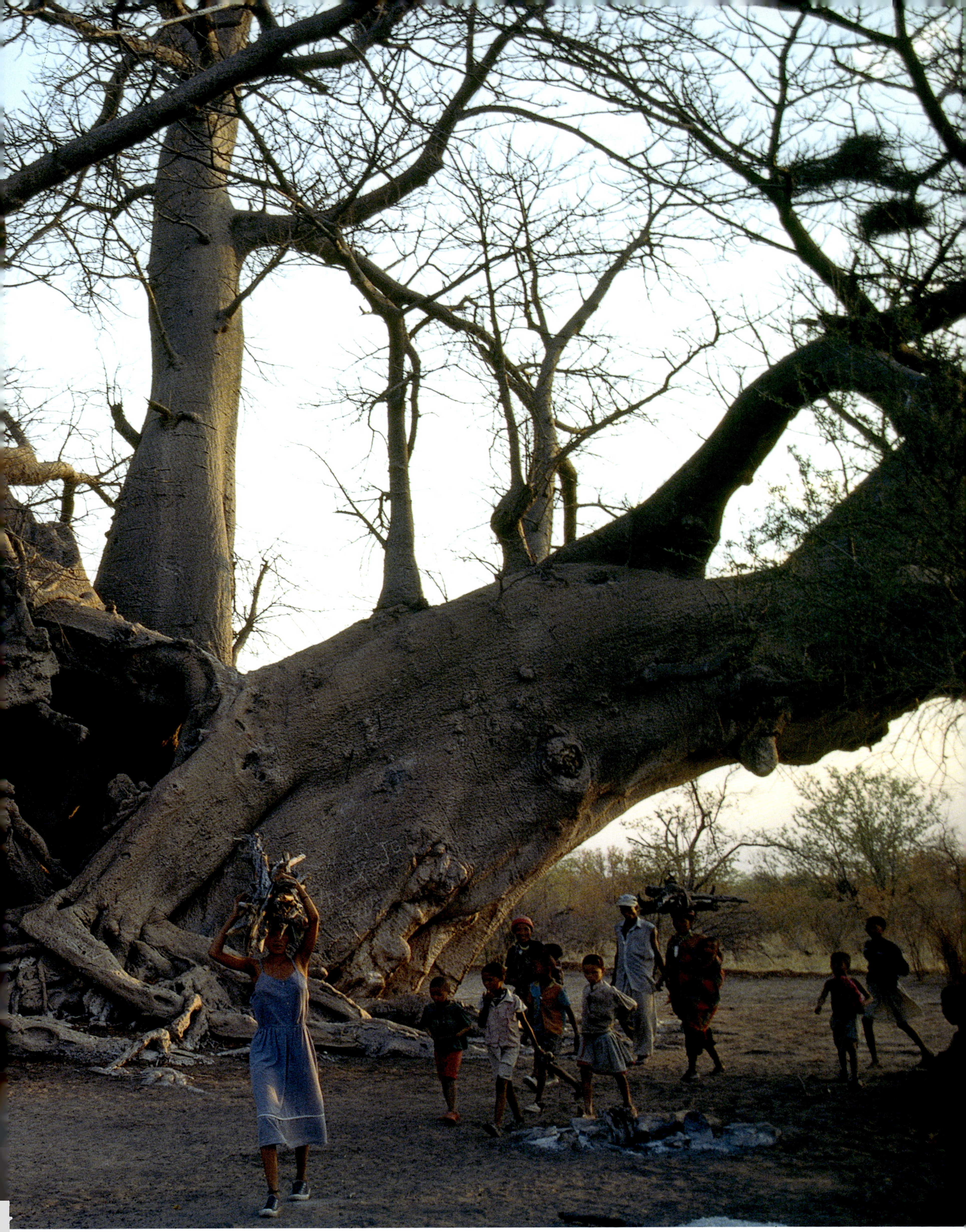

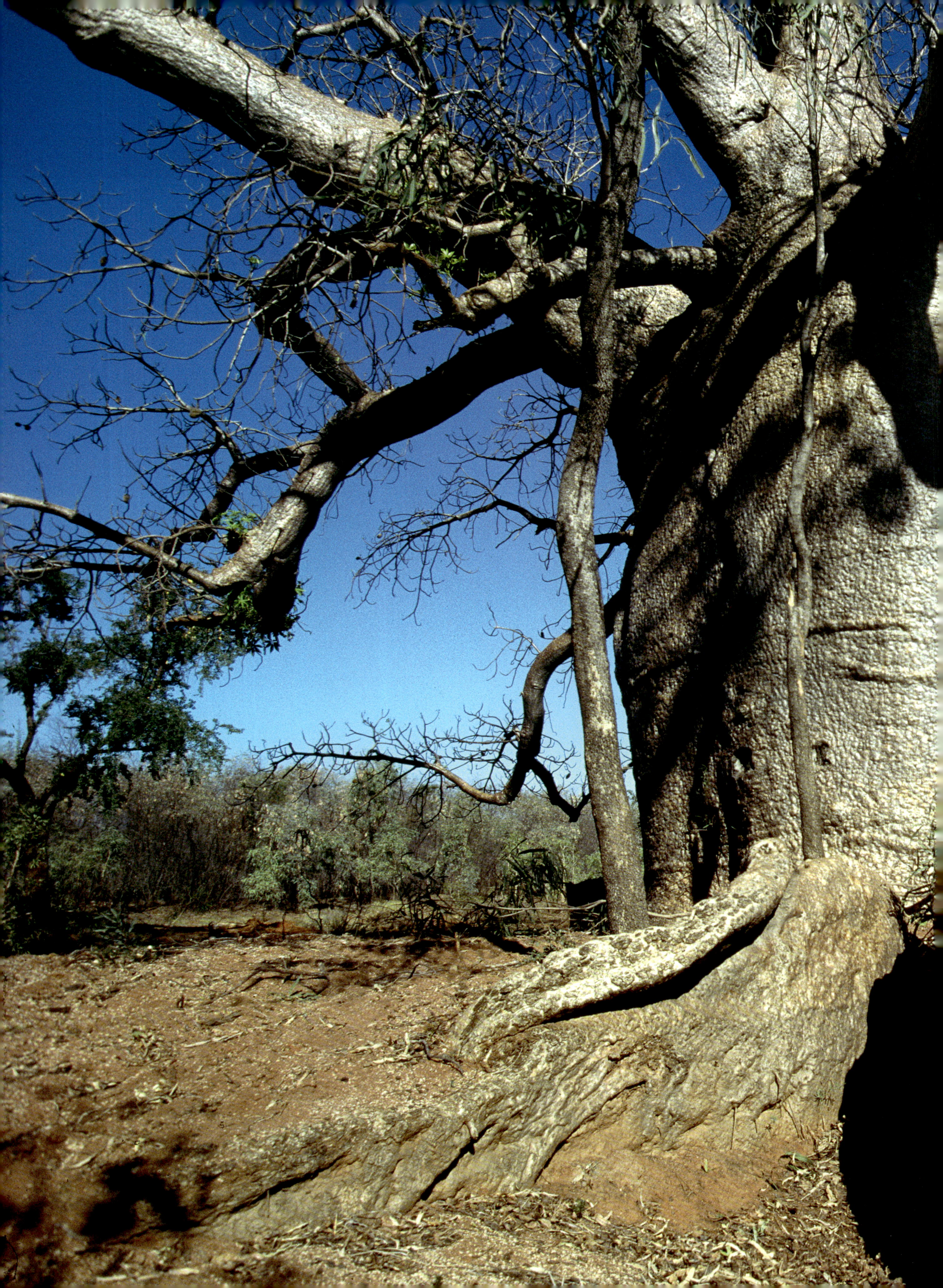

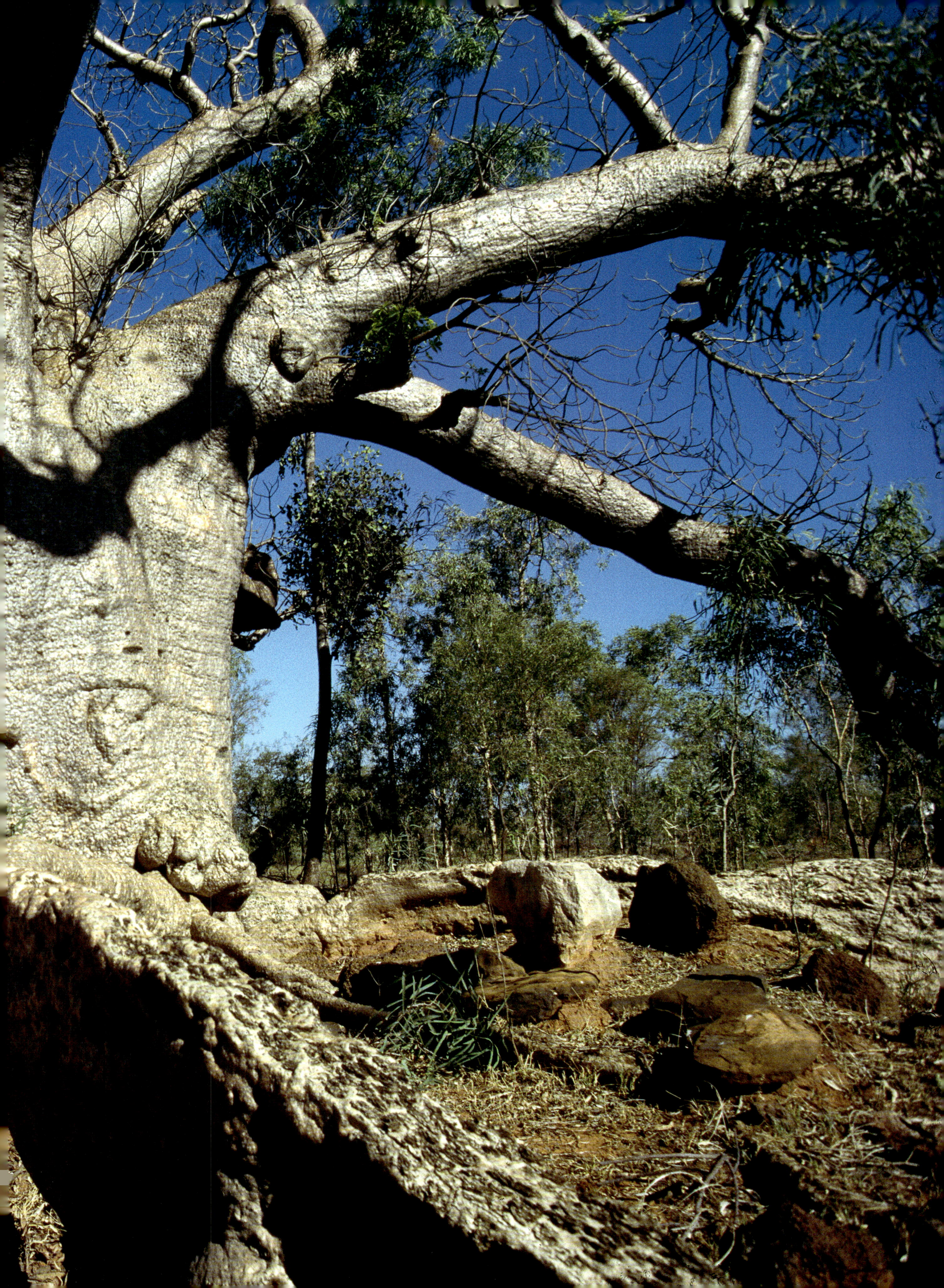

Quiver Tree

In South Africa and Namibia, where the quiver tree makes its home, the chapped and crannied bark of their trunks is quite prominent. While dwarf forms exist among the numerous species found in the genus *Aloe* (certainly the best known of these is aloe vera, due to its use as a medical remedy) the quiver tree can grow up to 10 meters high. The name stems from a custom the Bushmen have of hollowing out and sealing one end of a branch from this tree to use it as a quiver. The Latin name for this tree comes from the Greek word *"dichotomos"* and refers to the fork-shaped branching of its limbs. The thick rosette-like leaves are arranged to provide the branches with shade in order to limit water loss at high temperatures. In addition, the inner tissue absorbs large quantities of water. At the age of 20-30 years, the quiver tree produces canary yellow blossoms up to 30 centimeters long, whose nectar is extremely popular with insects and birds.

Köcherbaum

Auffällig beim in Südafrika und Namibia beheimateten Köcherbaum ist die schrundige Rinde der Stämme. Unter den zahlreichen Arten der Gattung Aloe, deren bekannteste wohl aufgrund der weit verbreiteten Anwendung als Heilmittel die Aloe vera ist, gibt es viele kleinwüchsige Formen. Der Köcherbaum kann jedoch bis zu zehn Meter hoch werden. Seinen Namen verdankt er der Gewohnheit der Buschmänner, die Äste auszuhöhlen, ein Ende zu verschließen und sie so als Köcher zu verwenden. Sein lateinischer Name rührt vom griechischen „dichotomos" her und bezieht sich auf die gabelförmige Verzweigung der Äste. Die dicken rosettenförmig angeordneten Blätter spenden den Ästen Schatten, so dass sich der Wasserverlust bei hohen Temperaturen in Grenzen hält. Außerdem kann das Gewebe im Inneren große Wassermengen absorbieren. Erst im Alter von zwanzig bis dreißig Jahren bringt der Köcherbaum die kanariengelben bis zu dreißig Zentimeter langen Blüten hervor, deren Nektar bei Insekten und Vögeln sehr beliebt ist.

Aloès

Cet aloès originaire d'Afrique du Sud et de Namibie se distingue par une écorce lisse dans la jeunesse, qui se fissure avec l'âge. La riche famille des *Aloe* (dont l'aloe vera est sans doute la forme la plus connue, pour ses qualités médicinales) compte des variétés de petite taille, mais aussi des arbres de 10 mètres. *Aloe dichotoma* doit son nom vernaculaire de *kokerboom* (« arbre à carquois ») aux Bushmen qui évidaient les branches et les bouchaient à une extrémité pour fabriquer des carquois. Son nom latin, dérivé du grec *dichotomos*, se rapporte aux branches fourchues. Les feuilles épaisses et disposées en rosette procurent de l'ombre aux branches, ce qui limite la déshydratation en cas de fortes chaleurs. Par ailleurs, le cambium peut absorber de grandes quantités d'eau. Cet aloès doit attendre 20 à 30 ans avant de porter ses inflorescences jaune canari, longues de jusqu'à 30 centimètres.

↑ Kenhardt, South Africa

Aloe dichotoma
Familia Asphodelaceae

Aloe rozsochatá

V Jihoafrické republice a v Namibii, kde má tato aloe svůj domov, budí rozpukaná a rozpraskaná kůra jejích kmenů značnou pozornost. Přestože řada druhů aloí jsou dost nízké rostliny (nejznámější z nich je samozřejmě díky svému využívání v léčitelství a v medicíně aloe pravá, *Aloe vera*), vyrůstá aloe rozsochatá až do desetimetrové výše. Afričtí Křováci používají její vydlabané větve jako toulce. Její latinský název vychází z řeckého výrazu *dichotomos* a vztahuje se k vidličnatému větvení koruny. Tlusté růžicovité listy jsou uspořádány tak, aby větvím poskytovaly stín, čímž za vysokých teplot napomáhají snižovat odpařování vody. Jejich vnitřní tkáň navíc dokáže značné množství vody vstřebat. Jakmile strom dosáhne stáří 20–30 let, začínají na něm rašit kanárkově žluté a až 30 cm dlouhé květy, jejichž šťáva láká celou řadu hmyzích a ptačích druhů.

Aloe dichotoma

Lo más llamativo del aloe dichotoma, árbol oriundo de Sudáfrica y Namibia, es la agrietada corteza de sus troncos. Aunque existen también especies bajas dentro del género "aloe" (la más famosa posiblemente sea el "aloe vera" por su uso como planta medicinal), el aloe dichotoma puede alcanzar hasta 10 m de altura. Su nombre latino viene del griego "dichotomos", que se refiere a sus ramificaciones en forma de horquilla. Las hojas, gruesas y dispuestas en forma de roseta, proporcionan sombra a las ramas y así se limitan las pérdidas de agua a temperaturas altas. Además, el tejido interno puede absorber grandes cantidades de agua. Las flores, de color amarillo brillante, no aparecen antes de los 20 o 30 años de edad del árbol y pueden tener una longitud de hasta 30 cm. Su néctar es una golosina muy codiciada por insectos y aves.

Albero faretra

La caratteristica che colpisce di più dell'*Aloe Dichotoma,* specie spontanea che cresce in Sudafrica e in Namibia, è la corteccia dei tronchi, che presenta delle fenditure simili a screpolature. Mentre per numerose specie del genere "Aloe" esistono forme di bassa statura (la specie più nota è probabilmente l'*aloe vera,* per il suo impiego medicinale), l'albero faretra può raggiungere i 10 metri di altezza. Deve il suo nome all'usanza dei Boscimani di svuotarne i rami, chiuderne un'estremità e utilizzarli come faretra. Il nome latino deriva invece dal greco *dichotomos* e si riferisce alla biforcazione a forcella dei rami. Le foglie spesse, disposte a forma di rosone, fanno ombra ai rami, limitando in tal modo l'evaporazione d'acqua in presenza di temperature elevate. Inoltre, il tessuto interno può assorbire grandi quantità d'acqua. Soltanto quando ha raggiunto un'età compresa tra i 20 e i 30 anni, l'albero faretra produce i suoi fiori giallo canarino, che raggiungono una lunghezza di 30 centimetri e il cui nettare è amatissimo da insetti e uccelli.

Kenhardt, South Africa

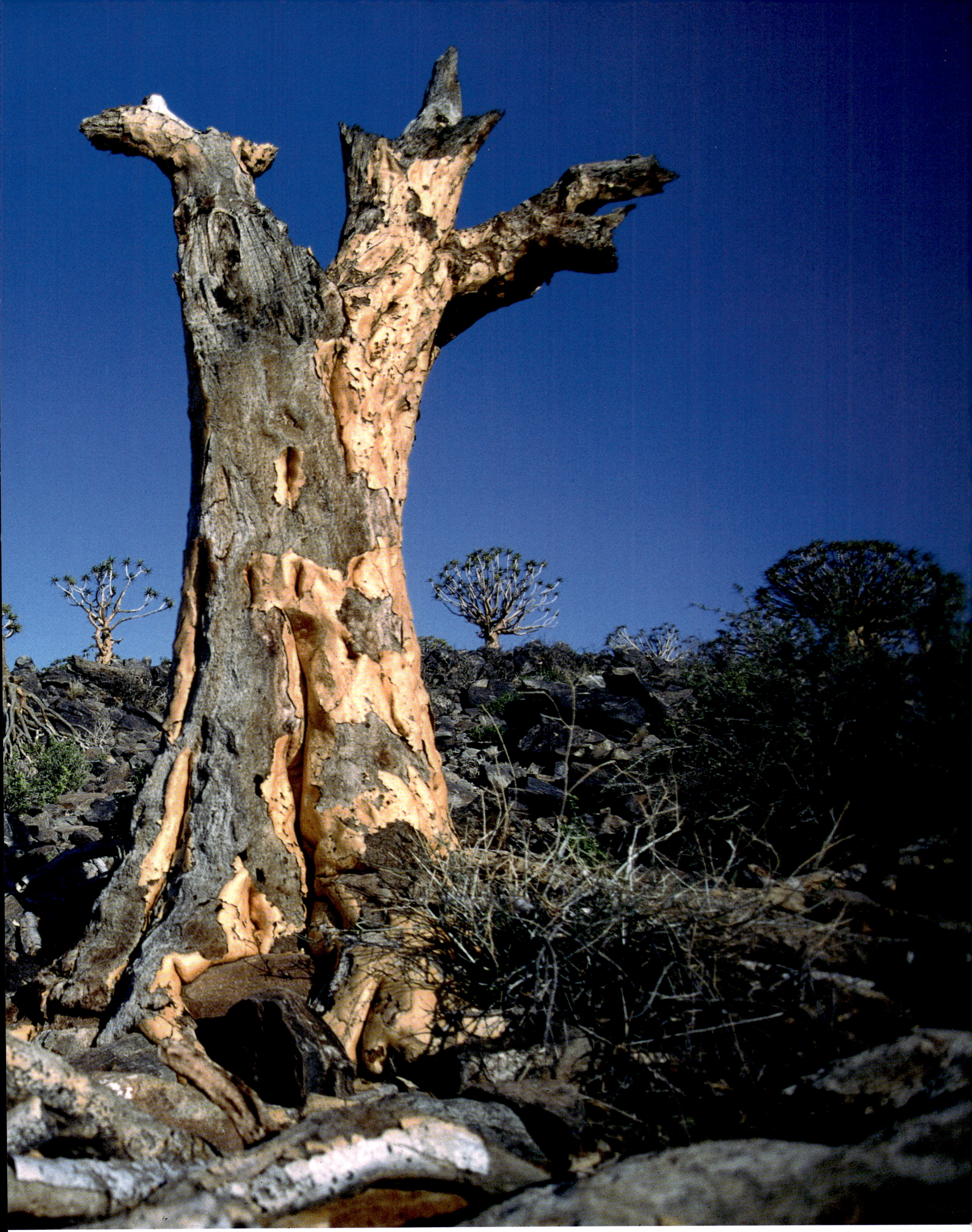

Aloe dichotoma

Kenhardt, South Africa

Aloe dichotoma

Keetmanshoop, Namibia

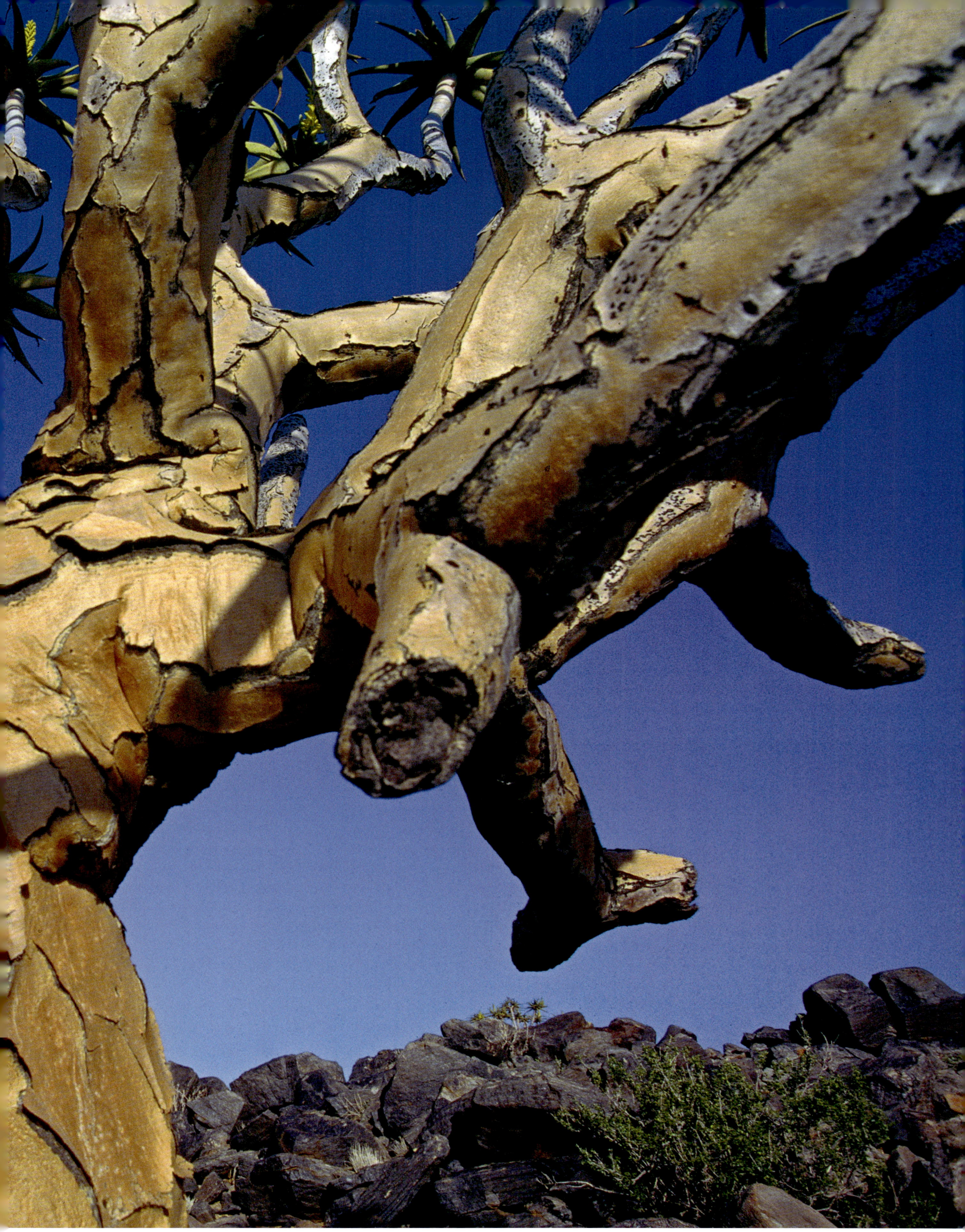

Keetmanshoop, Namibia

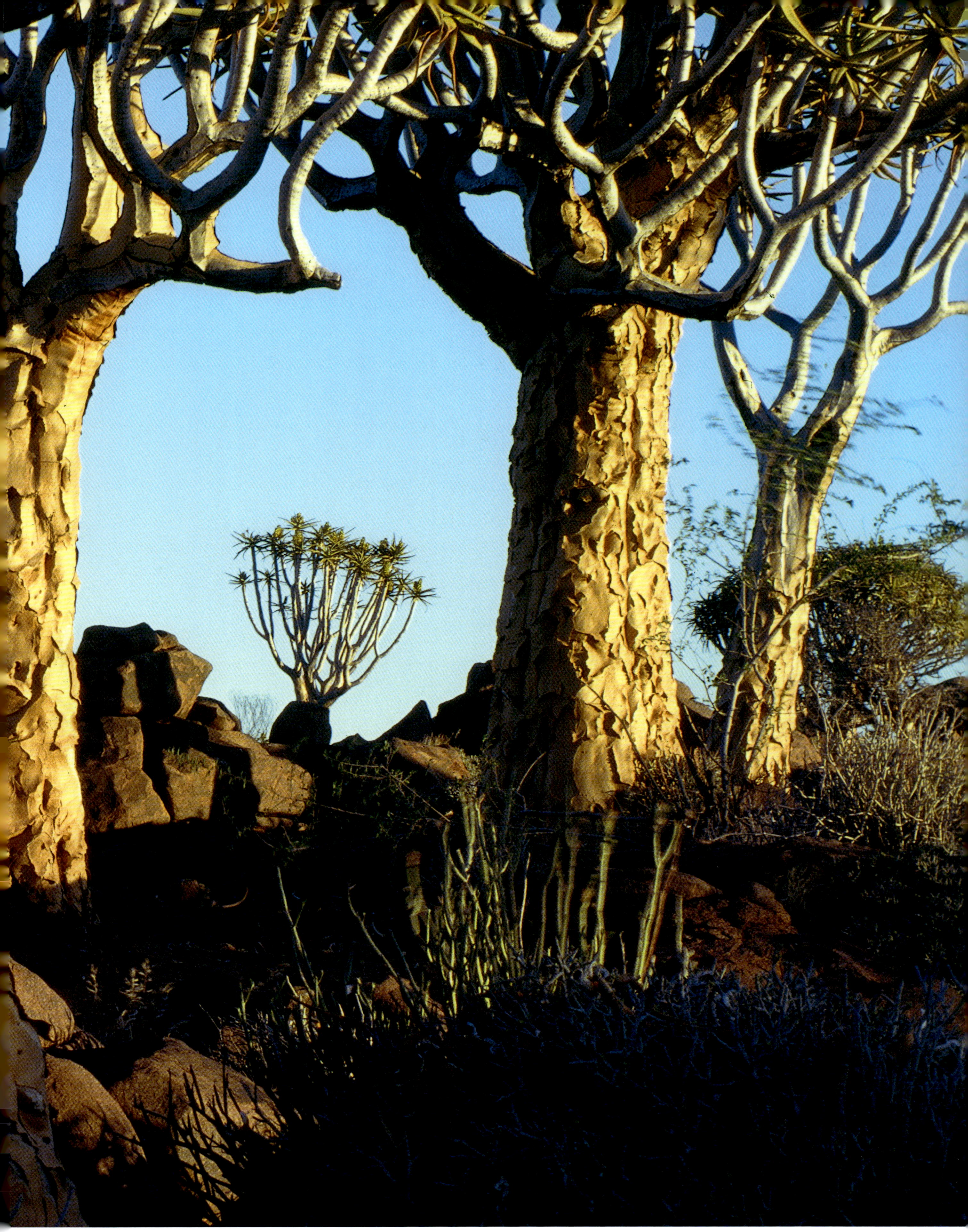

Aloe dichotoma

Kenhardt, South Africa

Aloe dichotoma

Acacia

The acacia is widely spread, particularly in Australia and Africa, with more than 800 species found all over the world! The tree is easily recognizable by its umbrella-like crown, and is almost always armed with thorns. It can grow up to 20 meters high, although there are also varieties that are lily-shaped or look like shrubs. Their blossoms are usually yellow, though they can also be creamy white or, in rare cases, red. Falling pods form a thick carpet under the trees, providing abundant food to wildlife and cattle fleeing to their shade, whose manure then re-fertilizes the soil, something farmers know how to exploit – a fertile cycle of nature! Some acacia species harbor ants, which nest inside the trees' hollow thorns. An interesting feature is their early-warning system to protect each other from predators. They release ethylene into the air to instigate a rise in the bitter tannin content of their leaves.

Akazie

Weltweit gibt es über achthundert Arten der Akazie, doch vor allem in Australien und Afrika ist sie weit verbreitet. An ihrer schirmförmigen Baumkrone ist sie leicht erkennbar. Fast immer ist die Akazie mit Dornen bewehrt. Sie kann bis zu zwanzig Meter hoch werden, doch es gibt auch lianenförmige und strauchartige Varianten. Ihre Blütenfarbe ist häufig gelb, aber es kommen ebenfalls cremeweiße und deutlich seltener auch rote Blüten vor. Die abgefallenen schotenförmigen Früchte bilden oft dicke Teppiche unter den Bäumen und bieten reichlich Nahrung für Wildtiere und Rinder, die sich in ihren Schatten flüchten. Deren Ausscheidungen düngen wiederum die Erde – ein fruchtbarer Kreislauf der Natur. Manche Akazienarten beherbergen Ameisen, die sich in den hohlen Dornen der Bäume einnisten. Alle Akazien verfügen über ein Frühwarnsystem, um sich untereinander vor Fraßfeinden zu schützen: Sie entlassen Ethylen in die Luft – als Aufforderung, den bitteren Tannin-Gehalt in den Blättern zu erhöhen.

Acacia

L'acacia, très répandu surtout en Australie et en Afrique – on en dénombre plus de 800 espèces dans le monde entier – se reconnaît sans peine à sa couronne en parapluie. Il porte presque toujours des aiguilles. Il peut culminer à 20 mètres, mais certains prennent la forme de lianes ou sont arbustifs. Les fleurs sont souvent jaunes, mais aussi blanc crème et plus rarement rouges. En tombant, les gousses forment souvent une litière épaisse sous les arbres, nourriture abondante pour les animaux sauvages et les bovidés qui viennent profiter de l'ombre. Leurs déjections et bouses sont un excellent engrais, ce que les agriculteurs savent très bien et ils profitent de ce cycle de fertilisation naturelle. Certaines espèces hébergent des fourmis dans leurs épines creuses. Il est intéressant de noter que les acacias disposent d'un système d'alarme pour se protéger de la voracité de leurs ennemis : ils dégagent de l'éthylène pour prévenir leurs congénères d'augmenter la teneur de leurs feuilles en tannins amers.

△ Sossusvlei, Namibia

Acacia
Familia Mimosaceae

Akácie

Rod akácie zahrnuje přes 800 druhů, jež rostou téměř na celém světě, zejména však v Africe a v Austrálii. Strom lze snadno rozpoznat podle jeho deštníkovité koruny a téměř vždy jej chrání trny. Může dorůstat do výše až 20 m, nicméně existují i druhy, které jsou dřevnatými liánami nebo vypadají jako křoviny. Květy akácií mají obvykle žlutou barvu, i když mohou být i krémově bílé a v řídkých případech i červené. Spadané plody v podobě lusků vytvářejí pod stromy tlusté koberce a poskytují bohatou potravu zvěři a dobytku nacházejícím pod korunami stromů stín. Jejich výkaly pak na oplátku zúrodňují okolní půdu, čehož dokážou farmáři využít – úrodný přírodní koloběh. Některé druhy akácií mají nápadně zvětšené duté ostny, v nichž žijí mravenci, kteří chrání rostlinu před býložravci a škůdci. Jiné druhy mají zajímavý systém včasného varování, jímž se vzájemně chrání před predátory – uvolňují do ovzduší etylén, který způsobí vzrůst hladiny hořkého taninu v jejich listech.

Acacia

La acacia, extendida ante todo en Australia y África y con un total de más de 800 especies en todo el mundo, es fácil de reconocer gracias a su copa, similar a un paraguas. Casi siempre presenta espinas. Puede alcanzar hasta 20 m de altura, pero hay especies que forman lianas o arbustos. A menudo el color de sus flores es amarillo pero las hay también de color blanco crema o, aunque raramente, también rojas. Sus frutos, con forma de vaina, al caerse del árbol forman una gruesa alfombra en el suelo y constituyen una fuente abundante de alimento para los animales salvajes y el ganado que se cobijan a su sombra. Los excrementos de estos animales suministran abono al suelo, lo cual es beneficioso para los campesinos: ¡qué circulo más fecundo de la naturaleza!. Algunos tipos de acacias ofrecen alojamiento a las hormigas, que anidan dentro de sus espinas huecas. Un dato interesante es que las acacias disponen de un sistema de aviso para protegerse mútuamente de posibles enemigos devoradores: liberan etileno y esto hace que en sus hojas aumente el contenido de tanino amargo.

Acacia

L'acacia, diffusa soprattutto in Australia e in Africa (in tutto il mondo ne esistono più di 800 specie!), è facilmente riconoscibile per la sua chioma a ombrello. Quasi sempre è armata di spine. Può raggiungere i 20 metri d'altezza, ma esistono anche varietà lianiformi o arbustiformi. Il colore delle infiorescenze spesso è bianco, ma esistono anche fiori color crema e, piuttosto raramente, rossi. Una volta caduti, i frutti a forma di baccello formano un tappeto spesso sotto gli alberi, offrendo così un gustoso ristoro agli animali selvatici e ai bovini che si rifugiano alla loro ombra. Gli escrementi degli animali concimano a loro volta la terra, cosa che i contadini sanno sfruttare – un ciclo fecondo della natura! Alcuni tipi di acacia ospitano delle formiche, che fanno il nido nelle spine vuote. Curiosamente, le acacie dispongono di un sistema di preallarme per proteggersi a vicenda dai nemici che vogliono mangiarle: emettono etilene nell'aria, come esortazione ad aumentare il contenuto amaro di tannino nelle foglie.

Acacia

Sossusvlei, Namibia

Acacia

Sossusvlei, Namibia

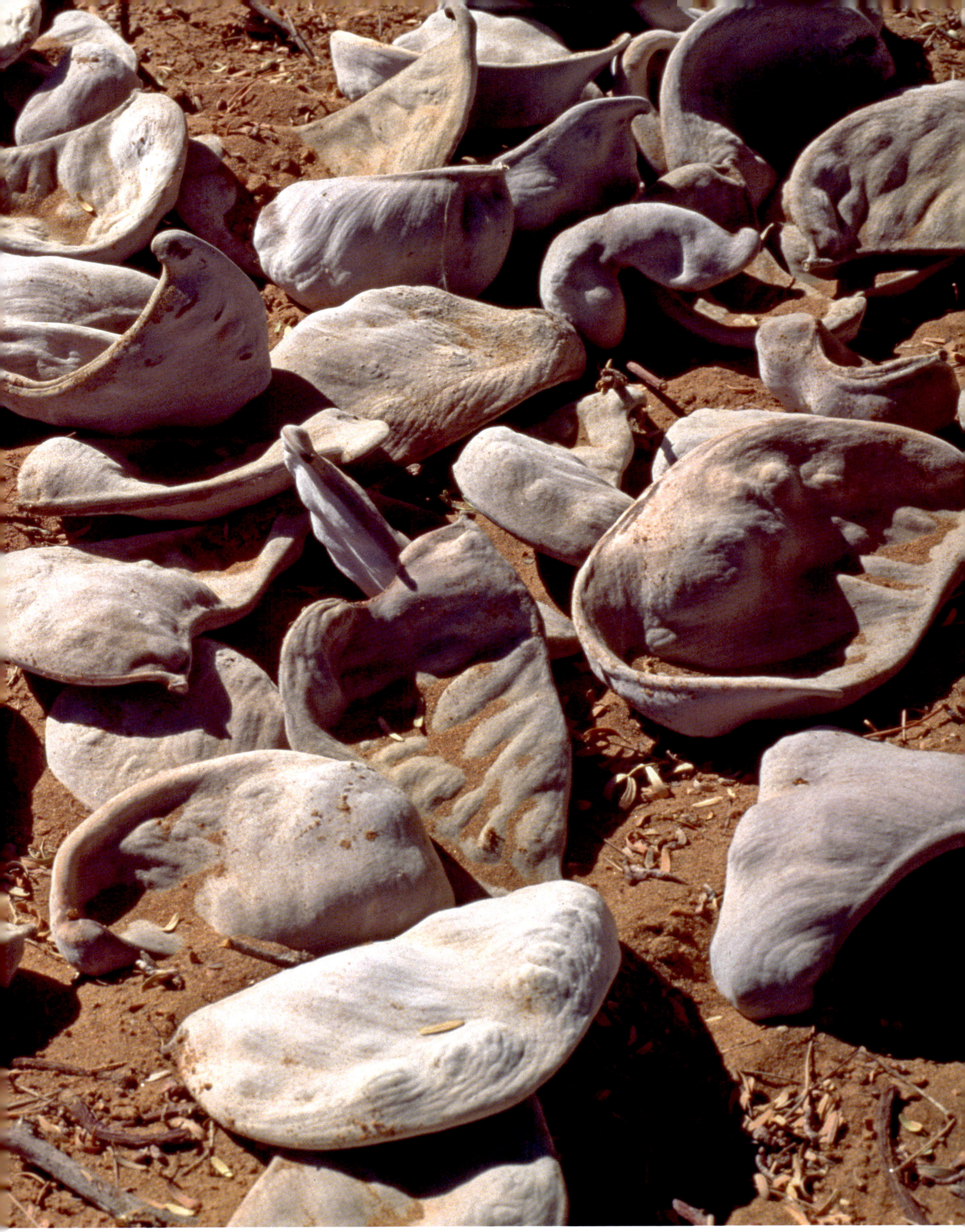

Sossusvlei, Namibia

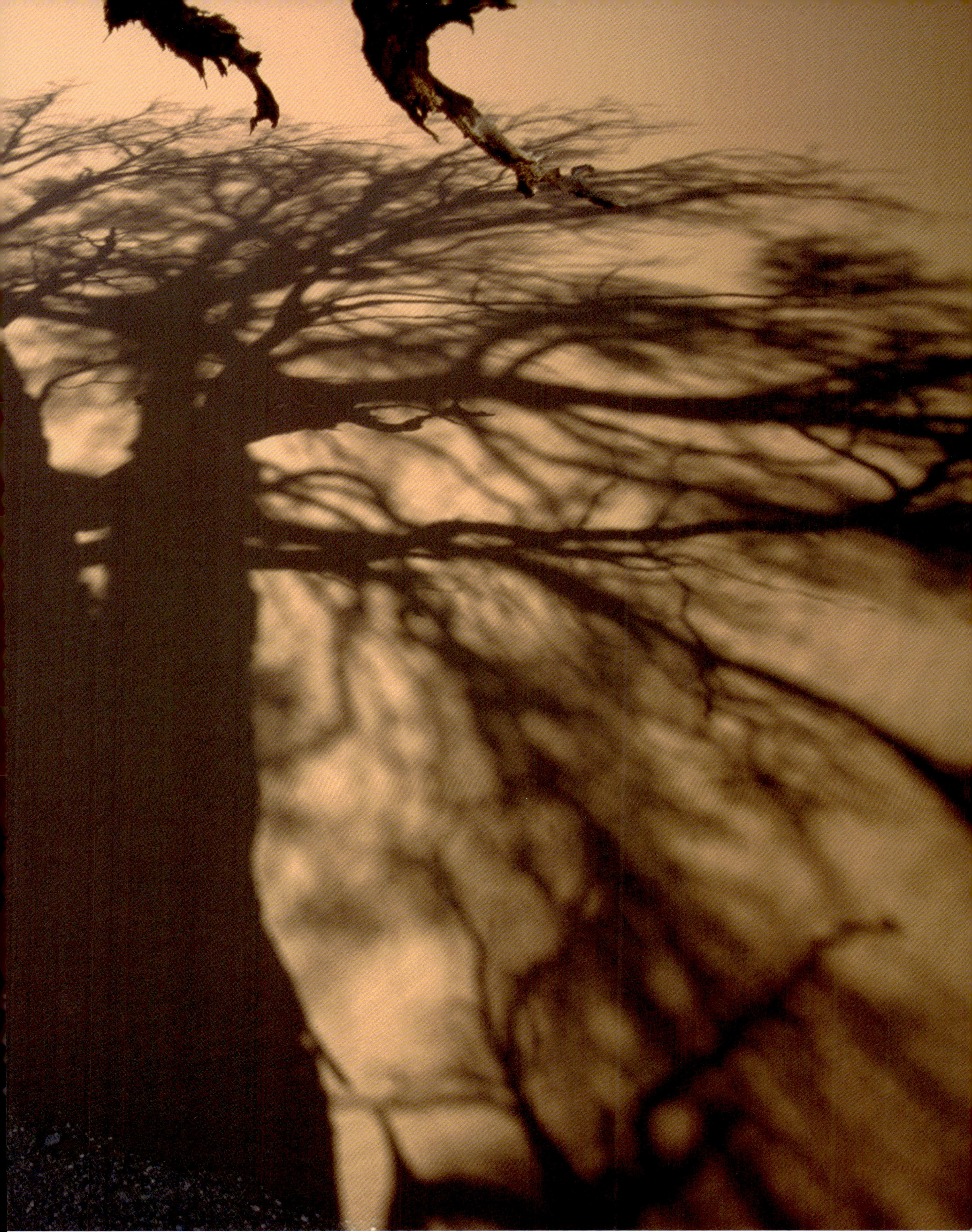

Cobas (Butter Tree)

The cobas lives mainly in Namibia and Angola and is a solitary tree. It loves hot mountain slopes and dry, rocky terrain where the ability to store a lot of water in the cells of its stout trunk serves the tree well. The red fruit reminiscent of grapes that give the tree its German name *Traubenbaum* (grape tree) is not only inedible but can also lead to severe burns and poisoning. When the outer skin of the bark, like thin paper, is removed from the trunk, the underlying layer will shimmer in the sun with a reddish color. In contrast to related species found in southwestern Africa, which only stand about 2 meters high, the cobas can reach a height of around 7 meters. During dry periods, the cobas tree drops its leaves and its soft, bleached trunk accounts for its name in Afrikaans of *Butterboom*.

Traubenbaum

Der Traubenbaum ist ein Einzelgänger, den man vor allem in Namibia und Angola findet. Er liebt heiße Berghänge und felsiges trockenes Gelände. Für diese Umgebung ist er durch die Fähigkeit, viel Wasser in den Zellen seines dicken Stammes zu speichern, gut gerüstet. Seinen Namen trägt der Baum aufgrund der roten, an Trauben erinnernden Früchte, die nicht nur ungenießbar sind, sondern auch zu Verätzungen und Vergiftungen führen können. Wegen seiner gelblichen weichen Rinde heißt der Baum auf Afrikaans auch „Butterboom". Wenn sich die äußere Haut der Rinde wie dünnes Papier vom Stamm löst, so schimmert die darunter liegende Schicht rötlich in der Sonne. Im Gegensatz zu verwandten Arten im Südwesten Afrikas, die nur etwa zwei Meter hoch werden, kann der Traubenbaum eine Höhe von ungefähr sieben Metern erreichen. In den Trockenperioden fallen die großen Blätter des Traubenbaumes ab.

Cyphostemma currori

Cet arbre originaire principalement de Namibie et de l'Angola vit en solitaire. Son tronc épais pouvant stocker de l'eau, il est bien équipé pour occuper les versants chauds des montagnes ainsi que les terrains rocheux et secs, où il se plaît. Ses fruits rouges rappellent les raisins mais ne sont pas comestibles, et peuvent même être urticants et toxiques. La peau extérieure de l'écorce, qui se détache comme du papier fin, laisse apparaître une couche qui rougit au soleil. Alors que certaines espèces apparentées en Afrique du Sud se contentent d'une hauteur de 2 mètres, *Cyphostemma currori* peut atteindre les 7 mètres. En période de sécheresse, les grandes feuilles tombent. Son nom en afrikaans, *butterboom*, signifie « arbre à beurre ».

˄ Spitzkoppe, Namibia

Cyphostemma currorii
Familia Vitaceae

Cyphostemma

Tento sukulentní strom roste osaměle zejména v Namibii a v Angole. Má rád horké horské svahy a kamenitý terén, kde mu výrazně pomáhá schopnost uchovávat v buňkách svého statného kmene vodu. Červené plody připomínající hrozny vína, jež mu vysloužily německé jméno *Traubenbaum* (Hroznový strom), jsou nejen nejedlé, ale mohou způsobit i vážné záněty či otravy. Odloupne-li se tenká vrstva kůry připomínající papír, bude se kůra pod ní ve slunečním světle načervenale lesknout. Na rozdíl od příbuzných druhů, jež rostou v jihozápadní Africe a dorůstají jen do výše dvou metrů, může *Cyphostemma currorii* dosáhnout až 7metrové výšky. V obdobích sucha shazuje tento strom listy a jeho vybledlý měkký kmen vysvětluje jeho jméno v afrikánštině *Butterboom* (Máslový strom).

Cyphostemma currorii

Este árbol, oriundo de Namibia y Angola, es un solitario. Le gustan las cálidas pendientes montañosas y los terrenos secos y rocosos, ya que está bien equipado para sobrevivir en ellos por su capacidad de almacenar grandes cantidades de agua en las células de su grueso tronco. Los frutos son de color rojo y recuerdan a las aceitunas, sólo que no son comestibles, sino que pueden causar quemaduras y envenenamientos. Cuando la capa superior de la corteza se desprende de ésta como un fino papel, la superficie que queda debajo despide al sol una luz de color rojizo. Como contraste con las especies emparentadas del sudoeste de África, que apenas alcanzan los 2 m de altura, este árbol puede llegar a los 7 m. En los periodos de sequía pierde las hojas. En afrikaans lo llaman "butterboom" (árbol mantequilla) por su blanda corteza de color amarillento.

Cyphostemma currori

La *Cyphostemma currori*, specie che cresce spontaneamente soprattutto in Namibia e in Angola, è un albero solitario. Ama i pendii infuocati e i terreni rocciosi e aridi, nei quali è in grado di sopravvivere grazie alla sua capacità di immagazzinare acqua nelle cellule del suo tronco spesso. I frutti rossi, che ricordano grappoli d'uva, non sono commestibili e possono anche risultare corrosivi e velenosi. Quando la pellicola esterna della corteccia si stacca dal tronco come un sottile foglio di carta, lo strato sottostante riluce al sole con riflessi rossastri. Al contrario di quanto avviene per alcune specie affini nell'Africa sud-occidentale, che arrivano soltanto ad un'altezza di due metri circa, la *Cyphostemma currori* può raggiungere i sette metri. Chiamata in afrikaans anche "Butterboom", "albero del burro", a causa della sua corteccia morbida di colore giallognolo, nei periodi di siccità la *Cyphostemma currori* perde le foglie.

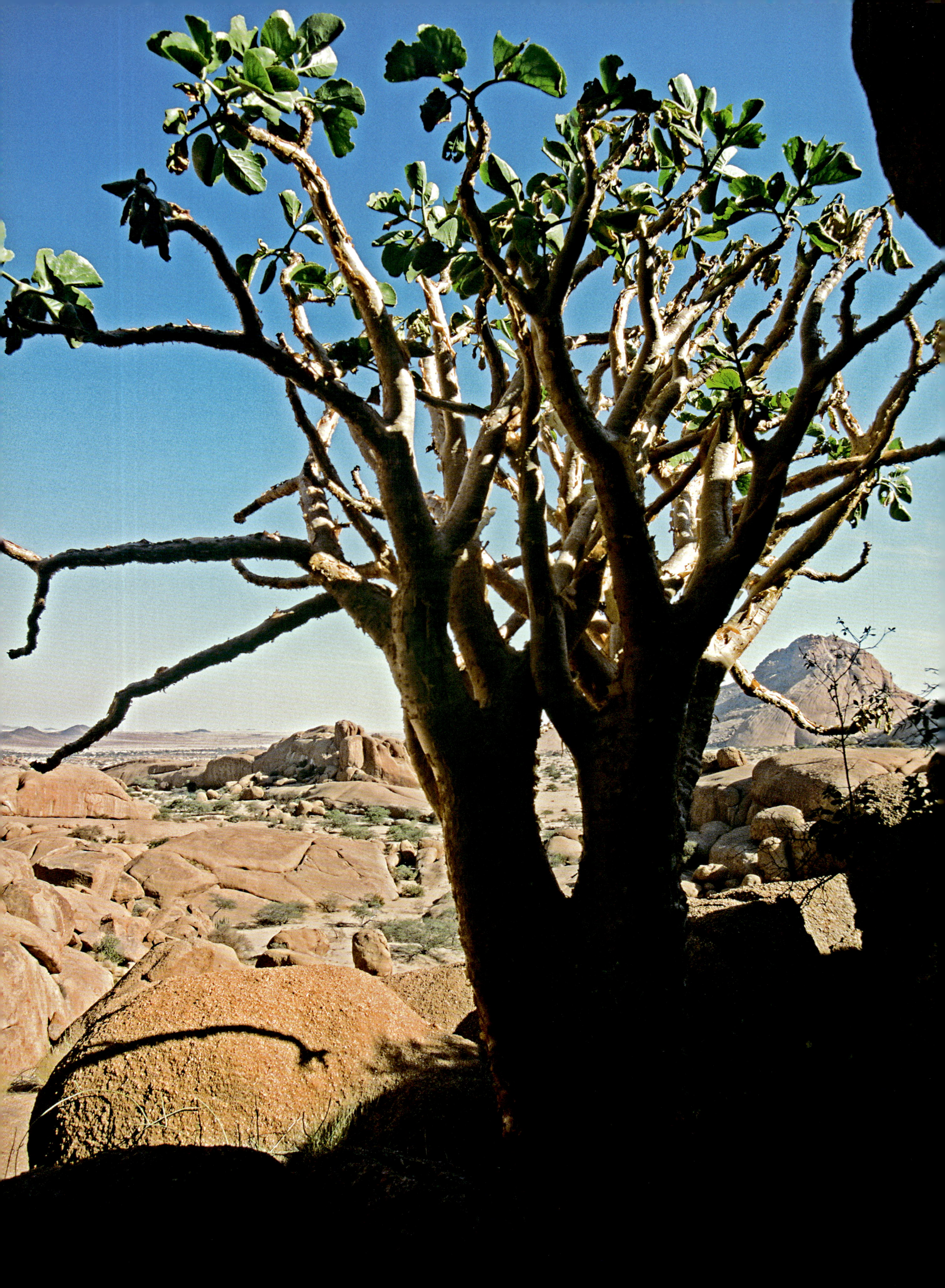

Cyphostemma currorii

Spitzkoppe, Namibia

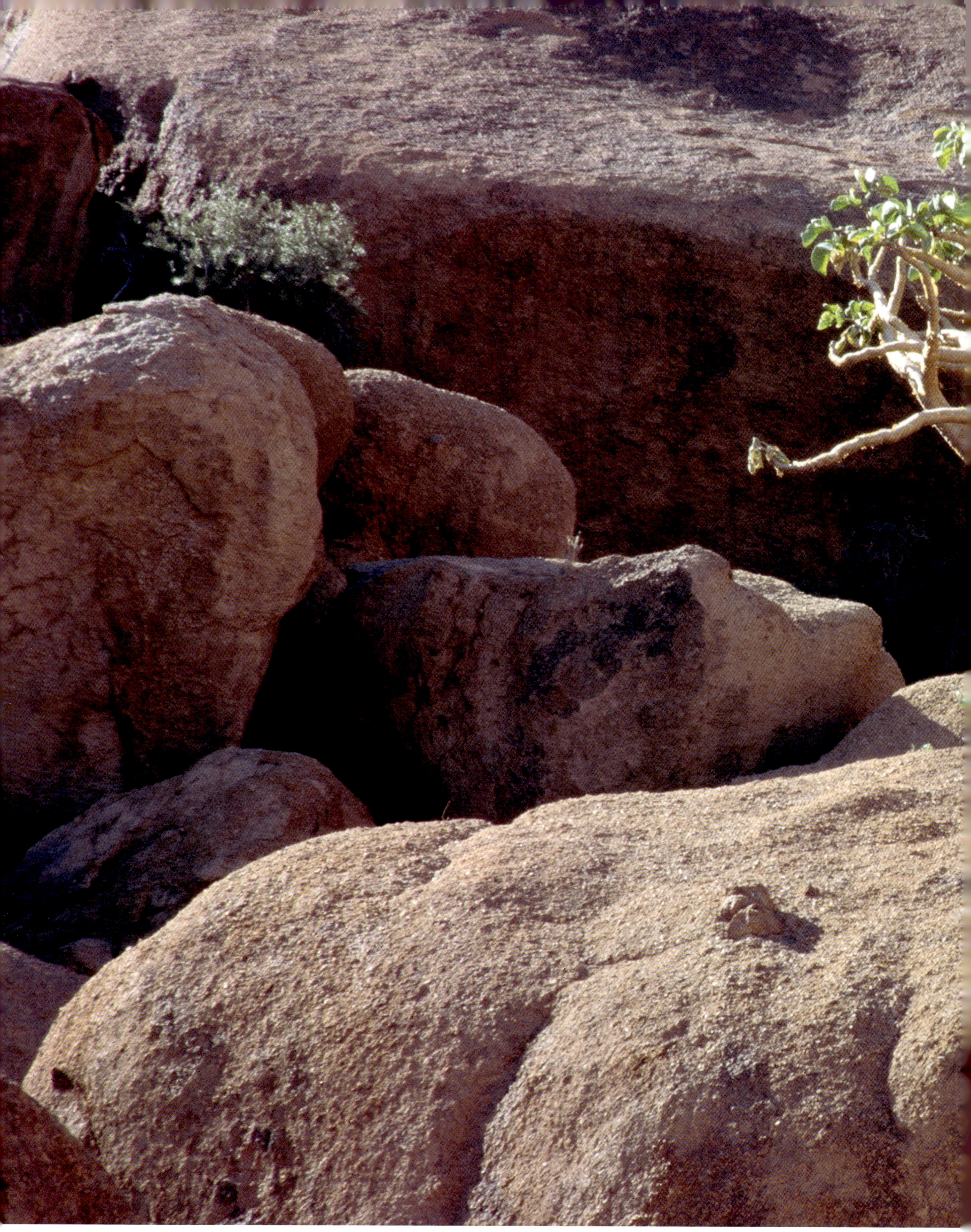

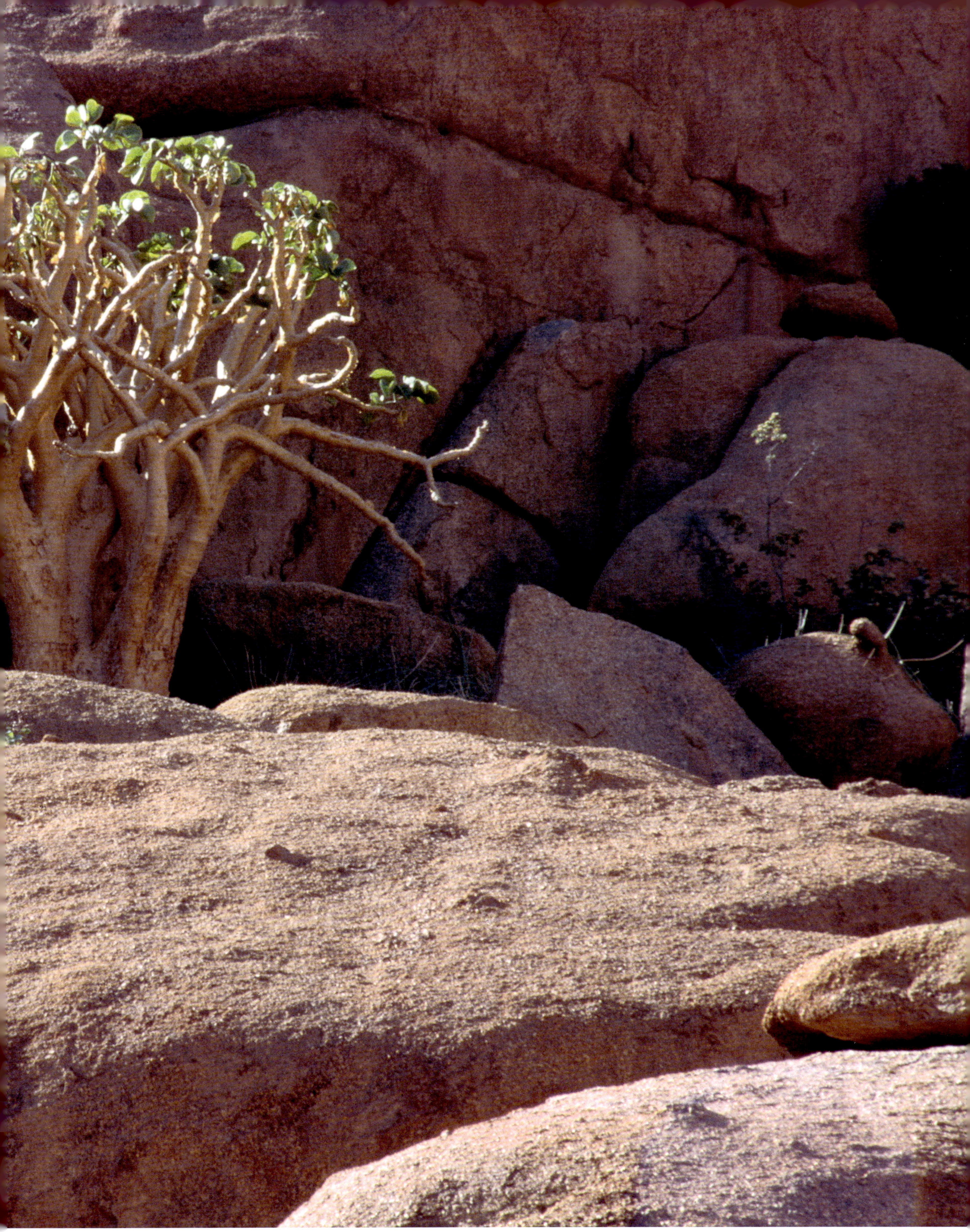

Cyphostemma currorii

Spitzkoppe, Namibia

Cyphostemma currorii

Spitzkoppe, Namibia

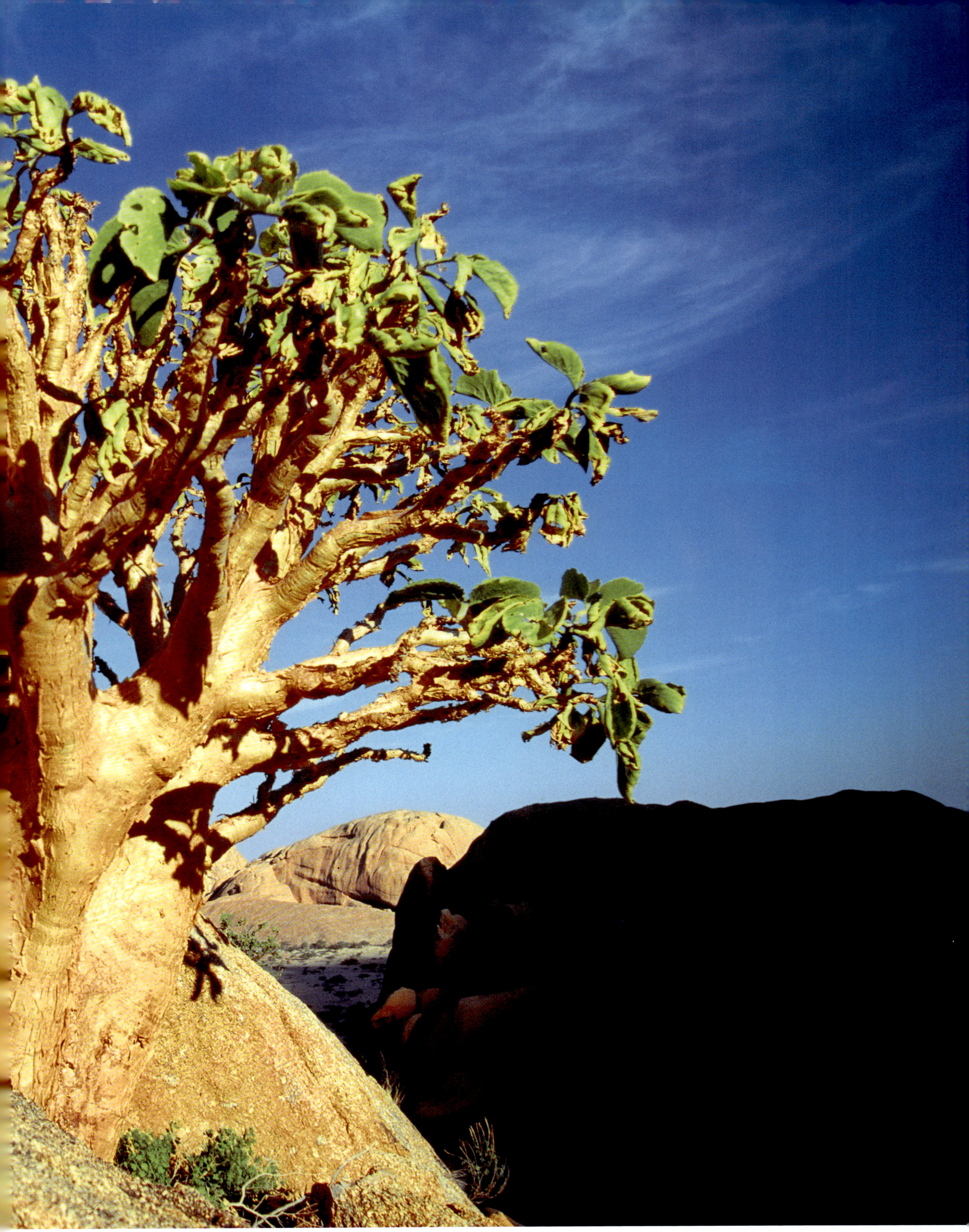

Welwitschia

Is the welwitschia even a "tree"? Only two peculiarly rolled evergreen leaves, of which one measures up to 2 ½ meters long, can be seen above the ground. The desert wind reinforces this plant's curious appearance by tearing the leaves and ripping them into shreds, before engulfing these artistically impressive compositions. This plant, which can only be found in the gravel plains of the Nabib Desert in southern Africa, was discovered by Austrian explorer Friedrich Welwitsch – hence the name. The South Africans poetically call them "two-leafed-cannot-die". The turnip-shaped trunk protrudes hardly more than a meter from the desert floor, while the tree's taproot can penetrate up to 6 meters underground, acting as a reservoir for water during rare rainy periods. Otherwise, this master of survival, which can reach an age of 2,000 years, keeps itself supplied with water from the dew and fog of the desert.

Welwitschie

Ist die Welwitschie überhaupt ein Baum? Über der Erde sehen wir vor allem zwei eigenartig gerollte immergrüne Blätter, von denen jedes bis zu 2,5 m lang werden kann. Der Wüstenwind verstärkt das seltsame Aussehen der Pflanze noch, indem er an den Blättern zerrt und sie in Streifen zerreißt, die sich dann zu künstlerisch eindrucksvollen Kompositionen verschlingen. Entdeckt wurde diese Pflanze, die nur in den Kiesebenen der südafrikanischen Wüste Nabib vorkommt, von dem Österreicher Friedrich Welwitsch – daher der Name. Die Südafrikaner nennen sie poetischer „Zwei Blätter können nicht sterben". Der rübenförmige Stamm ragt kaum mehr als einen Meter aus dem Wüstenboden. Unterirdisch geht er jedoch in eine Pfahlwurzel über, die bis zu sechs Meter in den Boden eindringen kann und während der seltenen Regenperioden als Wasserspeicher dient. Ansonsten nutzt diese Überlebenskünstlerin, die ein Alter von zweitausend Jahren erreichen kann, den Tau und Nebel der Wüste zur Wasserversorgung.

Welwitschia

Le welwitschia est-il véritablement un arbre ? Au-dessus du sol, nous voyons surtout deux étranges feuilles persistantes, rubanées, qui peuvent s'allonger jusqu'à 2,50 m. Le vent du désert, qui les déchire et les lacère, rend encore plus étrange la silhouette de cette plante qui s'assimile à des compositions artistiques tout à fait impressionnantes. Friedrich Welwitsch, un Autrichien qui la découvrit dans les plaines caillouteuses du désert du Namib, lui donna son nom. Les Africains ont imaginé une dénomination un peu plus poétique : « Deux feuilles ne sauraient mourir. » Semblable à une rave, le tronc dépasse à peine d'un mètre au-dessus du sol, mais s'enfonce sous terre où il devient une racine pivot pouvant atteindre 6 mètres et capable de stocker l'eau des pluies rarissimes. Le reste du temps, ce spécialiste de la survie, dont on rencontre des sujets âgés de 2 000 ans, profite de la condensation sous ses feuilles et des brouillards du désert pour s'hydrater.

Namib Desert, Namibia

Welwitschia mirabilis
Familia Welwitschiaceae

Welwitschie podivná

Dá se welwitschie vůbec považovat za strom? Nad zemí jsou vidět jen dva podivně zkroucené a až 2,5 m dlouhé stálezelené listy. Podivný vzhled této rostliny ještě posiluje pouštní vítr, který její listy trhá a rve je na cáry, aby pak tyto umělecky působivé kompozice pohřbil. Welwitschie roste pouze na vyprahlých kamenitých pláních jihoafrické pouště Namib, kde ji objevil rakouský botanik, cestovatel a lékař Friedrich Welwitsch – odtud její jméno. Jihoafričané ji poeticky nazývají „Nesmrtelné dva listy". Dřevnatý stonek bývá maximálně 50 cm vysoký, zatímco mohutný kůlovitý kořen, z něhož vychází a který rostlinu ukotvuje v písčité půdě, sahá až do 6metrové hloubky a funguje i jako zásobník vody doplňovaný během vzácných deštivých období. Jinak využívá tento mistr přežití, který se může dožít až 2000 let, vodu z rosy a mlhy.

Weltwitschia

¿Es la weltwitschia en realidad un "árbol"? Por encima del suelo se le ven ante todo sus dos únicas hojas, que crecen de un tronco grueso y pueden llegar a medir hasta 2,5 m cada una. El viento del desierto acentúa todavía más el raro aspecto de esta planta ya que, al agitar sus hojas, las desgarra en tiras que luego se entrelazan formando unas composiciones artísticas impresionantes. Esta planta, que únicamente crece en las áridas llanuras del desierto sudafricano de Namib, fue descubierta por el austríaco Friedrich Welwitsch – de ahí su nombre. Los sudafricanos tienen una denominación más poética: "Dos hojas no pueden morir". El tronco, grueso y tuberoso, no se alza a más de 1 m sobre el suelo, pero bajo tierra se convierte en una raíz pivotante que consigue penetrar en el suelo hasta una profundidad de 6 m y durante los escasos períodos de lluvia sirve de depósito de agua. Además de ello, esta gran superviviente, que puede llegar a alcanzar hasta 2 000 años de edad, aprovecha también el rocío y la niebla para abastecerse de agua.

Welwitschia

La welwitschia può davvero essere definita un "albero"? La parte aerea che vediamo è composta soprattutto da due foglie sempreverdi arrotolate in maniera singolare, ciascuna delle quali può raggiungere una lunghezza di 2,5 metri. Il vento del deserto rende ancora più strano l'aspetto di questa pianta trascinando le foglie e strappandole in strisce, che poi si intrecciano formando composizioni dall'aspetto molto artistico. Questa pianta, che si trova soltanto nelle piane ghiaiose del deserto sudafricano del Nabib, fu scoperta dall'austriaco Friedrich Welwitsch – da cui prende il nome. I Sudafricani la chiamano in maniera un po' più poetica "due foglie non possono morire". Il tronco tuberiforme sporge dal suolo del deserto per poco più di un metro, ma in compenso sotto terra si trasforma in un fittone che può penetrare fino a sei metri nel terreno e che serve come serbatoio d'acqua nei rari periodi piovosi. Altrimenti questo genio della sopravvivenza, che può arrivare ai 2.000 anni d'età, sfrutta la rugiada e la nebbia del deserto per approvvigionarsi d'acqua.

Namib Desert, Namibia

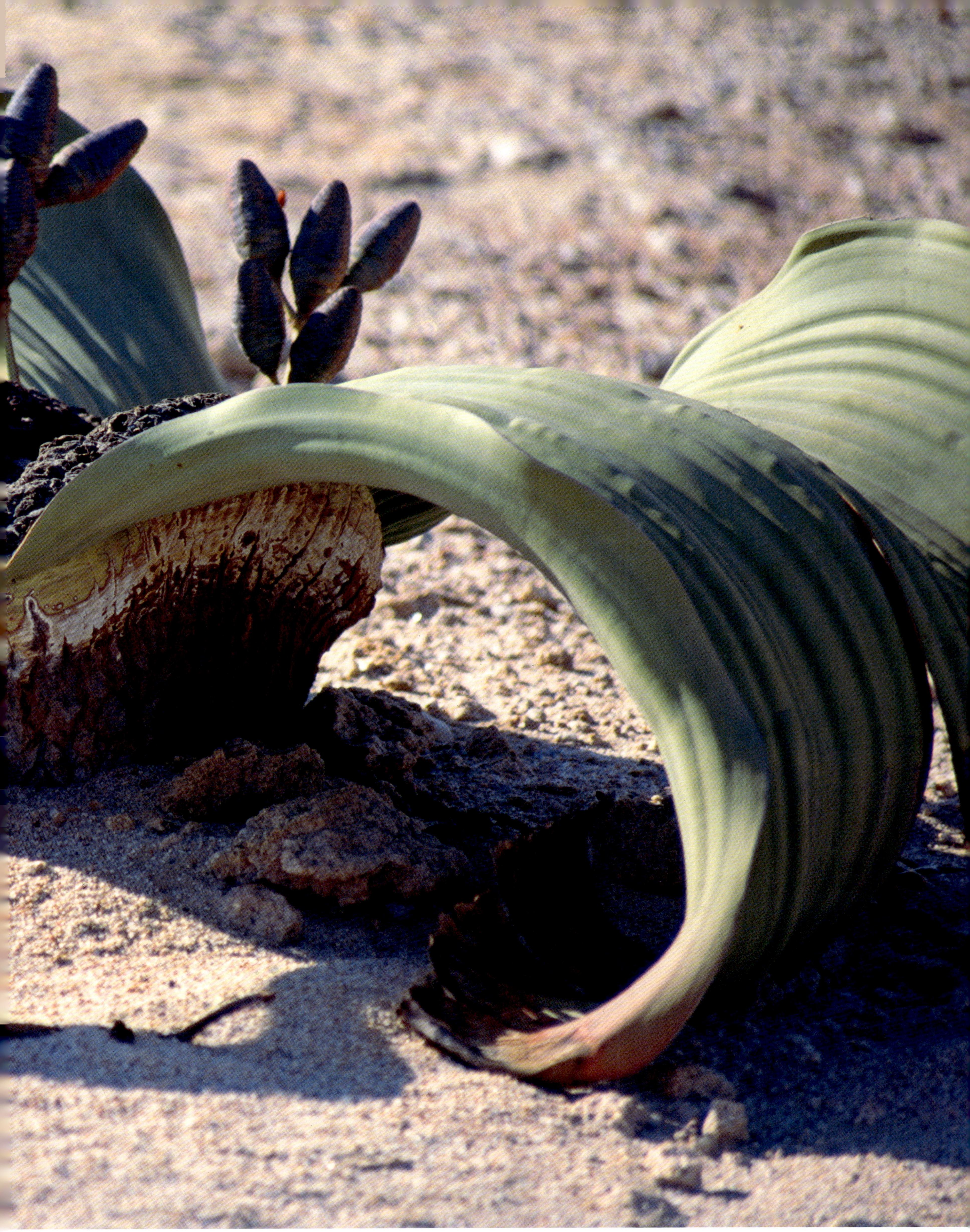

Welwitschia mirabilis

Namib Desert, Namibia

Welwitschia mirabilis

Welwitschia mirabilis

Namib Desert, Namibia

Welwitschia mirabilis

Namib Desert, Namibia

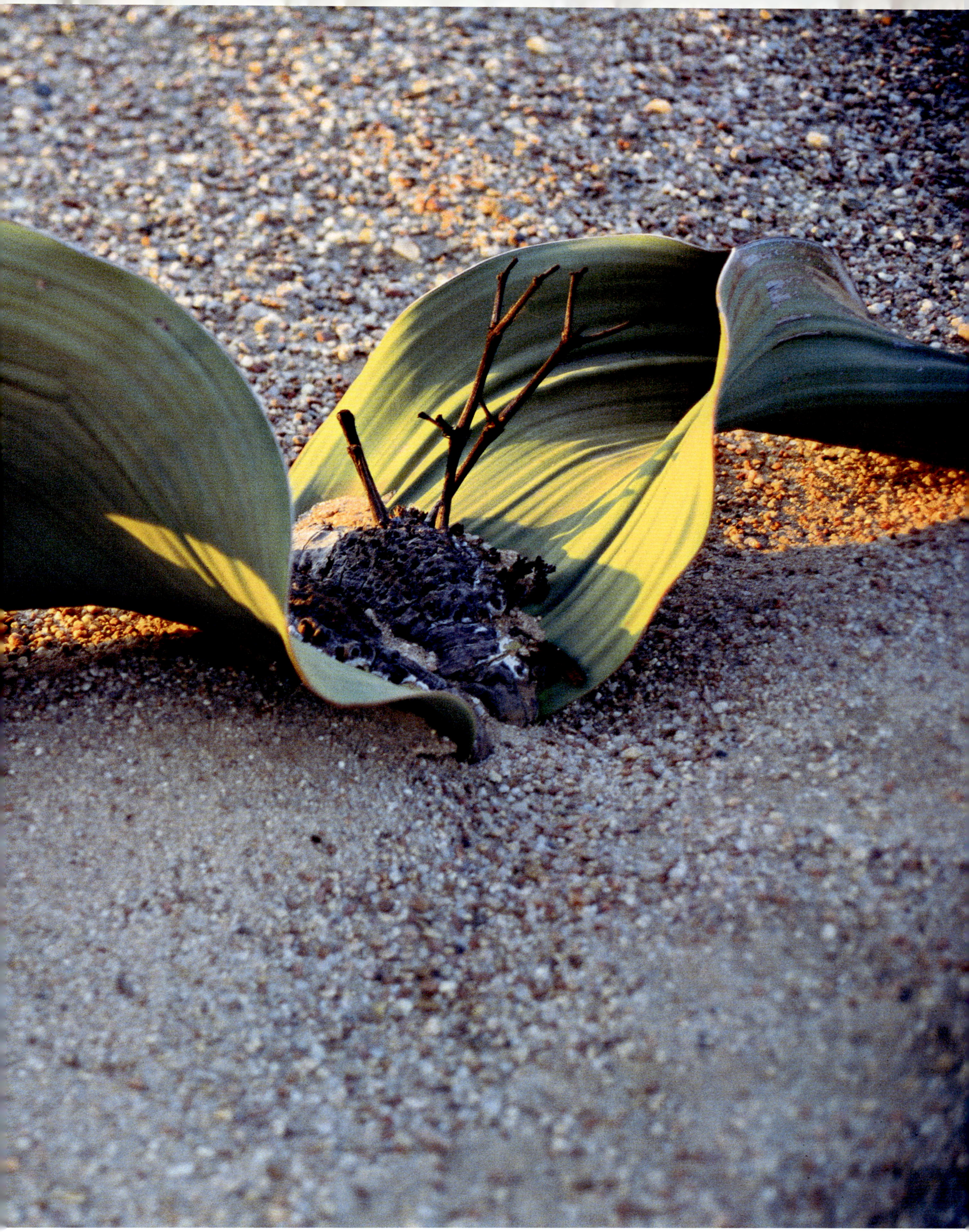

Swamp Cypress

Today anyone can admire the swamp cypress in some European parks, but its true home is in the southeastern United States. As the name suggests, this tree loves habitats which are periodically flooded. In autumn, the needle-like leaves have a coppery red color before they drop. In addition, the tree develops towering knee roots that come out of the ground. As the tree ages, the trunk becomes overgrown with moss, giving the tree a "beard". According to an American Indian legend, this represents the hair of a princess who was killed by enemies on her wedding day. Her bridegroom is supposed to have cut off her hair and hung it on a tree, whereupon it was carried away by the wind and scattered all over. The swamp cypress can grow to an impressive height of 40 meters, with a trunk diameter of more than 5 meters, and reach an age of more than 700 years. Because the seeds cannot germinate underwater, the tree reproduces only after dry periods.

Echte Sumpfzypresse

Man kann die Echte Sumpfzypresse heute auch in europäischen Parks bewundern, doch ihre eigentliche Heimat ist der Südosten der USA. Wie ihr Name sagt, liebt die Echte Sumpfzypresse Standorte, die periodisch überschwemmt werden. Bevor sie im Herbst ihre nadelförmigen Blätter abwirft, verfärben sich diese kupferrot. Darüber hinaus entwickelt sie aus dem Boden aufragende Kniewurzeln. Ihre Stämme werden im Alter von Moos bewachsen, dessen Form an „Bärte" erinnert. Nach einer indianischen Legende ist dies das Haar einer Prinzessin, die an ihrem Hochzeitstag von Feinden getötet wurde. Der Bräutigam soll das Haar abgeschnitten und in einen Baum gehängt haben, woraufhin es vom Wind fortgetragen und überall verteilt worden sei. Die Echte Sumpfzypresse kann eine Höhe von vierzig Metern, einen Stammdurchmesser von mehr als fünf Metern und ein Alter von über siebenhundert Jahren erreichen. Da die Samen des Baumes nicht unter Wasser keimen können, ist eine Erneuerung der Bestände nur nach Trockenzeiten möglich.

Cyprès chauve

Le cyprès chauve orne plus d'un parc en Europe, mais sa véritable patrie se trouve dans le sud-est des États-Unis. Il se plaît sur les terrains périodiquement inondés. Ses aiguilles, avant de tomber en automne, deviennent rouge cuivre. Ses racines, des pneumatophores, remontent à la surface. Avec l'âge, le tronc se couvre de mousse qui prend la forme de barbes. Selon une légende indienne, ce serait là la chevelure d'une princesse tuée par ses ennemis le jour de ses noces. Son fiancé coupa et accrocha ses cheveux à un arbre, puis le vent les dispersa aux quatre points cardinaux. Le cyprès chauve peut atteindre la taille imposante de 40 mètres et l'âge vénérable de 700 ans, pour une envergure de plus de 5 mètres. Ses graines ne germent pas sous l'eau et il ne peut se reproduire qu'après une période de sécheresse.

Louisiana, USA

Taxodium distichum var. distichum

Familia Cupressaceae

Tisovec dvouřadý

V dnešní době může kdokoli obdivovat tisovec dvouřadý v některém evropském parku, jeho původním domovem jsou však mokřinaté oblasti na jihovýchodě Spojených států. Na podzim se jeho ploché, až 2 cm dlouhé jehličky zbarví měděným odstínem a poté opadají. Kvůli nedostatku kyslíku v bažinaté půdě si tisovec vytváří soustavu vzdušných kořenů. Jak strom stárne, jeho kmen i větve zarůstají mechem, takže vypadá, jako by měl vousy. Podle indiánské legendy představuje mech vlasy indiánské princezny, kterou v její svatební den zavraždili nepřátelé. Její ženich prý mrtvé nevěstě ustřihl vlasy a zavěsil je na strom, odkud je vítr rozfoukal do všech koutů. Tisovec dvouřadý může vyrůst až do impozantní výše 40 m a jeho kmen dosáhne průměru až 5 metrů. Nejstarší jedinci se mohou dožít i přes 700 let. Vzhledem k tomu, že semena nemohou klíčit pod vodou, množí se tisovec pouze po období sucha.

Ciprés calvo / Ciprés de los pántanos

Hoy en día el ciprés calvo también se puede contemplar en algunos parques europeos, pero su verdadera patria es el sudeste de los EE. UU. Como indica su nombre común, le gustan los lugares pantanosos regularmente inundados. Antes de caer, sus hojas aciculares adquieren un color pardo rojizo. Posee raíces que, con frecuencia, afloran a la superficie. Con los años los troncos quedan cubiertos por musgos que crecen como "barbas". Según una leyenda india, representan el cabello de una princesa asesinada el día de su boda por unos enemigos. Su prometido le cortó después el pelo y lo colgó del árbol, desde donde el viento lo esparció por todas partes. El ciprés calvo puede llegar a medir unos considerables 40 m, su tronco puede superar los 5 m de circunferencia y puede vivir más de 700 años de edad. Dado que sus semillas no pueden germinar bajo el agua, la renovación de sus bosques tan sólo es posible después del período de sequía.

Cipresso delle paludi o calvo

Oggi è possibile ammirare il cipresso delle paludi anche in alcuni parchi europei, ma la sua vera patria è l'area sud-orientale degli Stati Uniti. Come dice il suo nome, ama i siti che vengono allagati periodicamente. Prima che la pianta perda le sue foglie aghiformi in autunno, queste cambiano colore, diventando rosso ramato. L'albero sviluppa anche radici pneumatofore che sporgono dal terreno. Quando raggiunge un'età avanzata, il tronco viene ricoperto da un muschio che ha la forma di una "barba". Secondo una leggenda indiana, rappresenta la chioma di una principessa che fu uccisa dai suoi nemici nel giorno delle sue nozze. Si dice che il suo sposo le abbia tagliato i capelli, appendendoli ad un albero, da dove il vento li strappò, spargendoli dappertutto. Il cipresso delle paludi può raggiungere la notevole altezza di 40 metri, un diametro del tronco di più di cinque metri e oltre 700 anni di età. Dato che i suoi semi non possono germogliare sott'acqua, il rinnovarsi del patrimonio boschivo di quest'albero è possibile soltanto dopo un periodo di siccità.

Taxodium distichum var. distichum

Caddo Lake, Texas, USA

Taxodium distichum var. distichum

Louisiana, USA

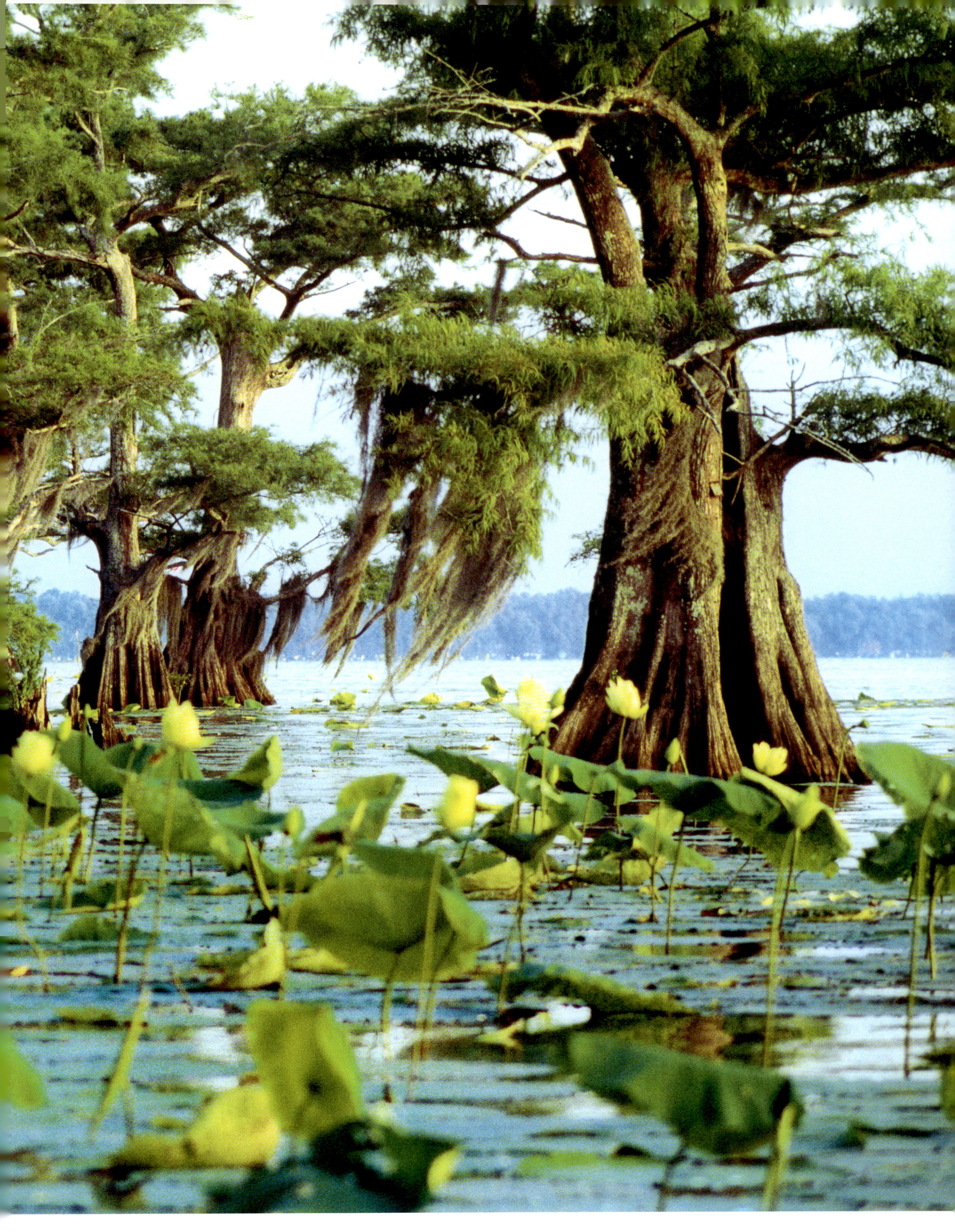

Louisiana, USA

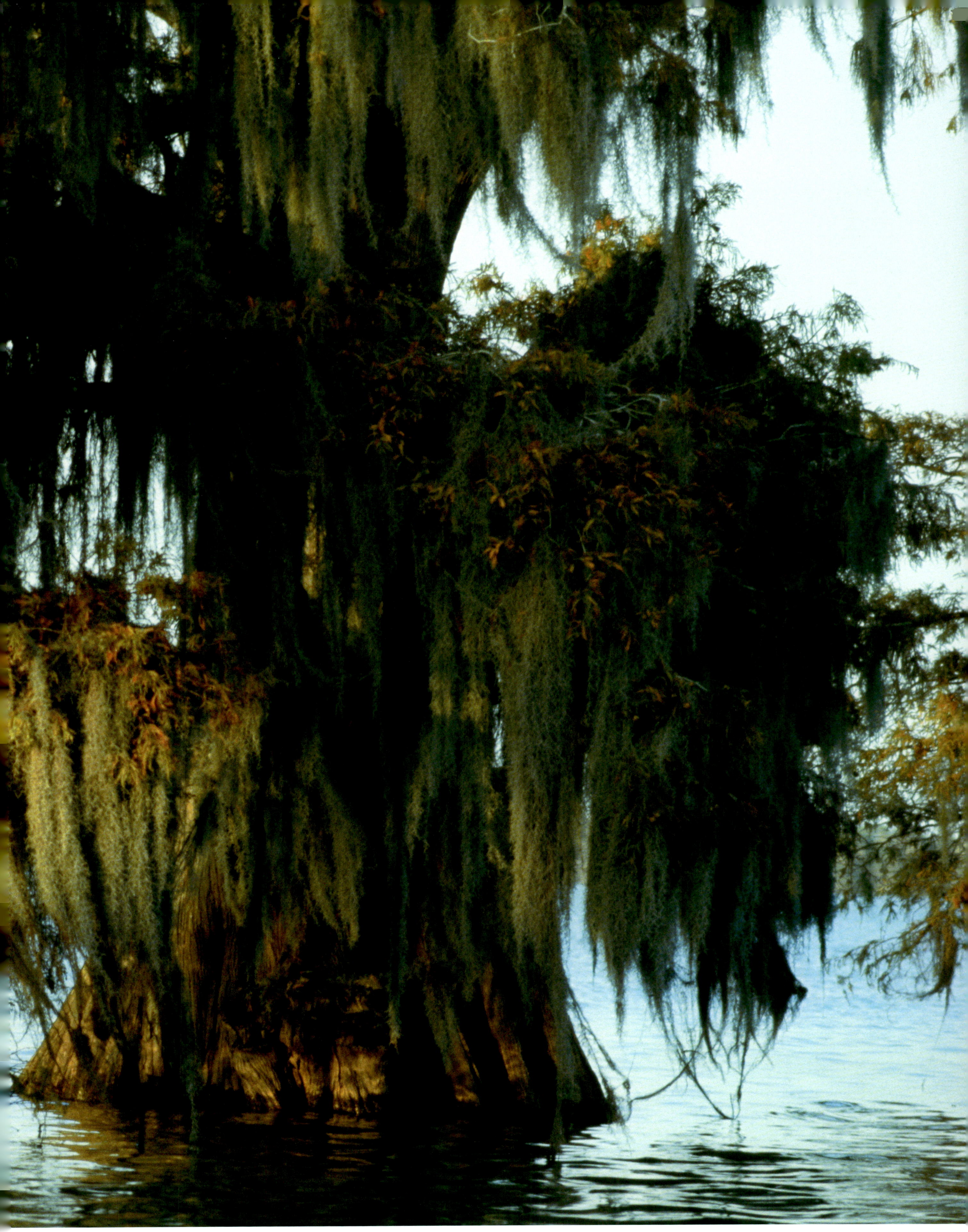

Taxodium distichum var. distichum

Louisiana, USA
Caddo Lake, Texas, USA

Taxodium distichum var. distichum

Louisiana, USA

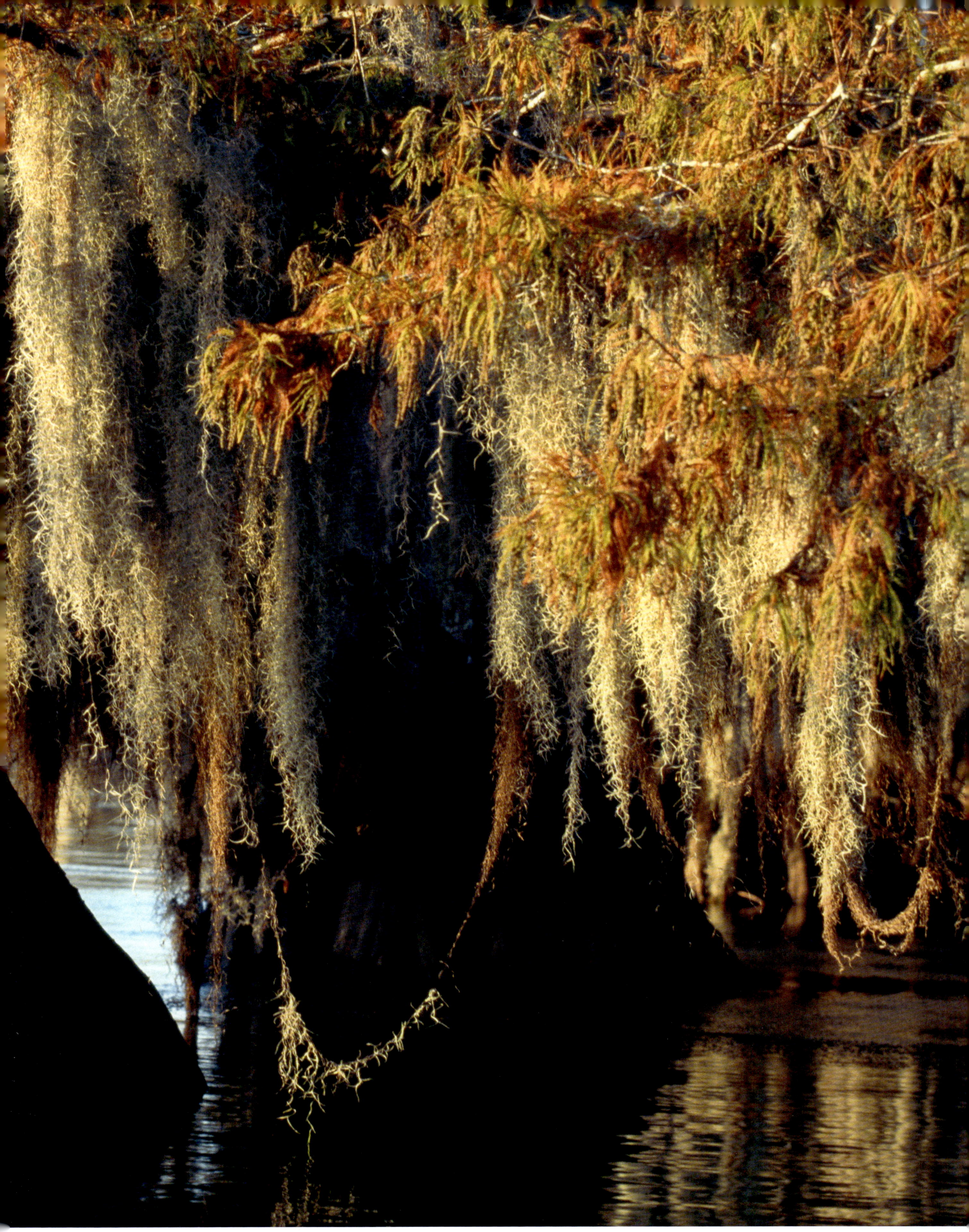

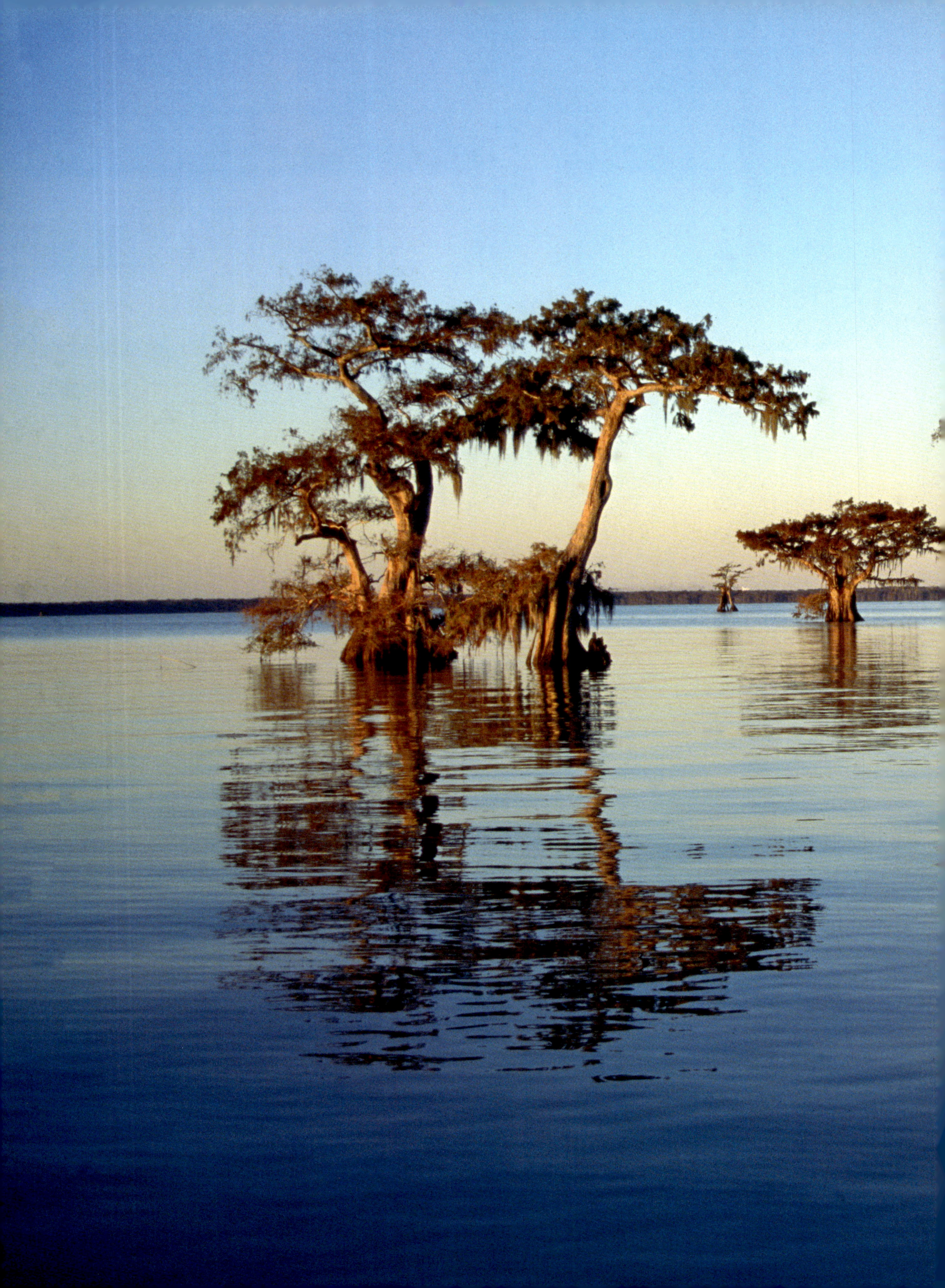

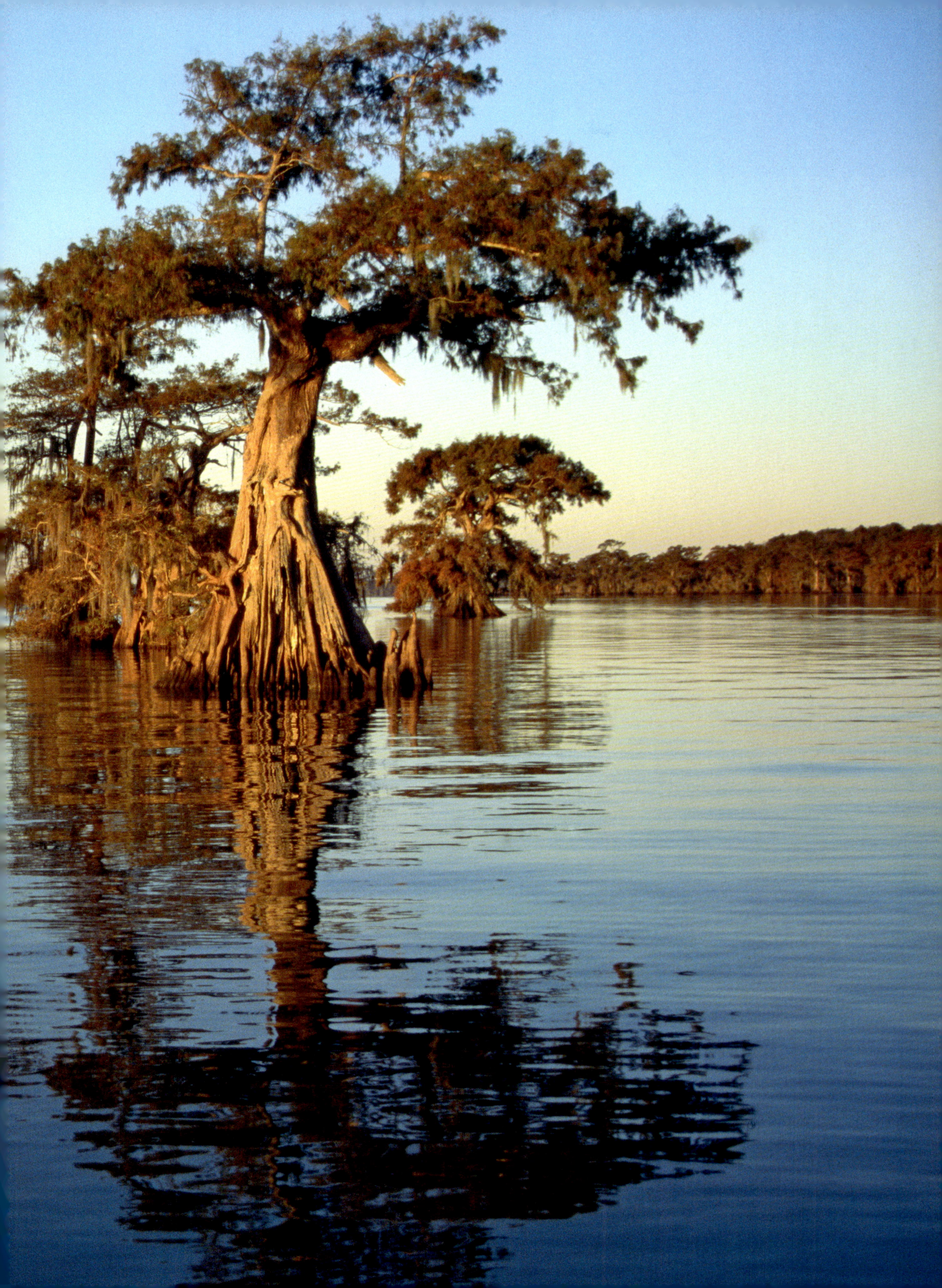

« Louisiana, USA
∧ Caddo Lake, Texas, USA

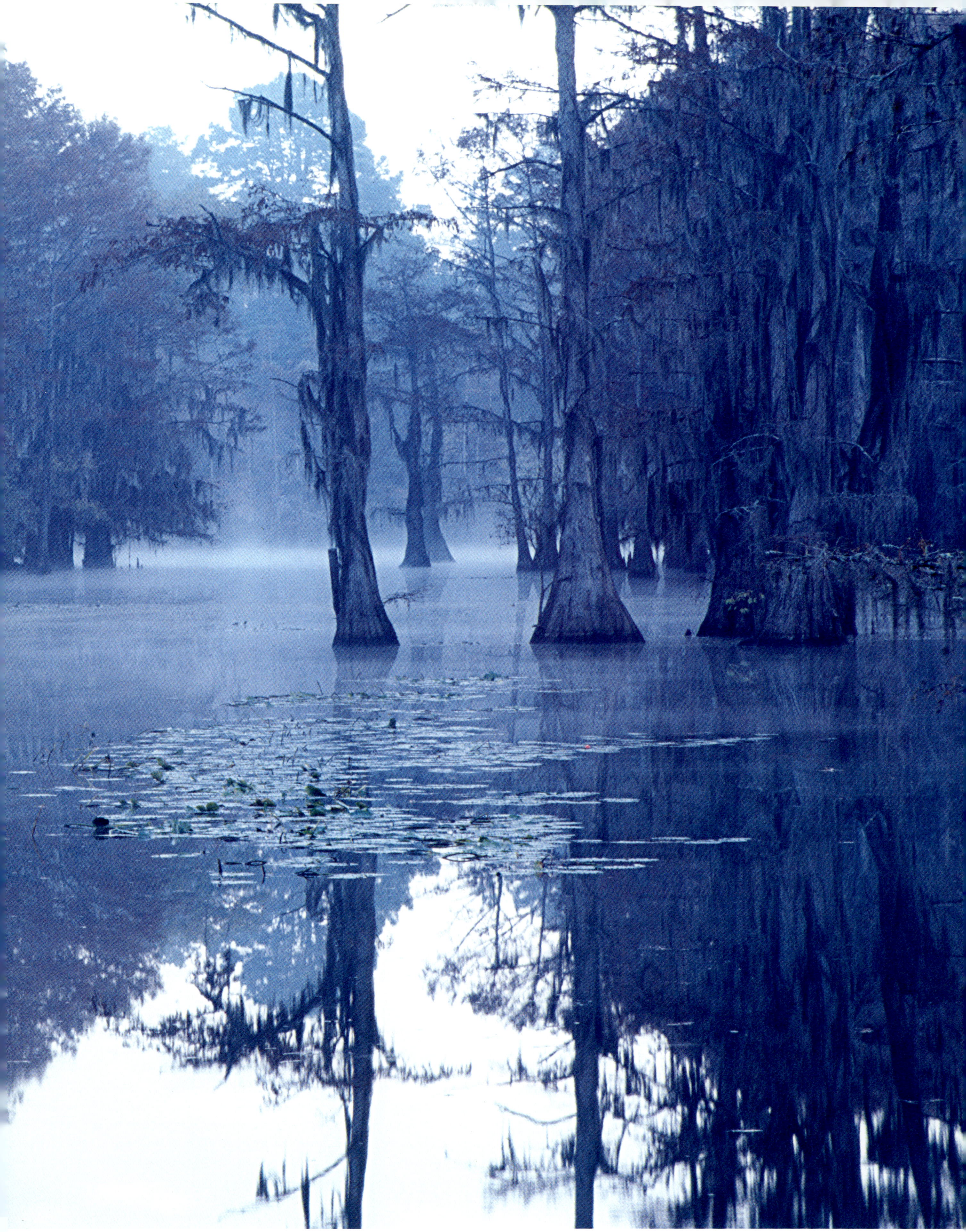

Louisiana, USA

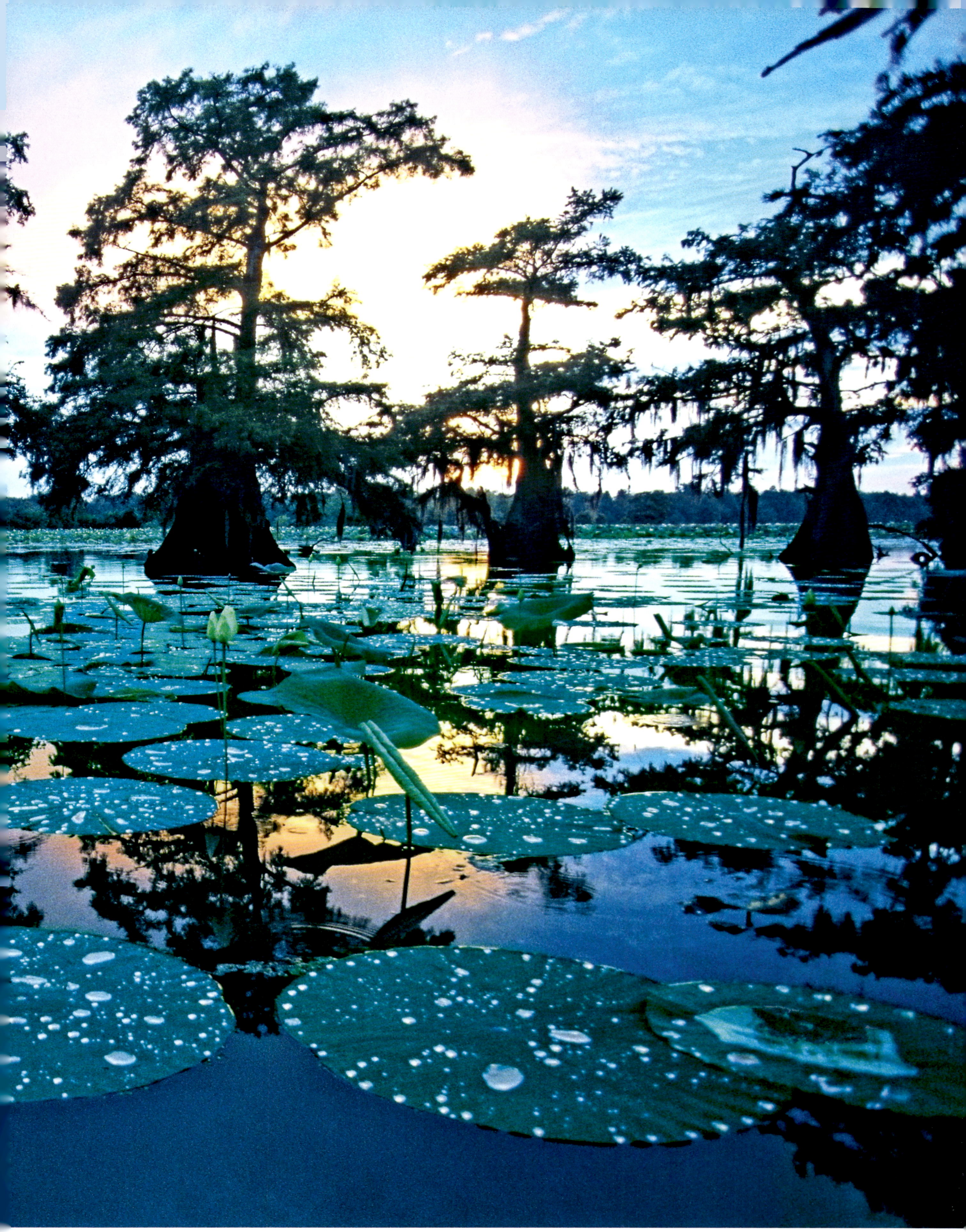

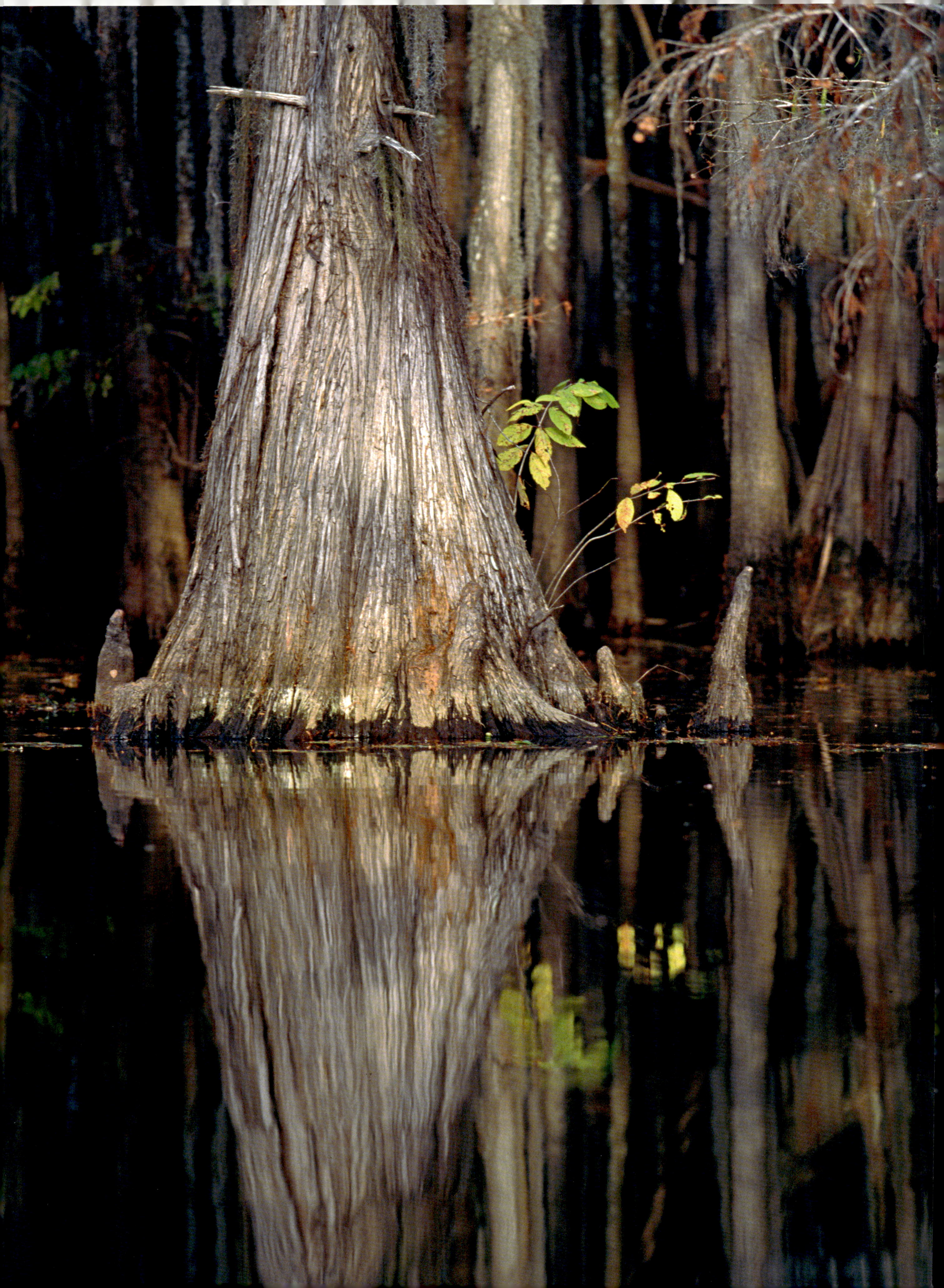

Taxodium distichum var. distichum

Caddo Lake, Texas, USA

Reelfoot Lake, Tennessee, USA
Reelfoot Lake, Tennessee, USA
Reelfoot Lake, Tennessee, USA
Louisiana, USA

Montezuma Cypress

The Montezuma or Mexican swamp cypress is closely related to its "sister" from the southeastern United States, though it does not shed its needle-shaped leaves in autumn. The most famous Montezuma cypress can be found in southern Mexico in the village of Santa Maria del Tule, and is nicknamed *El Tule*. Estimates of its age range between 2,000 and 4,000 years, and with a 50-meter girth and a trunk diameter of 14.5 meters, *El Tule* is the stoutest tree in the world. Strong ridges are etched into its trunk, split into several trunks at its base, giving the impression of a number of trees coalescing together into one. Originally, it most likely stood in a flooded area which today is dry. This spectacular tree was struck by a tremendous lightning bolt in the 15th century, splitting not only the crown but also leaving an enormous void. It has since recovered and is considered sacred by the Mexican natives.

Mexikanische Sumpfzypresse

Die mexikanische Sumpfzypresse ist eng verwandt mit ihrer „Schwester" aus dem Südosten der USA. Jedoch wirft sie im Herbst ihre Blätter nicht ab. Ihr berühmtestes Exemplar steht im Süden Mexikos im Dorf Santa Maria del Tule und wird nur kurz „El Tule" genannt. Die Schätzungen ihres Alters schwanken zwischen zweitausend und viertausend Jahren. Mit einem Umfang von über fünfzig Metern und einem Stammdurchmesser von 14,5 m ist „El Tule" der dickste Baum der Welt. Starke Furchen prägen seinen Stamm, der sich an der Basis mehrfach geteilt hat, wodurch der Eindruck entsteht, als seien mehrere Bäume zu einem zusammengewachsen. Ursprünglich stand der Baum wohl auch in einem Überschwemmungsgebiet, das heute jedoch ausgetrocknet ist. Im 15. Jahrhundert traf den Baum ein Blitzschlag, der nicht nur die Baumkrone zersplitterte, sondern auch einen riesigen Hohlraum entstehen ließ. Inzwischen hat sich der eindrucksvolle Baum, der den mexikanischen Ureinwohnern als heilig gilt, weitgehend von dem Einschlag erholt.

Cyprès mexicain

Proche parent du cyprès chauve originaire du sud-est des États-Unis, le cyprès mexicain ne perd pourtant pas ses feuilles en automne. Le plus connu de tous vit dans le sud du Mexique, dans le village de Santa Maria del Tule et porte le nom d' « El Tule ». Les estimations de son âge oscillent entre 2 000 et 4 000 ans et, avec une envergure de plus de 50 mètres et un tronc d'un diamètre de 14,50 m, « El Tule ». est le plus gros arbre du monde. De profonds sillons marquent son tronc, qui s'est scindé plusieurs fois à la base et donne de ce fait l'impression d'un assemblage de plusieurs arbres. À l'origine, il poussait dans un marécage, aujourd'hui asséché. Cet arbre fabuleux, sacré pour les Indiens, s'est bien remis d'un terrible coup de foudre au XVe siècle, qui fendit la couronne et creusa un vide énorme dans le tronc.

^ Santa María del Tule, Oaxaca, México

Taxodium mucronatum
Familia Cupressaceae

Tisovec Montezumův

Tisovec Montezumův zvaný též Montezumův cypřiš je blízkým příbuzným tisovce dvouřadého z jihovýchodu USA, ačkoli nemá opadavé jehličky. Nejznámějším jedincem je strom ve městě Santa Maria del Tule v jihomexickém státě Oaxaca. Říká se mu *El Árbol del Tule* (Tulský strom) a jeho stáří se odhaduje mezi 2000 a 4000 roky. S obvodem kmene 42 m a průměrem 11,42 m jde o nejmohutnější strom na světě. Jeho kmen vytváří v dolní části řadu menších kmenů, což vzbuzuje dojem, jako by šlo o několik dohromady srostlých stromů. Původně stál zřejmě v zaplavované oblasti, která je však dnes již suchá. Tento úchvatný strom byl v 15. století zasažen silným bleskem, který mu nejen rozčísl korunu, ale zanechal v kmeni i ohromnou dutinu. Strom se však zotavil a mexičtí indiáni jej považují za posvátný. Nicméně kvůli nedostatku vody a silnému znečištění ovzduší v okolí jeví strom známky špatného zdraví a zřejmě pomalu umírá.

Ciprés Mejicano / Ahuehuete

Este ciprés está estrechamente emparentado con su "hermano" del sudeste de los EE. UU, no obstante, en otoño no pierde las hojas. El ejemplar más famoso de esta especie vive en el sur de México, en el pueblo de Santa María del Tule y es conocido como "el Tule". Su edad se estima entre los 2 000 y los 4 000 años y, con una circunferencia de más de 50 m y un diámetro de tronco de 14,5 m, "el Tule" es el árbol más grueso del mundo. Su tronco se caracteriza por profundas hendiduras y en la base está dividido en varios troncos, por lo cual parece como si varios árboles hubieran crecido juntos y hubieran terminado por unirse. Originalmente parece que crecía en terrenos inundados pero que actualmente ya están secos. Este impresionante árbol, sagrado para los indígenas mexicanos, ya está recuperado en gran parte del rayo que en el siglo XV hizo astillas su corona abriéndole un enorme hueco por dentro.

Cipresso messicano o di Montezuma

Il cipresso messicano è strettamente affine al suo "fratello" proveniente dagli Stati Uniti sud-orientali, ma in autunno non perde le foglie aghiformi. L'esemplare più famoso si trova nel Messico meridionale, nel paesino di Santa Maria del Tule, ed è chiamato semplicemente "El Tule". La sua età è stimata tra i 2.000 e i 4.000 anni e, con un'ampiezza di oltre 50 metri e un diametro del tronco di 14,5 metri, "El Tule" è l'albero più grosso del mondo. Solchi profondi ne segnano il fusto, che, alla base, si è biforcato in più punti, suscitando l'impressione che più alberi si siano fusi in uno solo. Probabilmente in origine anch'esso si ergeva in una zona alluvionale, che ora tuttavia si è prosciugata. Colpito nel Quattrocento da una folgore potentissima, che non soltanto mandò in frantumi la chioma, ma produsse anche un'enorme cavità, questo albero estremamente notevole, considerato sacro dai nativi messicani, si è ormai ripreso benissimo.

Santa María del Tule, Oaxaca, México

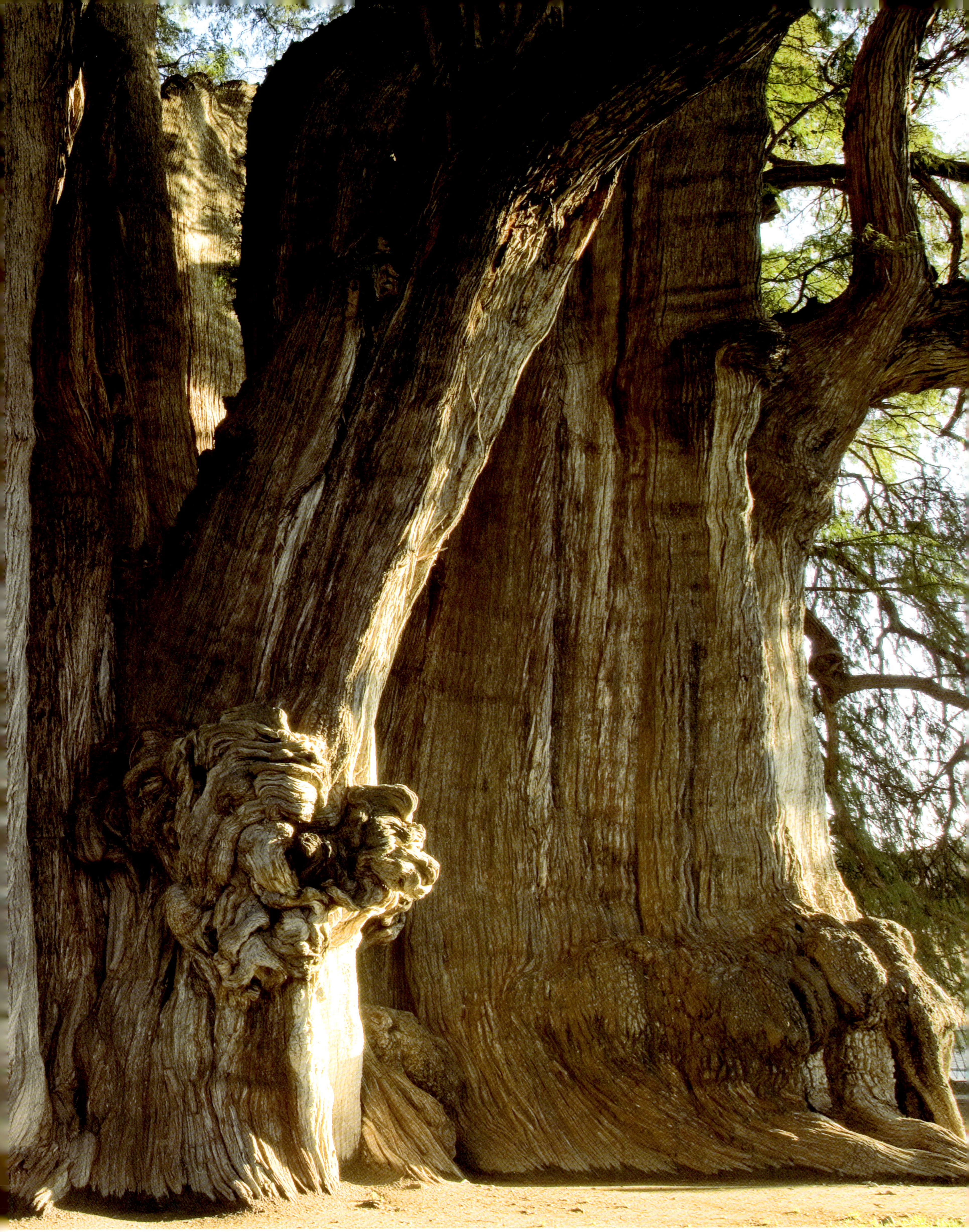

Taxodium mucronatum

Santa María del Tule, Oaxaca, México

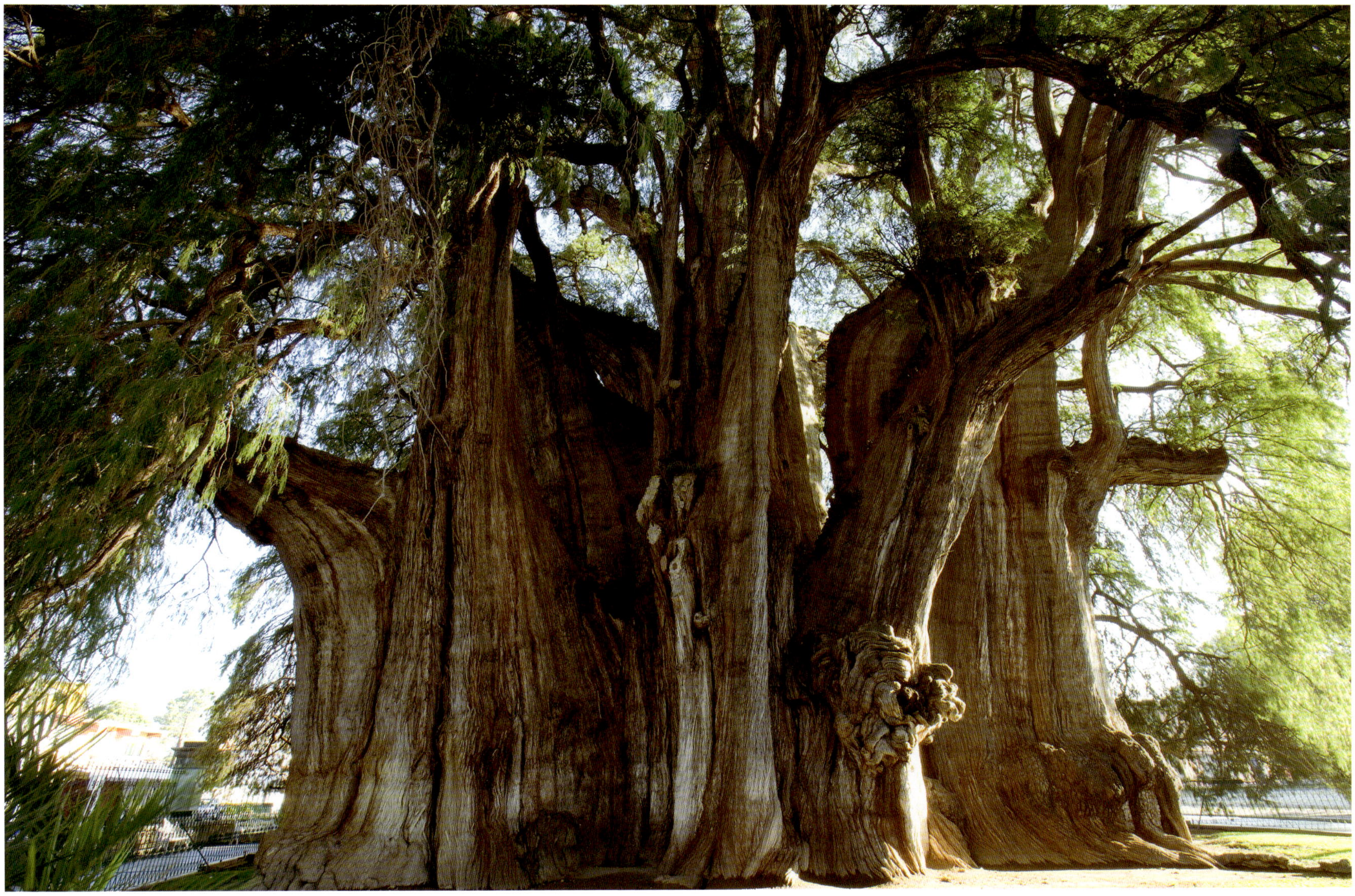

Santa María del Tule, Oaxaca, México

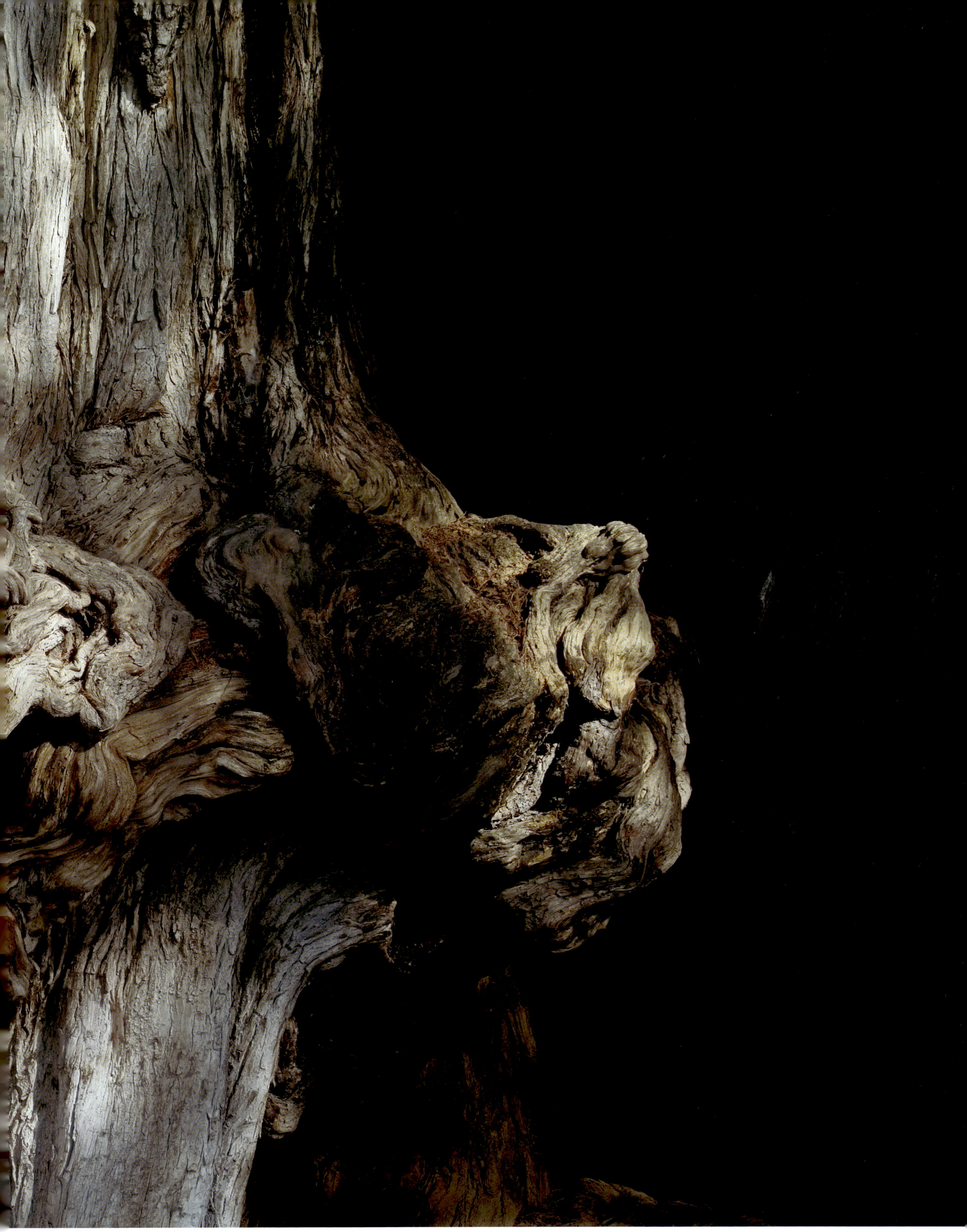

Bristlecone Pine

The roots of some ancient bristlecone pines like the characteristically named "Methuselah" in the White Mountains of California, which at almost 4,800 years of age is considered to be the oldest tree in the world, were clawing into the hard dolomite rock at elevations above 3,000 meters when the Egyptians built their first pyramids! The tree's pale, often already dead branches protrude grotesquely into the sky, as monuments to the will to survive, taking longevity into account above everything else. These trees are clever enough not to overexert themselves by continuously producing new needles since the ones they have sometimes stay alive for up to 30 years. Because bristlecone pines live on bare ground quite far from each other, they are hardly ever harmed by forest fires or the spread of disease. They do not grow very high, only to 18 meters, but their hard wood seems by all appearances to be made for "eternity".

Grannenkiefer

Manche der uralten Grannenkiefern krallten sich bereits in über dreitausend Metern Höhe mit ihren Wurzeln ins harte Dolomitgestein, als die Ägypter ihre ersten Pyramiden bauten. Eine von ihnen ist der „Methusalem" genannte Baum in den White Mountains in Kalifornien, der mit seinen fast 4800 Jahren als ältester Baum der Welt gilt. Die oft schon abgestorbenen bleichen Äste dieser Bäume ragen bizarr in den Himmel – als Denkmäler eines Überlebenswillens, dem es vor allem um Langlebigkeit geht. Sie sind ausdauernd und verausgaben sich nicht ständig mit der Neuproduktion von Nadeln, weshalb einzelne Nadeln bis zu dreißig Jahre am Leben bleiben. Da die Grannenkiefern auf dem kahlen Boden sehr weit auseinander stehen, können ihnen weder Waldbrände noch die Übertragung von Krankheiten etwas anhaben. Sie werden mit bis zu 18 m nicht sehr hoch, aber dafür ist ihr hartes Holz sprichwörtlich „für die Ewigkeit gemacht".

Pin aristé

Certains des antiques pins aristé, ainsi le bien nommé Mathusalem, âgé de presque 4 800 ans et considéré comme le plus vieil arbre du monde, avaient déjà planté leurs racines dans les dures roches dolomitiques des White Mountains en Californie, à plus de 3 000 mètres d'altitude, quand les Égyptiens construisirent leur première pyramide ! Leurs branches blanchies, souvent mortes, se dressent bizarrement dans le ciel, en témoignage d'une incroyable volonté de survie ou peut-être plutôt de longévité. Ces arbres ont l'intelligence de ne pas s'épuiser à renouveler sans cesse leurs aiguilles, qui peuvent durer 30 ans. Comme ils se tiennent très à l'écart les uns des autres sur un terrain dénudé, ils ne craignent ni les incendies de forêt, ni la transmission de maladies. Ils ne sont pas très hauts, jusqu'à 18 mètres, mais leur bois dur semble prêt à affronter l'éternité.

White Mountains, California, USA

Pinus longaeva, Pinus aristata

Familia Pinaceae

Borovice osinatá

Kořeny některých velmi starých borovic osinatých, jako je příznačně nazvaný strom *Methuselah* (Metuzalém) v kalifornských Bílých horách, který je se svými více než 4800 lety považován za druhý nejstarší strom na světě, se zakusovaly do tvrdé dolomitové skály ve výšce nad 3000 m už v dobách, kdy staří Egypťané stavěli své první pyramidy! Světlé, většinou již mrtvé větve stromu trčí groteskně k nebi jako pomníky vůle přežít a dlouhověkosti, o niž tu především jde. Tyto stromy jsou dost chytré, aby nevynakládaly zbytečnou energii na ustavičnou tvorbu jehlic, protože ty, jež mají, vydrží až 30 let. Jelikož borovice osinaté rostou na holé půdě a dost daleko od sebe, zřídka jim ublíží lesní požáry nebo šíření nemocí. 18metrová výška, do níž dorůstají, není příliš velká, ale jejich tvrdé dřevo jako by mělo vydržet navěky.

Pino longevo, Pino de Colorado

Algunos de estos pinos, como por ejemplo "el Matusalén" de las Montañas Blancas de California, que con sus casi 4 800 años de edad está considerado el árbol más antiguo del mundo, penetraban ya con sus raíces en las duras rocas dolomitas a alturas de más de 3 000 m mientras los egipcios construían sus primeras pirámides! Algunas de las ramas ya muertas se elevan pálidas y extravagantes hacia el cielo como mementos de voluntad de sobrevivir, de alcanzar como sea la máxima longevidad. Son lo suficientemente inteligentes como para no agotar sus fuerzas en la constante producción de nuevas hojas, que a veces llegan a vivir hasta 30 años. Debido a que crecen en suelo raso, separados uno de otro, no les afectan ni los incendios ni las enfermedades contagiosas. No alcanzan alturas de más de 18 m, pero su dura madera parece haber sido concebida para la "eternidad".

Pino dai coni setolosi

Alcuni di questi antichissimi pini, come l'esemplare delle White Mountains in California, soprannominato in maniera significativa "Matusalemme", che, con i suoi quasi 4.800 anni è considerato l'albero più vecchio del mondo, erano già aggrappati con le loro radici al terreno di dolomia durissima ad un'altitudine di oltre 3.000 metri, quando gli Egizi stavano costruendo le prime piramidi! I loro rami pallidi, spesso già morti, svettano in maniera curiosa verso il cielo, come monumenti ad una volontà di sopravvivenza per cui conta soprattutto la longevità. Questi alberi sono abbastanza accorti da non esaurire le proprie forze nella produzione di nuovi aghi, che talvolta restano in vita fino a 30 anni. Dato che crescono ben distanziati sui terreni brulli, gli incendi boschivi o la trasmissione di malattie arrecano loro ben pochi danni. Non raggiungono un'altezza molto elevata, pari al massimo a 18 metri, ma in compenso il loro legno duro pare proprio essere fatto per l'"eternità".

White Mountains, California, USA

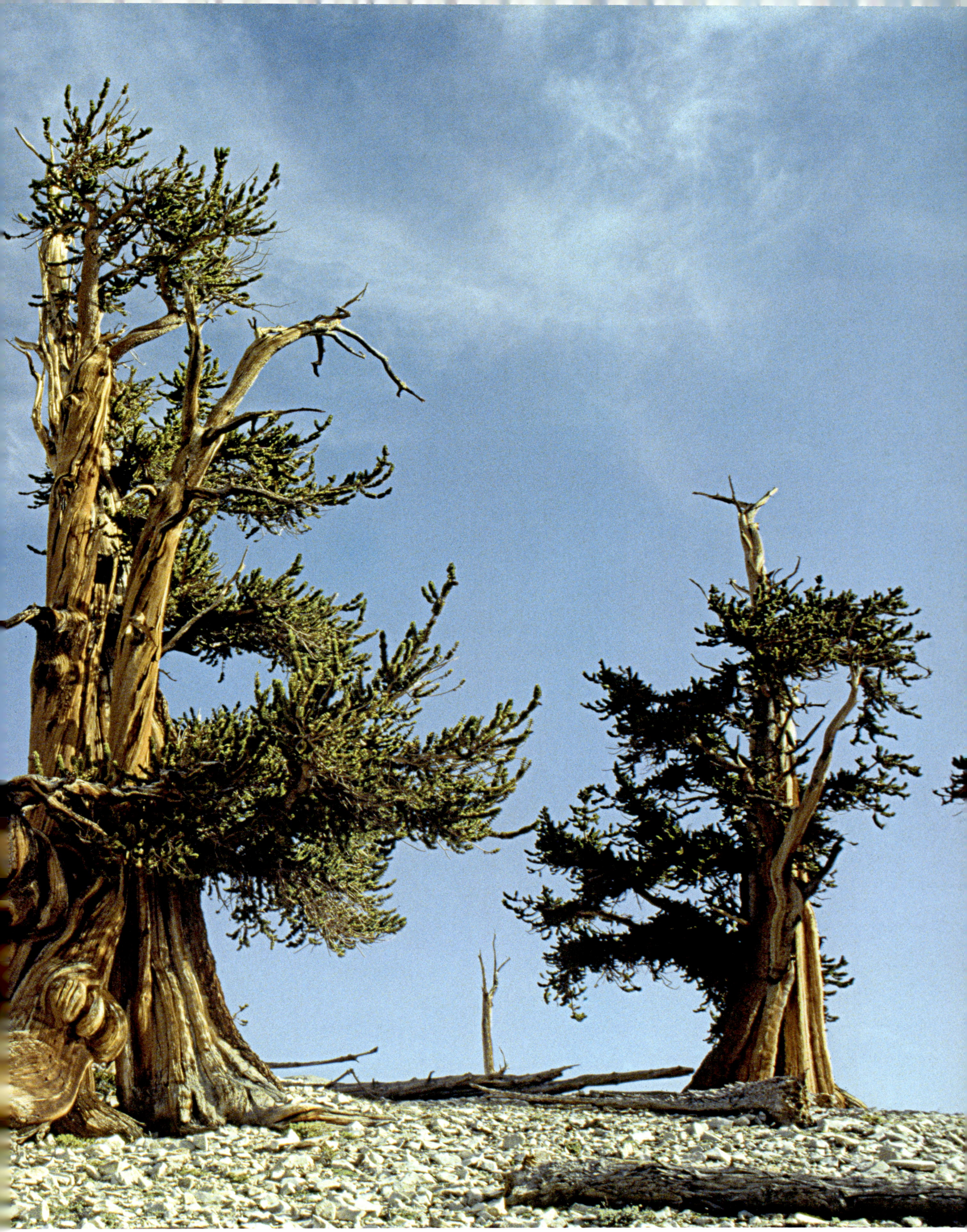

Great Basin National Park, Nevada, USA

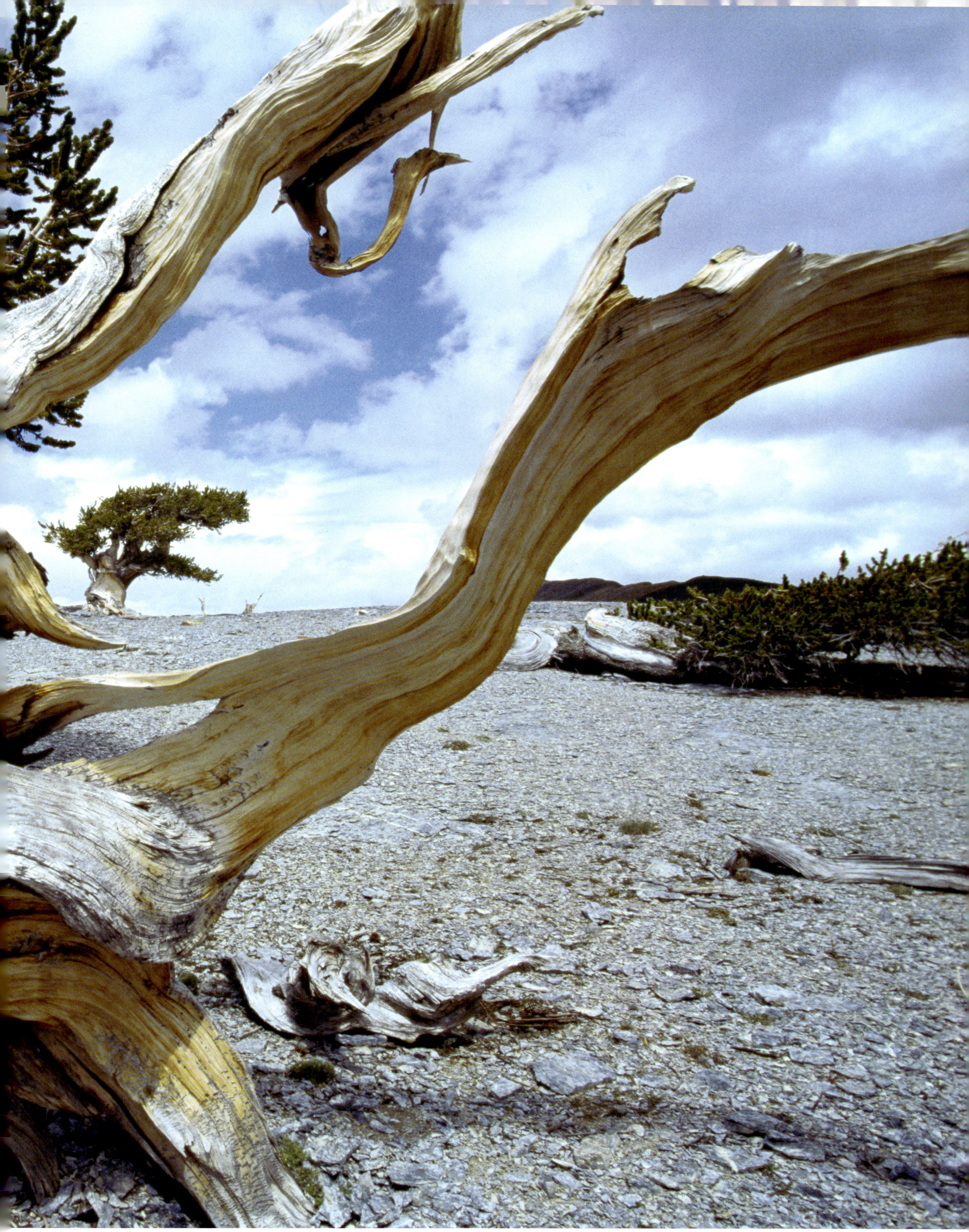

Pinus longaeva, Pinus aristata

White Mountains, California, USA
Great Basin National Park, Nevada, USA

Pinus longaeva, Pinus aristata

Great Basin National Park, Nevada, USA

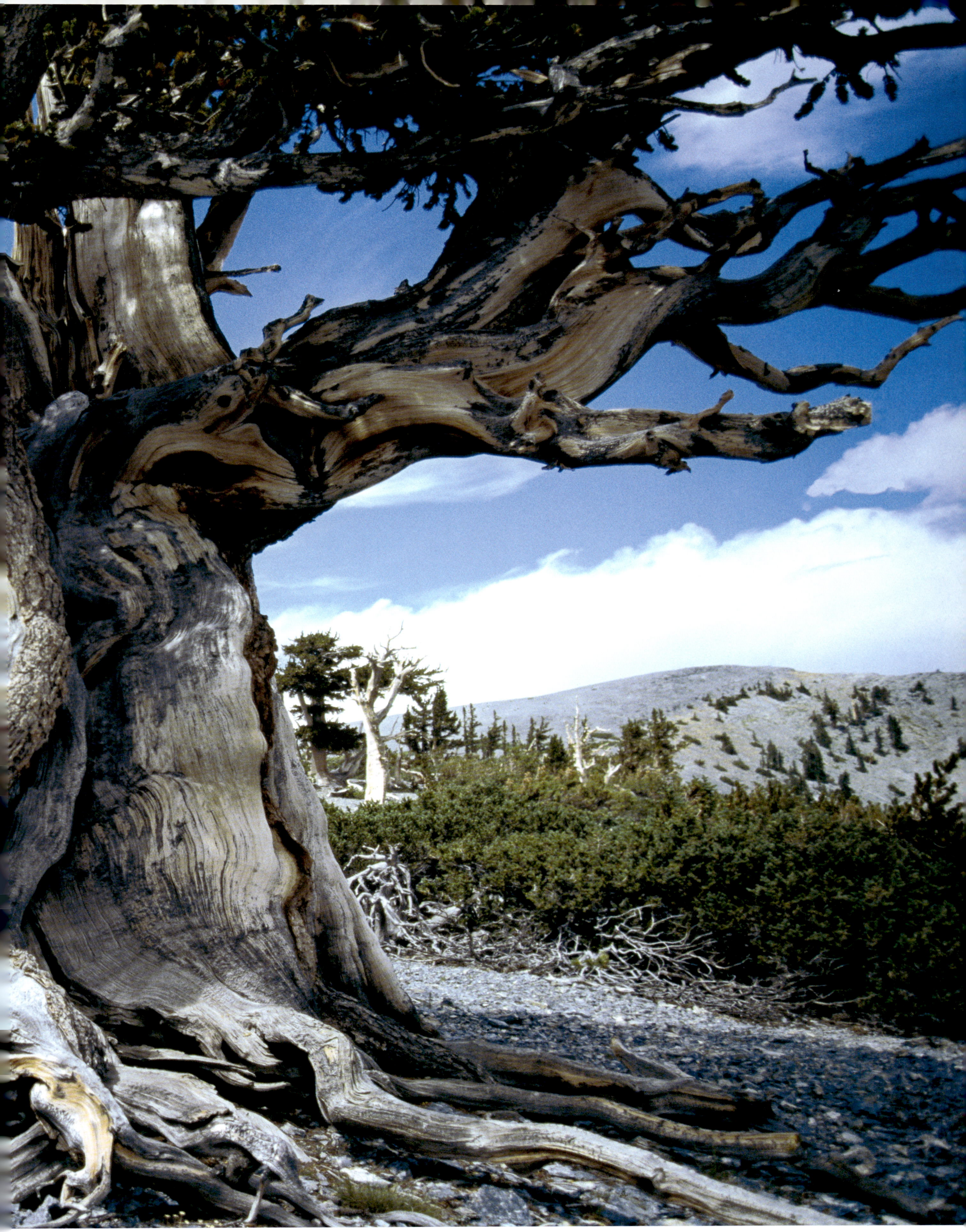

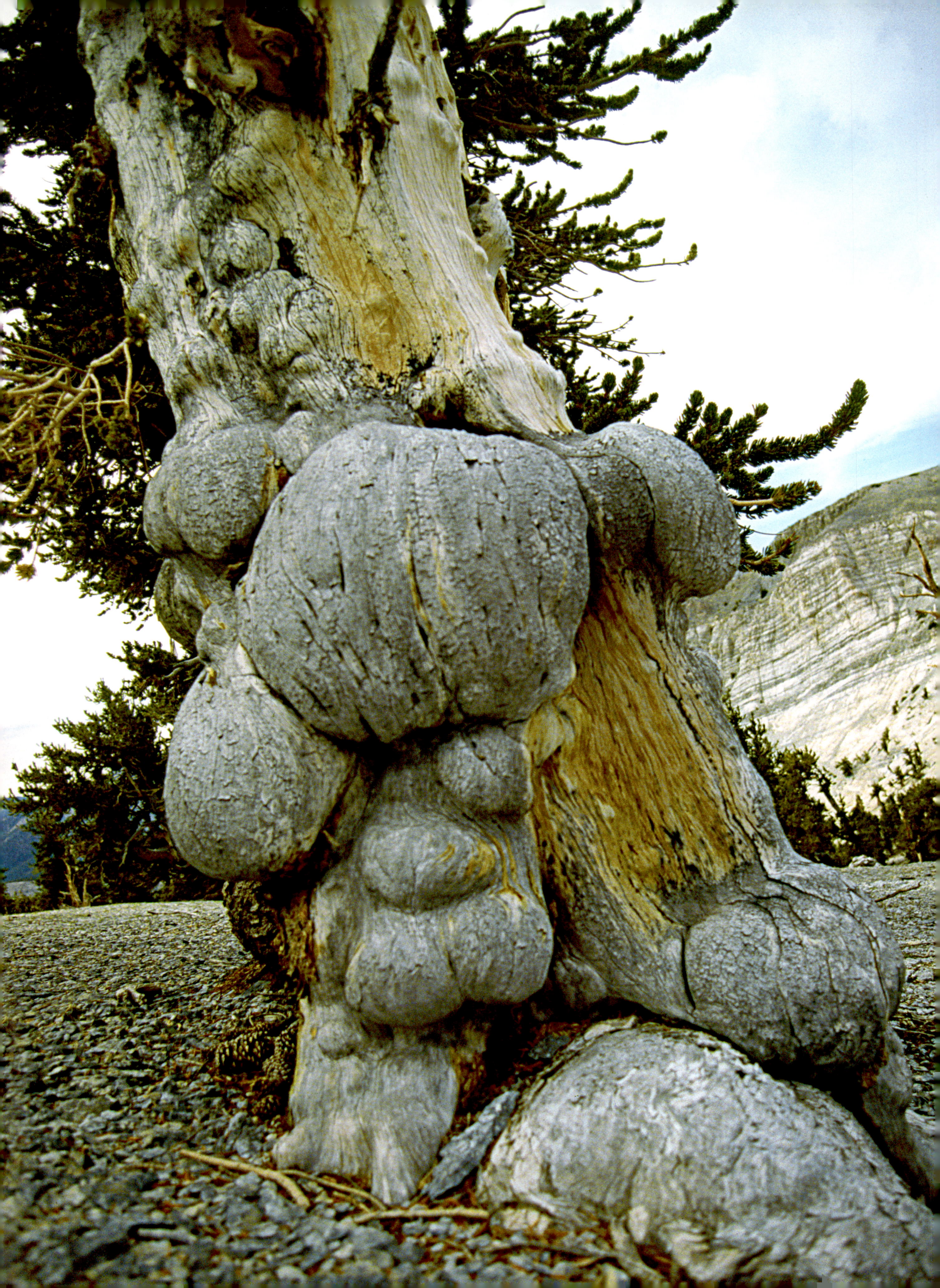

Pinus longaeva, Pinus aristata

‹ Great Basin National Park, Nevada, USA
∧ White Mountains, California, USA

Great Basin National Park, Nevada, USA

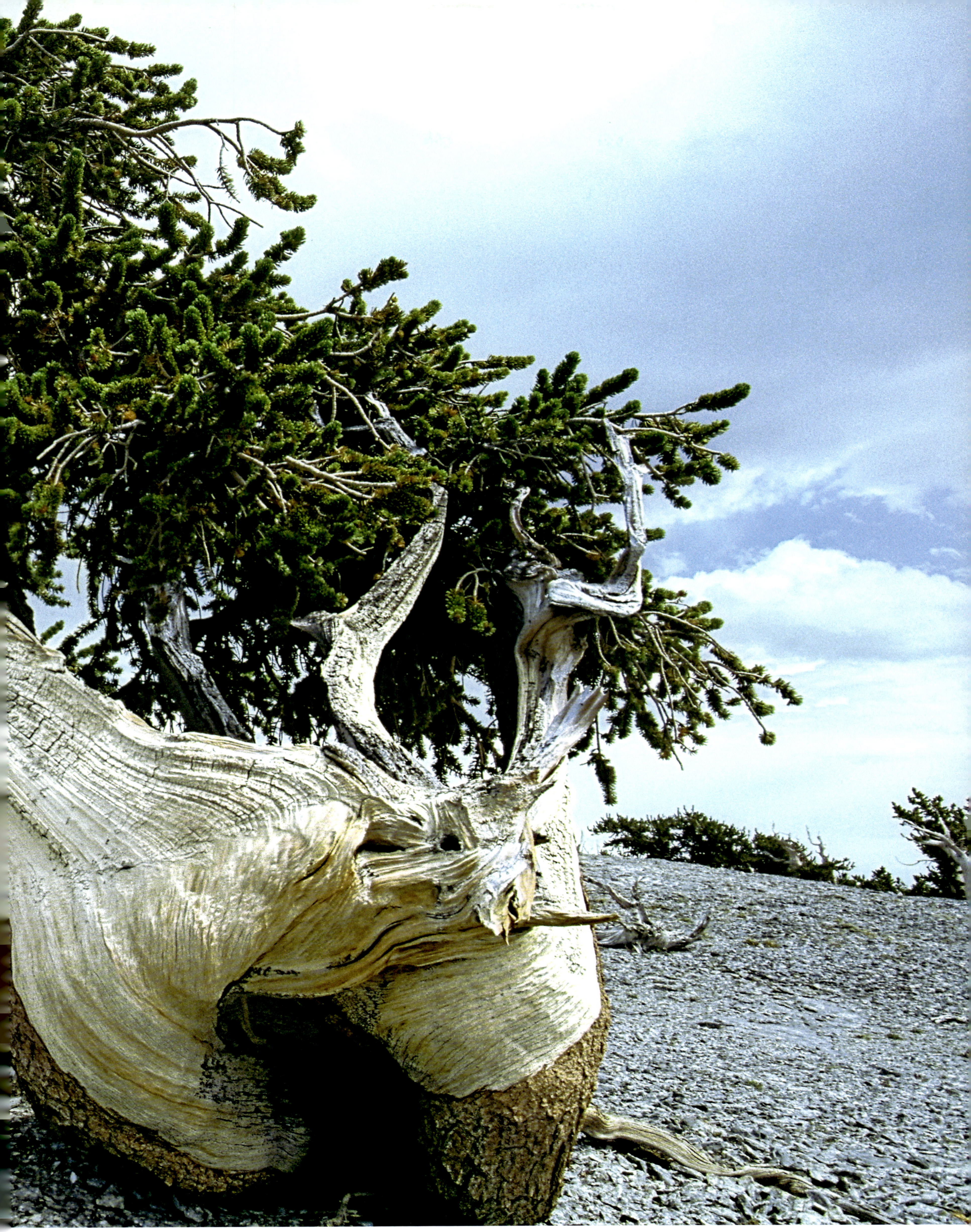

Pinus longaeva, Pinus aristata

Great Basin National Park, Nevada, USA

Pinus longaeva, Pinus aristata

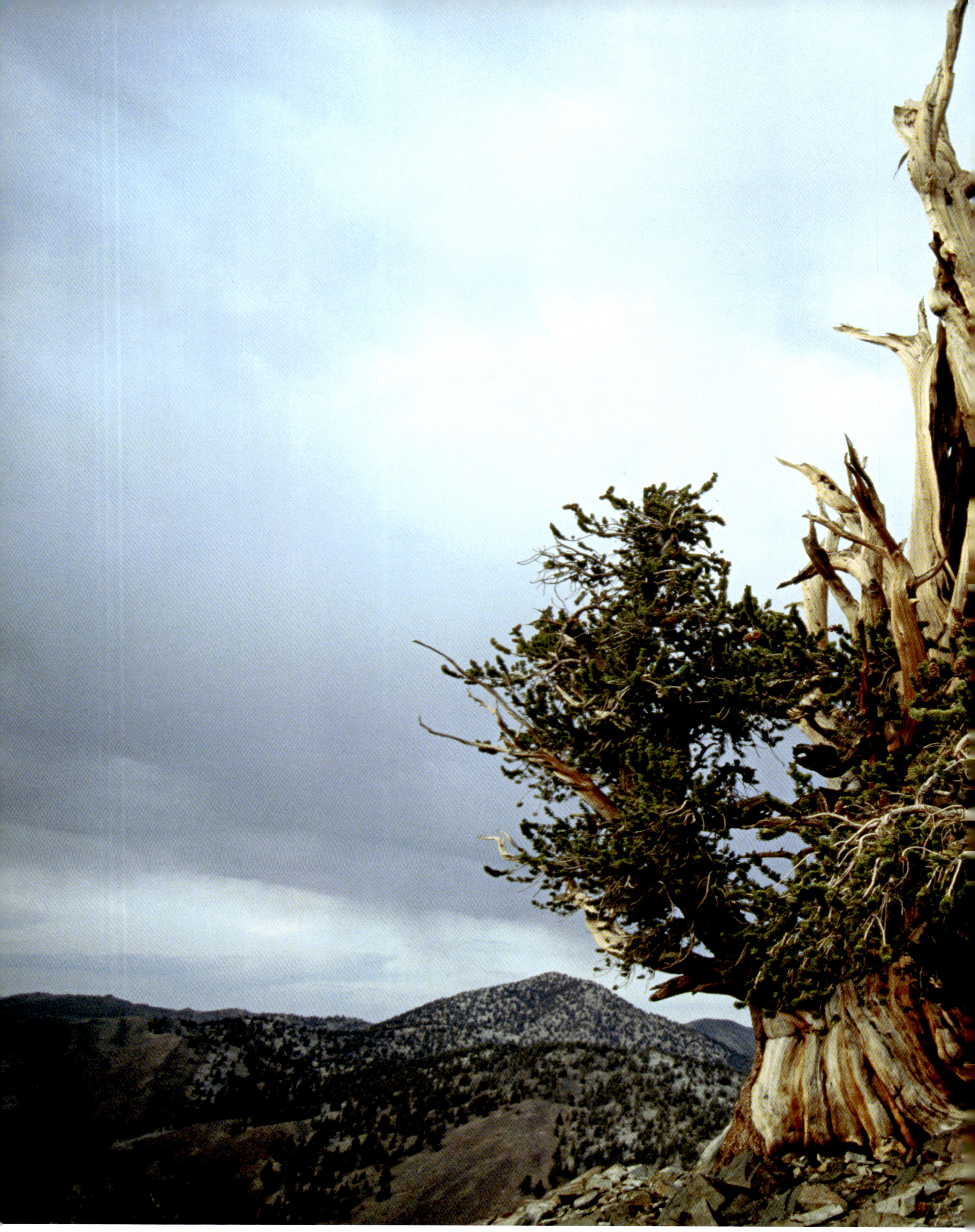

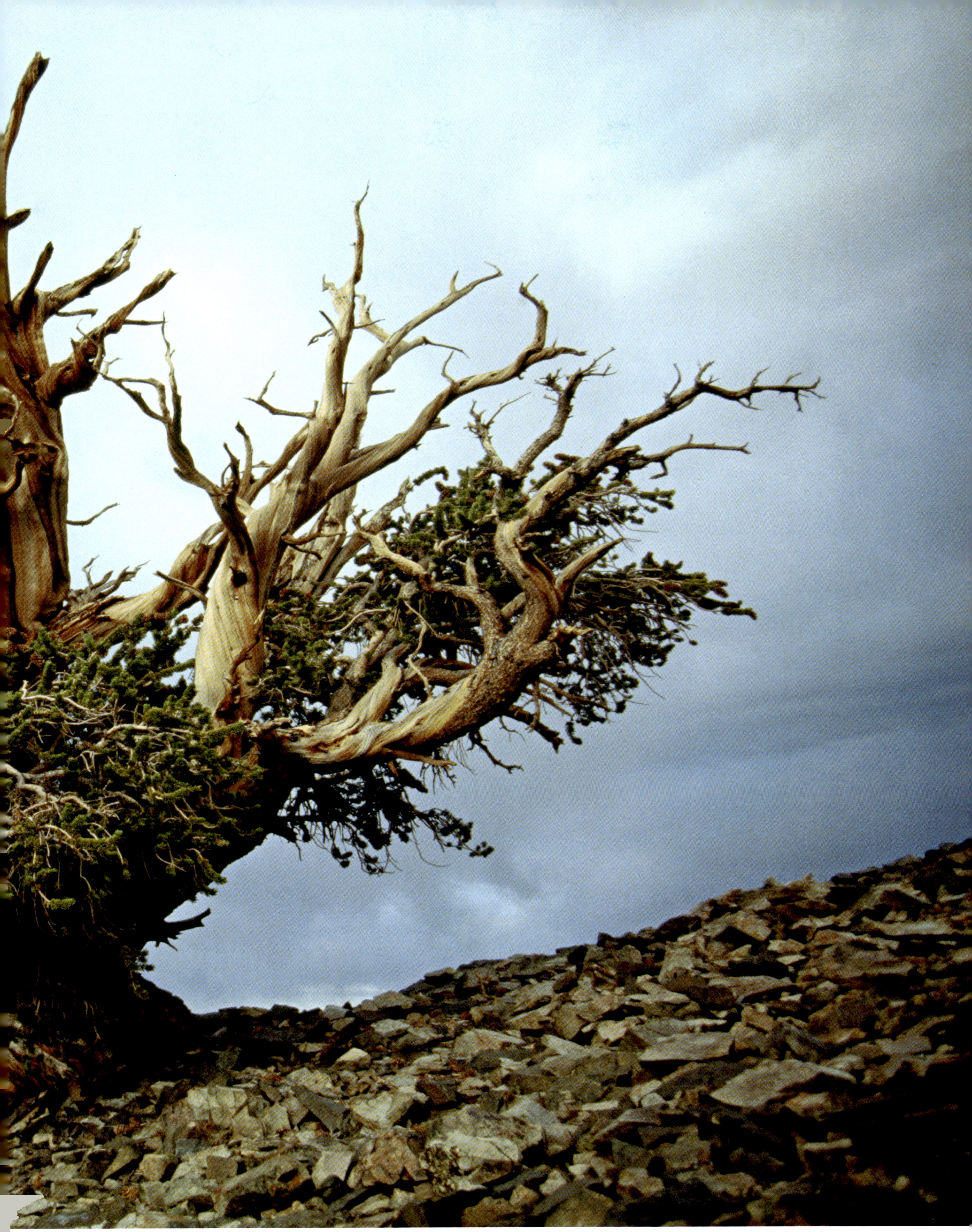

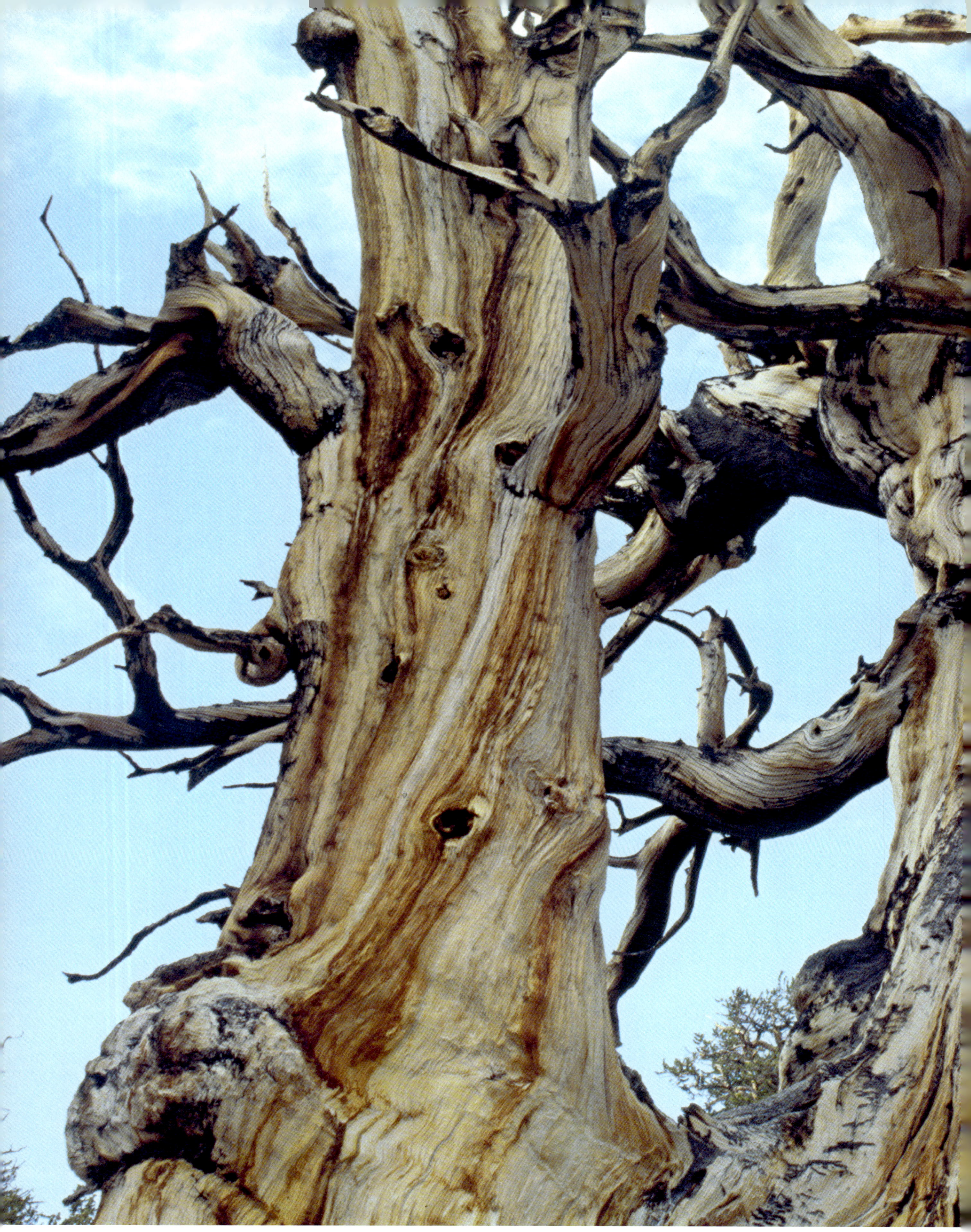

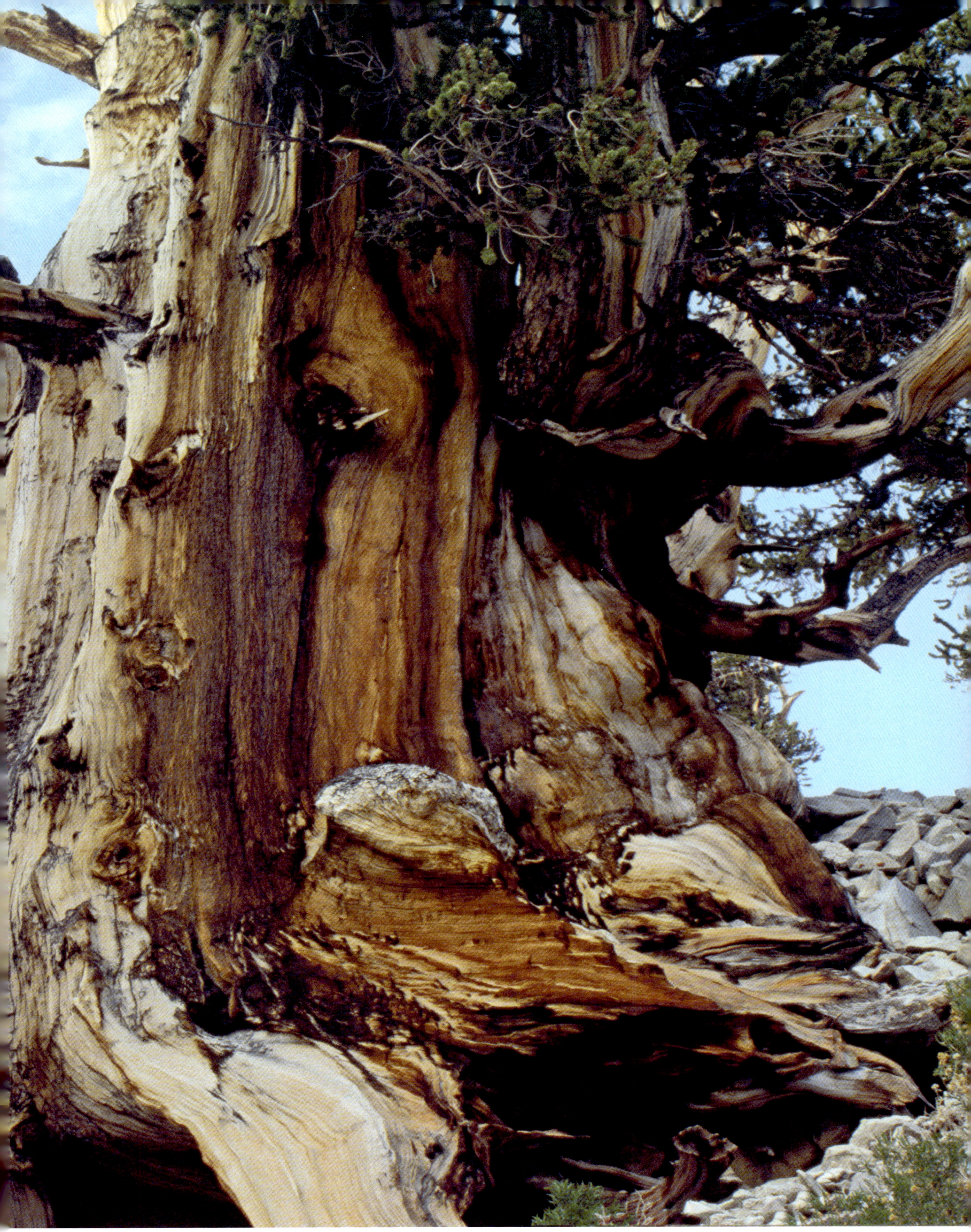

White Mountains, California, USA

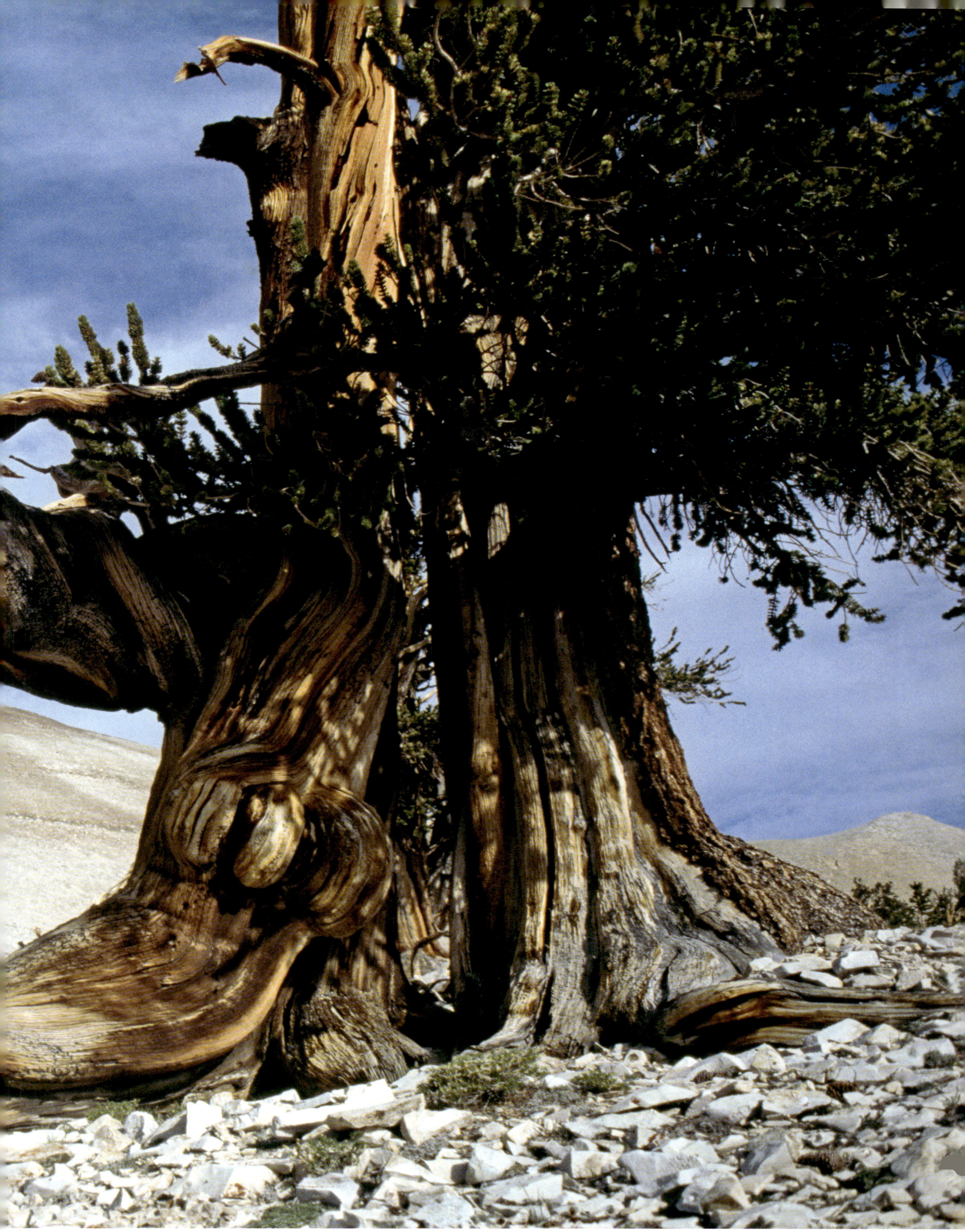

Pinus longaeva, Pinus aristata

Great Basin National Park, Nevada, USA

192

Pinus longaeva, Pinus aristata

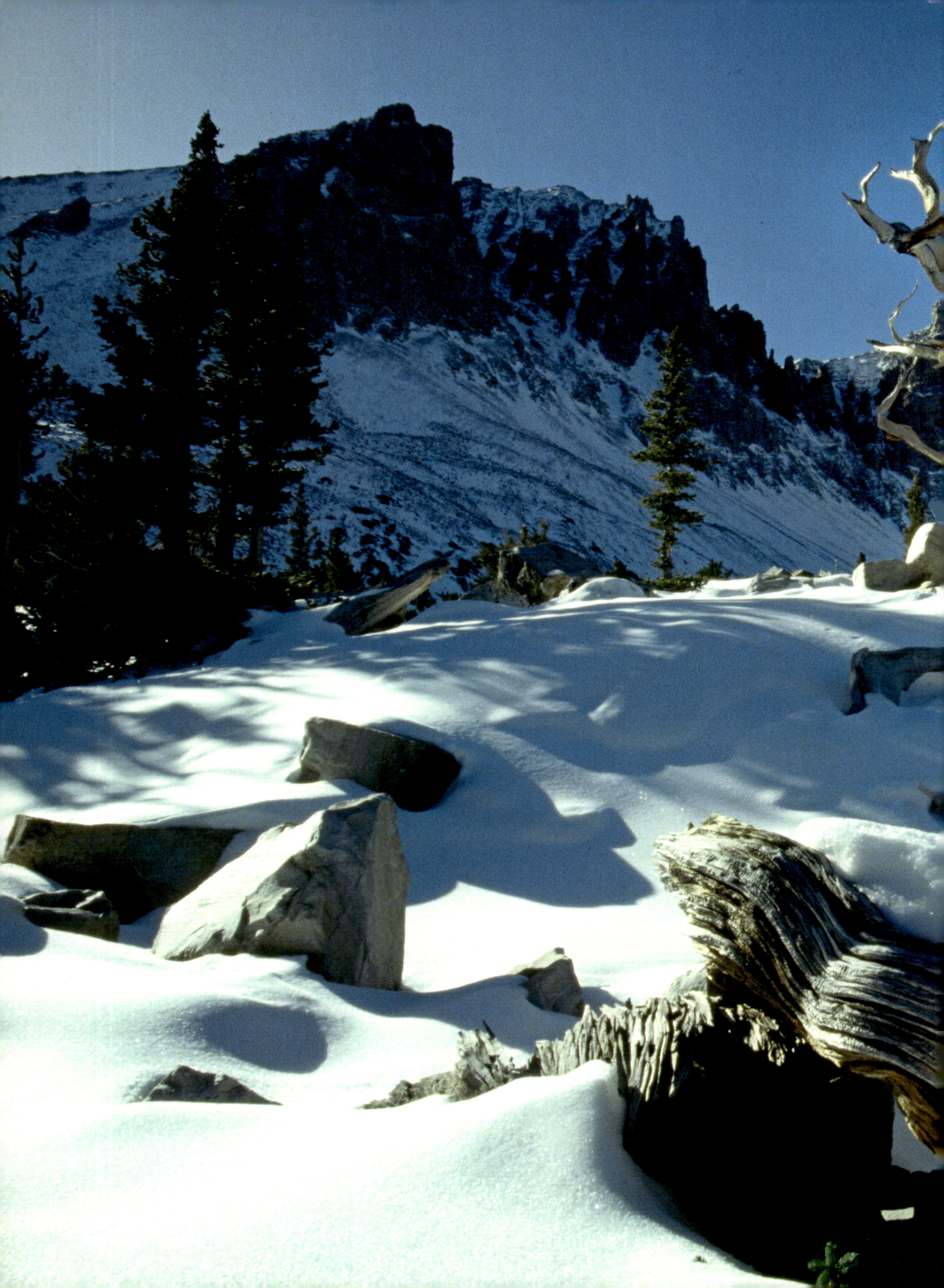

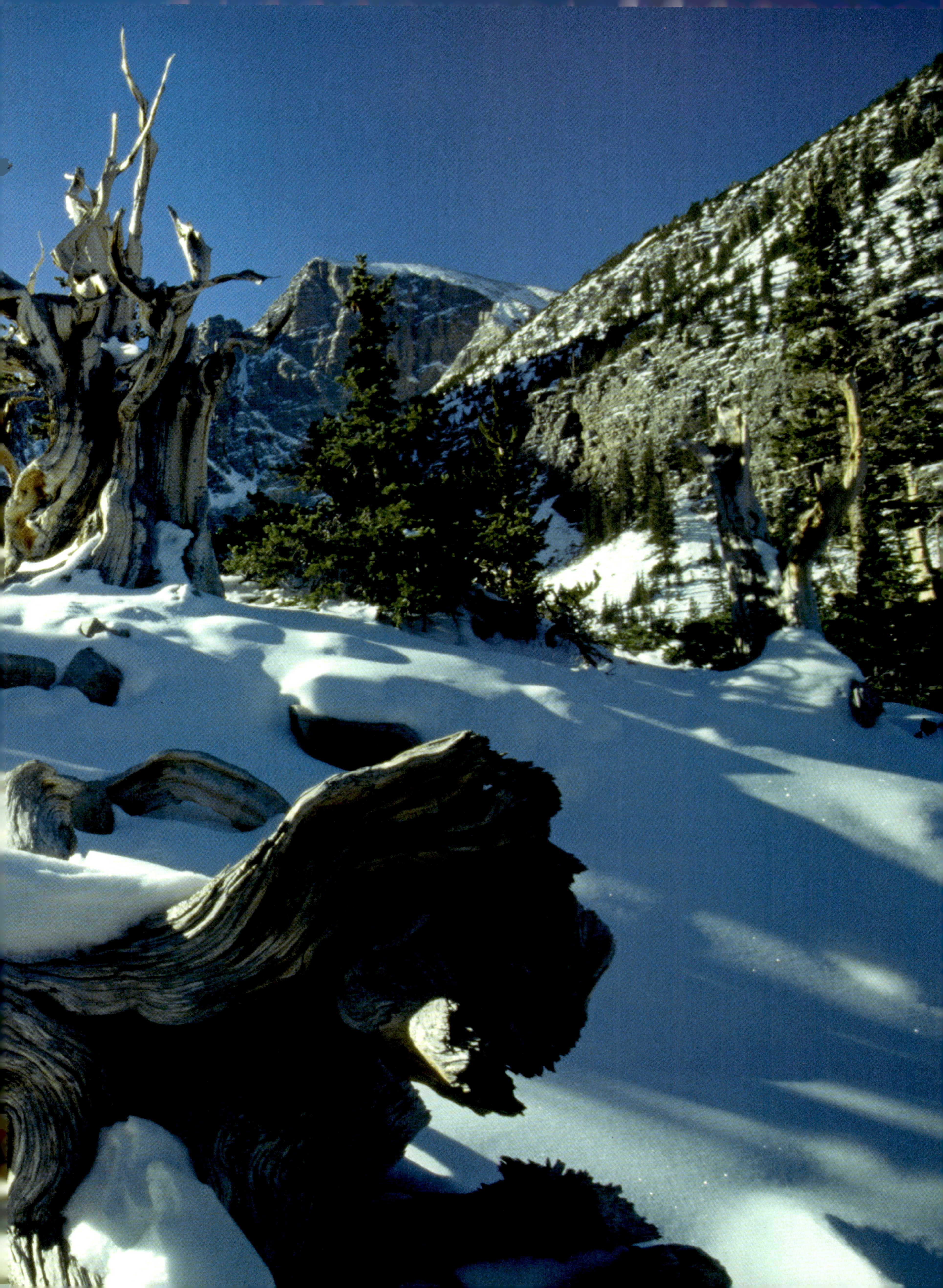

Great Basin National Park, Nevada, USA

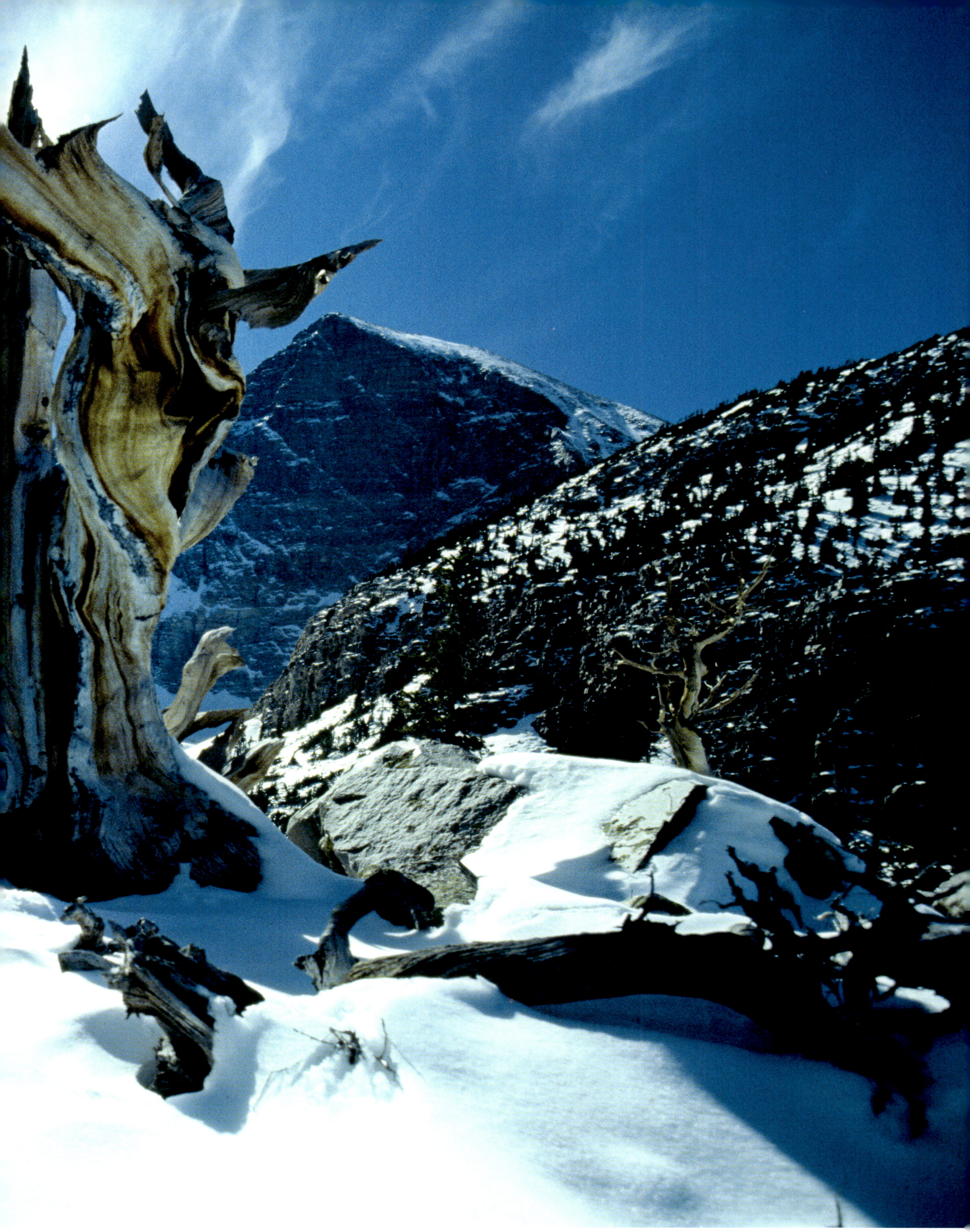

Coast Redwood

The coast redwoods in Oregon and California get their name from their wood's reddish color. This imposing species, which 140 million years ago almost covered the entire Northern Hemisphere, are at 115 meters high actually the tallest trees in the world! The mild, moist climate of the Pacific Coast contributes to the coast redwood's growth, while a bark up to 30 centimeters thick wards off both pests and forest fires. Nevertheless, the workability of its wood has put this tree on the endangered list. Because coast redwoods reproduce not only from seeds in their own cones but also from sapling sprouts, they like to form themselves into circular groups. The Indians believed them to be sacred, but so do modern Westerners entering the forests where these primeval giant trees live, often overwhelmed by the sense of awe one might otherwise feel only in a cathedral.

Küstenmammutbaum

Wegen der rötlichen Farbe ihres Holzes werden die Küstenmammutbäume in Oregon und Kalifornien auch „Redwoods" genannt. Diese eindrucksvolle Spezies, die vor etwa 140 Millionen Jahren fast die ganze nördliche Halbkugel bedeckte, stellt den höchsten Baum der Welt: 115 m! Begünstigt wird das Wachstum der Riesen durch das milde und feuchte Klima am Pazifik. Die bis zu dreißig Zentimeter dicke Borke schützt sie vor Schädlingen und auch Waldbränden. Allerdings führte die gute Verwendbarkeit ihres Holzes dazu, dass sie auf der Liste der bedrohten Pflanzen stehen. Weil sich die Küstenmammutbäume nicht nur durch die Samen ihrer Zapfen, sondern auch durch das Austreiben von Schösslingen vermehren, formieren sie sich gern zu kreisförmigen Gruppen. Die Indianer hielten sie für heilig. Aber selbst moderne Menschen werden beim Betreten der Wälder dieser urtümlichen Baumriesen von einem Gefühl der Ehrfurcht überwältigt, das man sonst vielleicht nur noch in einer Kathedrale empfindet.

Séquoia

Ces arbres immenses, natifs d'Oregon et de Californie, sont appelés *redwoods* en anglais pour la couleur rouge de leur bois. Cet arbre hors du commun, qui recouvrait il y a 140 millions d'années presque tout l'hémisphère nord, bat aussi tous les records de hauteur avec ses 115 mètres ! Le climat doux et humide du littoral pacifique favorise sa croissance. L'épaisseur de son écorce, qui atteint 30 centimètres, le protège des ravageurs et des incendies de forêt. Cependant, il figure sur la liste des espèces menacées d'extinction à cause de son bois facile à travailler. Les séquoias se reproduisent non seulement par les graines de leurs cônes, mais aussi par des rejets qui poussent au pied du parent, formant peu à peu des cercles. Pour les Indiens, c'est un arbre sacré, mais l'Occidental qui pénètre dans une forêt de ces arbres antédiluviens ne peut s'empêcher de ressentir une émotion religieuse que seule peut-être une cathédrale peut encore provoquer.

⌃ Redwood National Park, California, USA

Sequoia sempervirens
Familia Cupressaceae

Sekvoj vždyzelená

Kalifornské a oregonské sekvoje dostaly svůj anglický název *Redwood* podle červenavého zbarvení svého dřeva. Tyto impozantní stromy, které před 140 miliony let pokrývaly téměř celou severní polokouli, jsou se svými až 115 metry prakticky nejvyšší stromy na světě. Růst pobřežních sekvojí podporuje mírné a vlhké podnebí tichomořského pobřeží, zatímco jejich zdraví chrání přes 30 cm silná kůra, již nepronikou škůdci ani lesní požáry. Bylo to však snadné zpracování jejich dřeva, co tyto velikány ohrozilo. Jelikož se sekvoje množí nejen semeny ze šišek, ale i šlahouny z kořenů, vytvářejí často kruhovité skupiny. Indiáni věřili, že jsou to posvátné stromy, a podobně to cítí i současní lidé, když vstupují do lesa, kde rostou tito pradávní obři, a pociťují posvátnou úctu, kterou lze jinak cítit jenom v chrámu.

Secuoya roja

En Oregon y California las secuoyas se denominan también "Redwood trees" por el color rojizo de su madera. Esta impresionante especie, que hace unos 140 millones de años cubría casi la totalidad del hemisferio septentrional, está considerada el árbol más alto del mundo, llega a alcanzar hasta 115 m!. El clima pacífico, húmedo y templado, favorece su crecimiento. Su gruesa corteza de 30 cm la protege de plagas y también de incendios. No obstante su madera, que es de fácil transformación, la ha llevado a la lista de plantas amenazadas. La secuoya se reproduce no sólo mediante las semillas de sus conos, sino también mediante acodos, debido a lo cual las secuoyas suelen encontrarse agrupadas en círculos. Los indios la consideraban sagrada, pero los hombres occidentales, al pisar los bosques de estos primitivos gigantes, sienten también una veneración sólo comparable a la que sienten en una catedral.

Sequoia della California

A causa del loro legname tendente al rosso, in Oregon e in California le sequoie sono dette anche "Redwoods". A questa specie dall'aspetto imponente, che circa 140 milioni di anni fa ricopriva quasi tutto l'emisfero settentrionale, appartiene anche l'albero più alto del mondo: 115 metri! La sua crescita è favorita dal clima mite e umido sul Pacifico. La sua corteccia, spessa fino a 30 centimetri, protegge l'albero dai parassiti e anche dagli incendi. Tuttavia, a causa della buona lavorabilità del suo legno, appartiene ormai all'elenco delle piante in via d'estinzione. Poiché le sequoie della California non si riproducono soltanto attraverso i semi delle loro pigne, ma anche mettendo dei germogli, spesso si dispongono in gruppi circolari. Gli Indiani le consideravano sacre, ma anche i turisti, quando entrano nei boschi di questo gigante arboreo primordiale, sono spesso sopraffatti da una sensazione di reverenza, che, altrimenti, provano forse solo in una cattedrale.

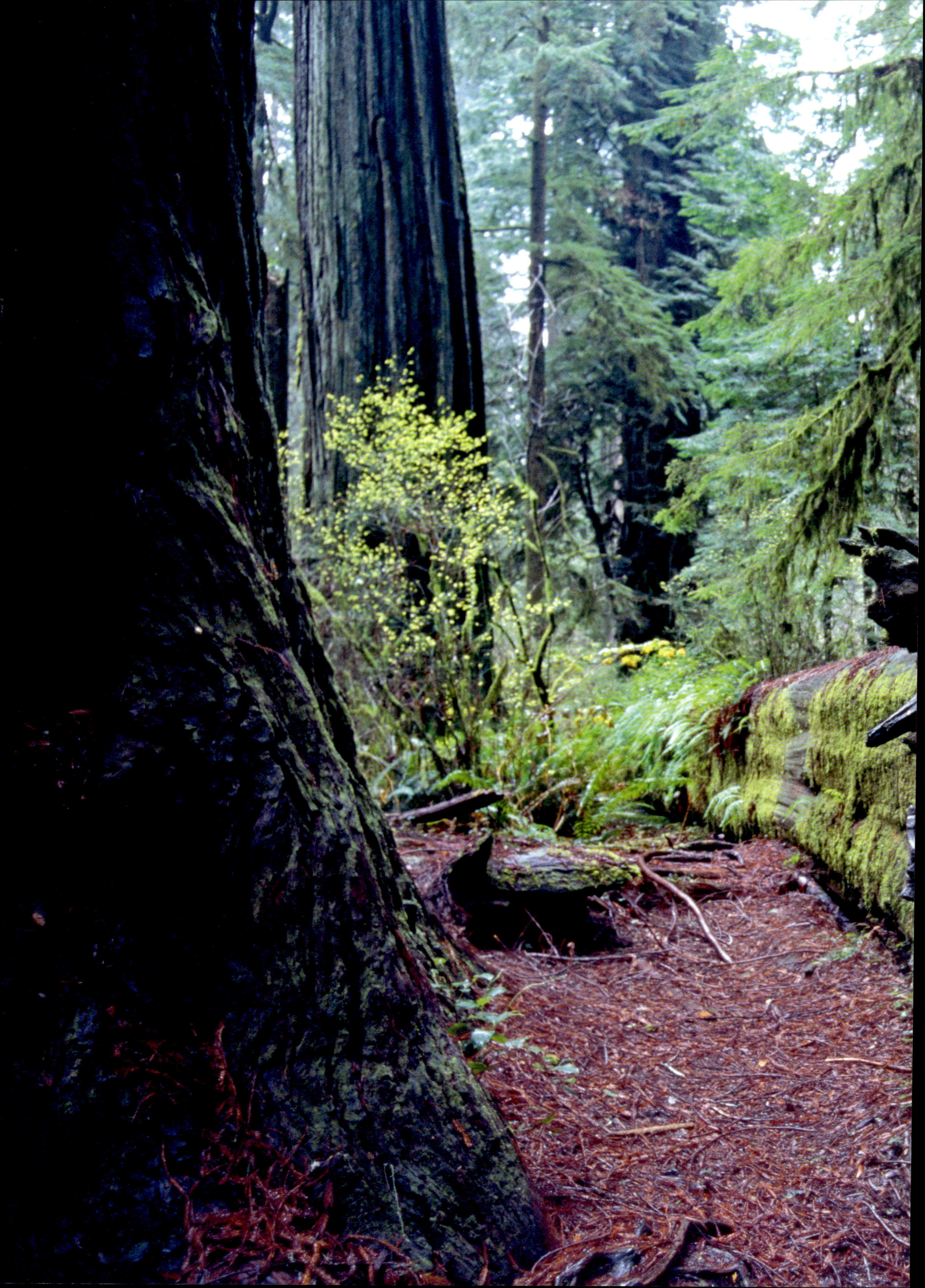

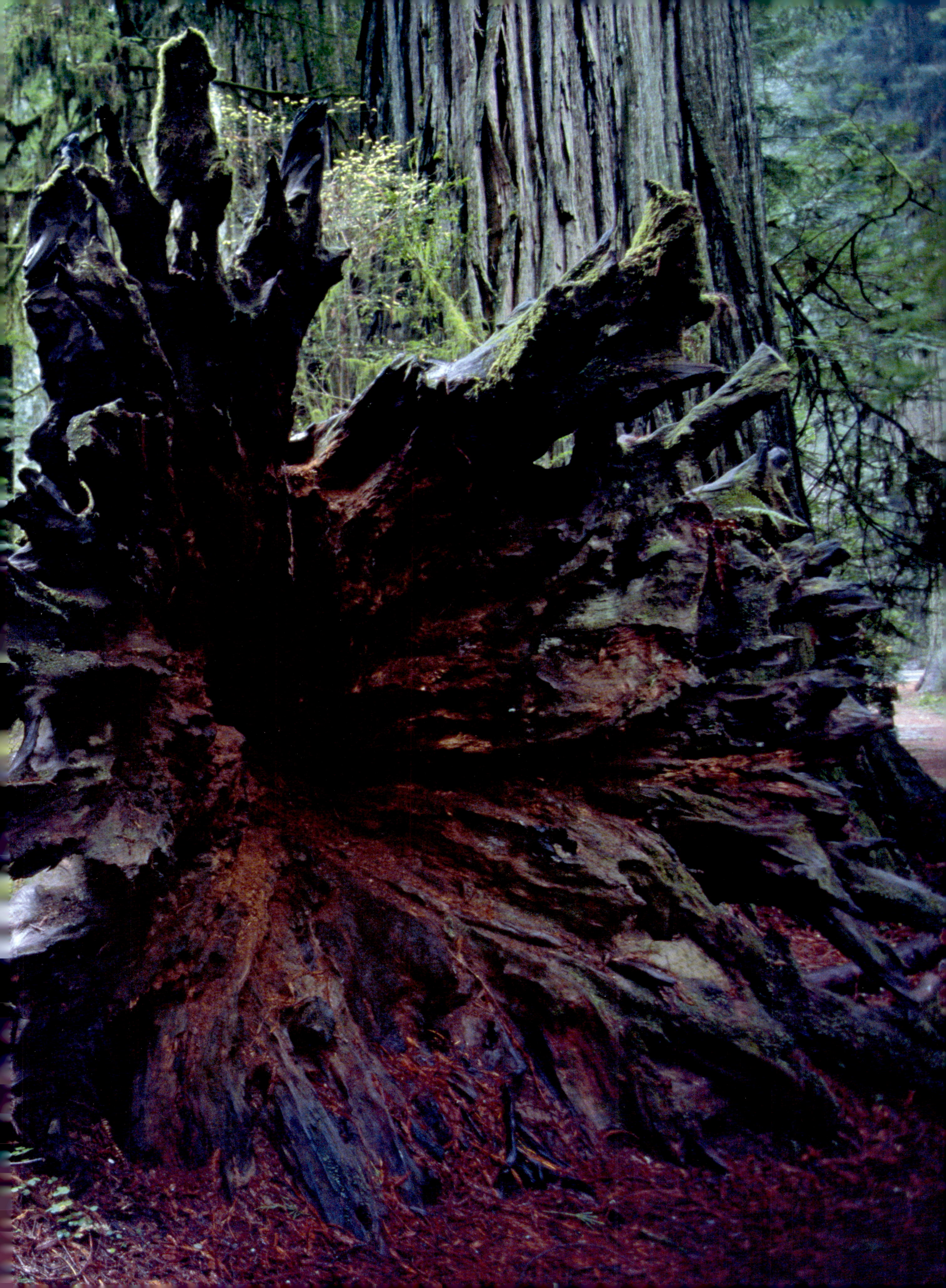

Redwood National Park, California, USA

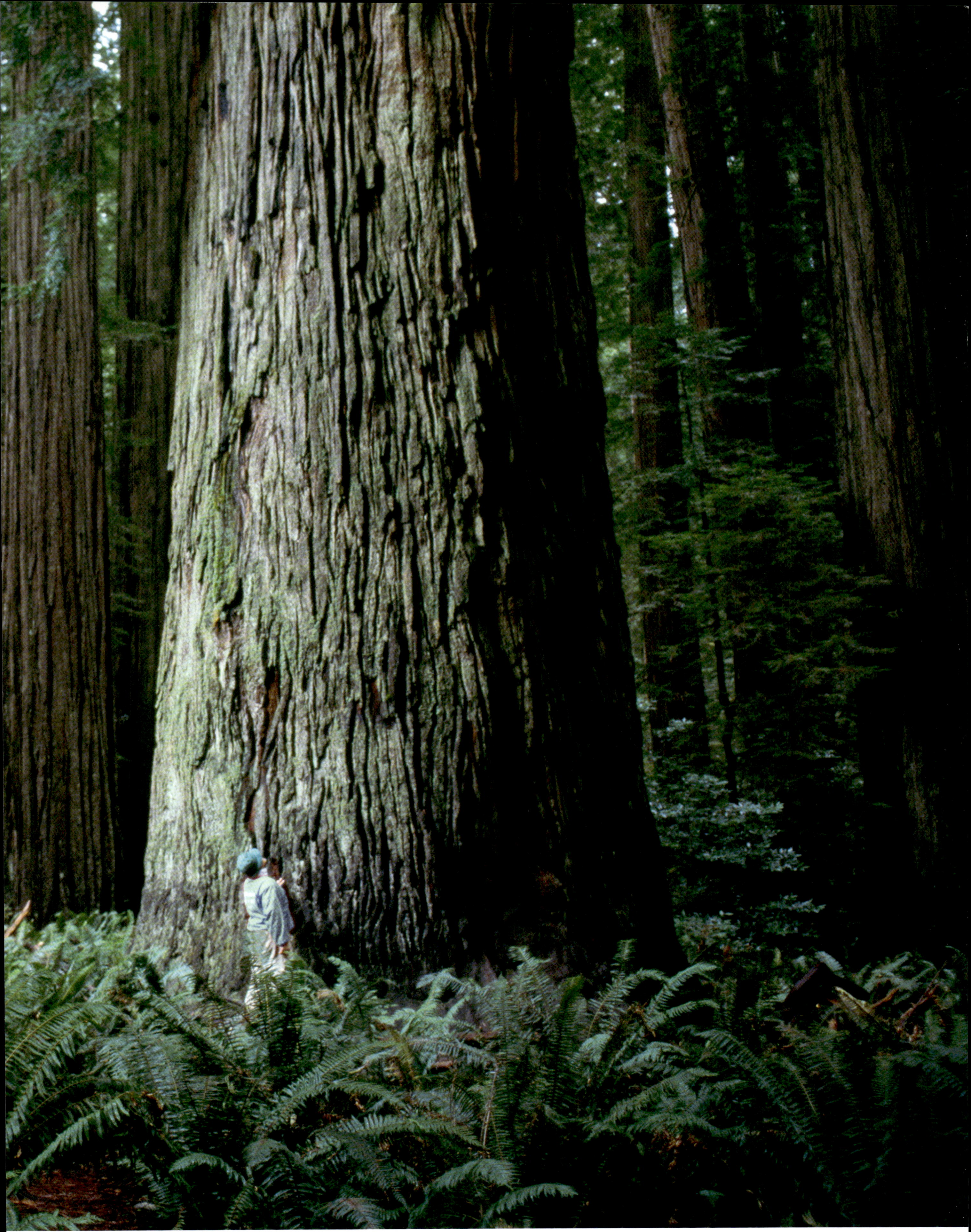

Redwood National Park, California, USA

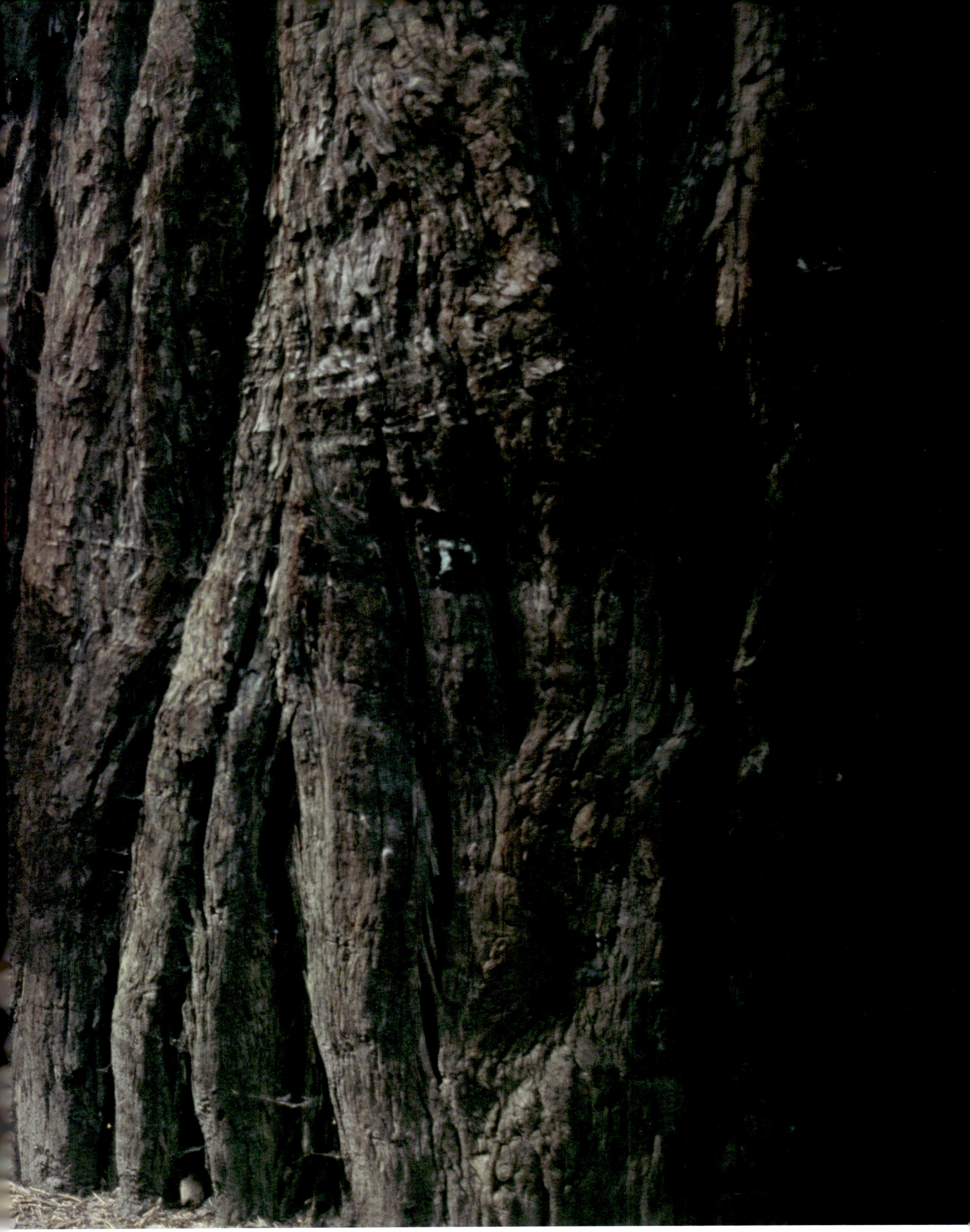

Redwood National Park, California, USA

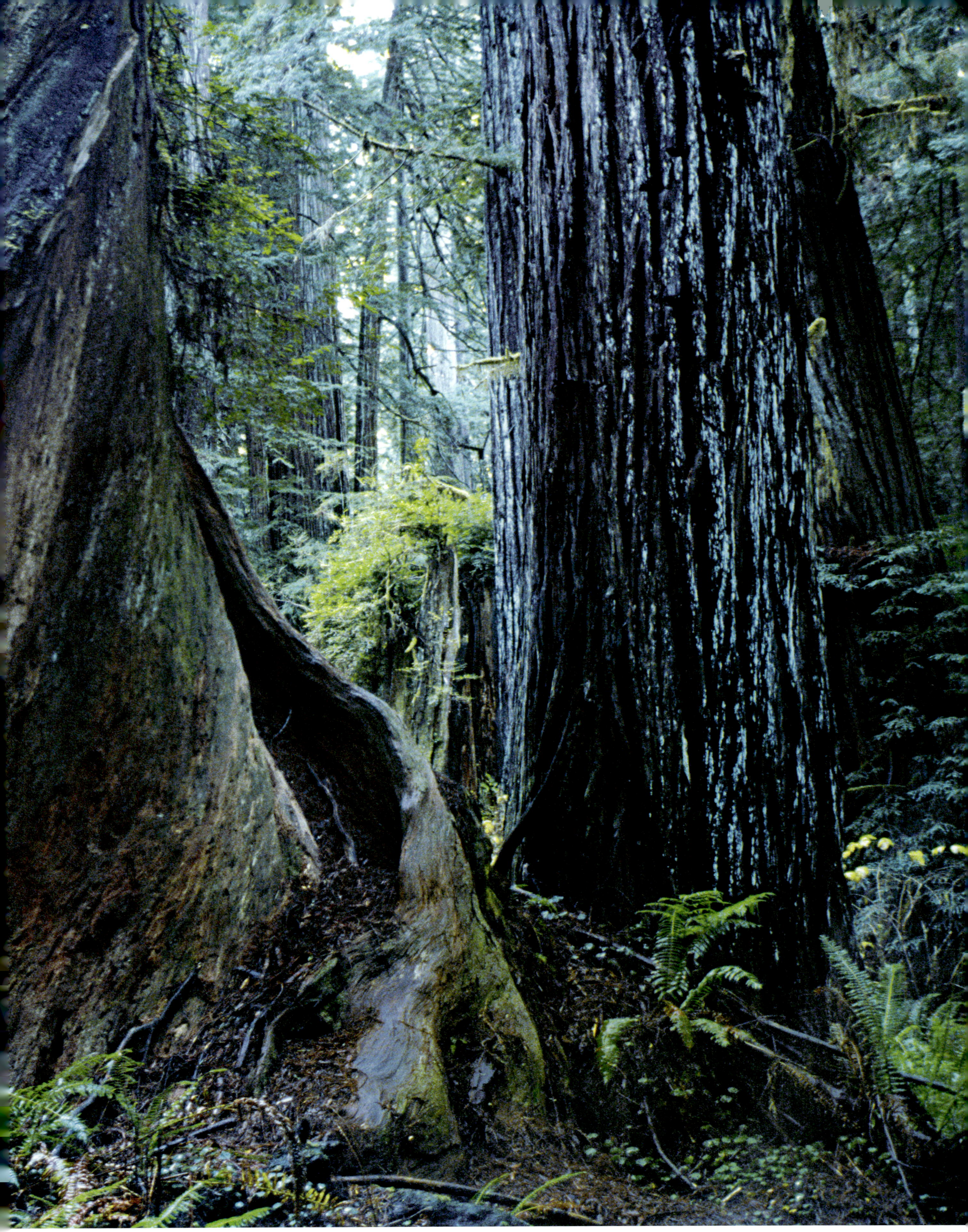

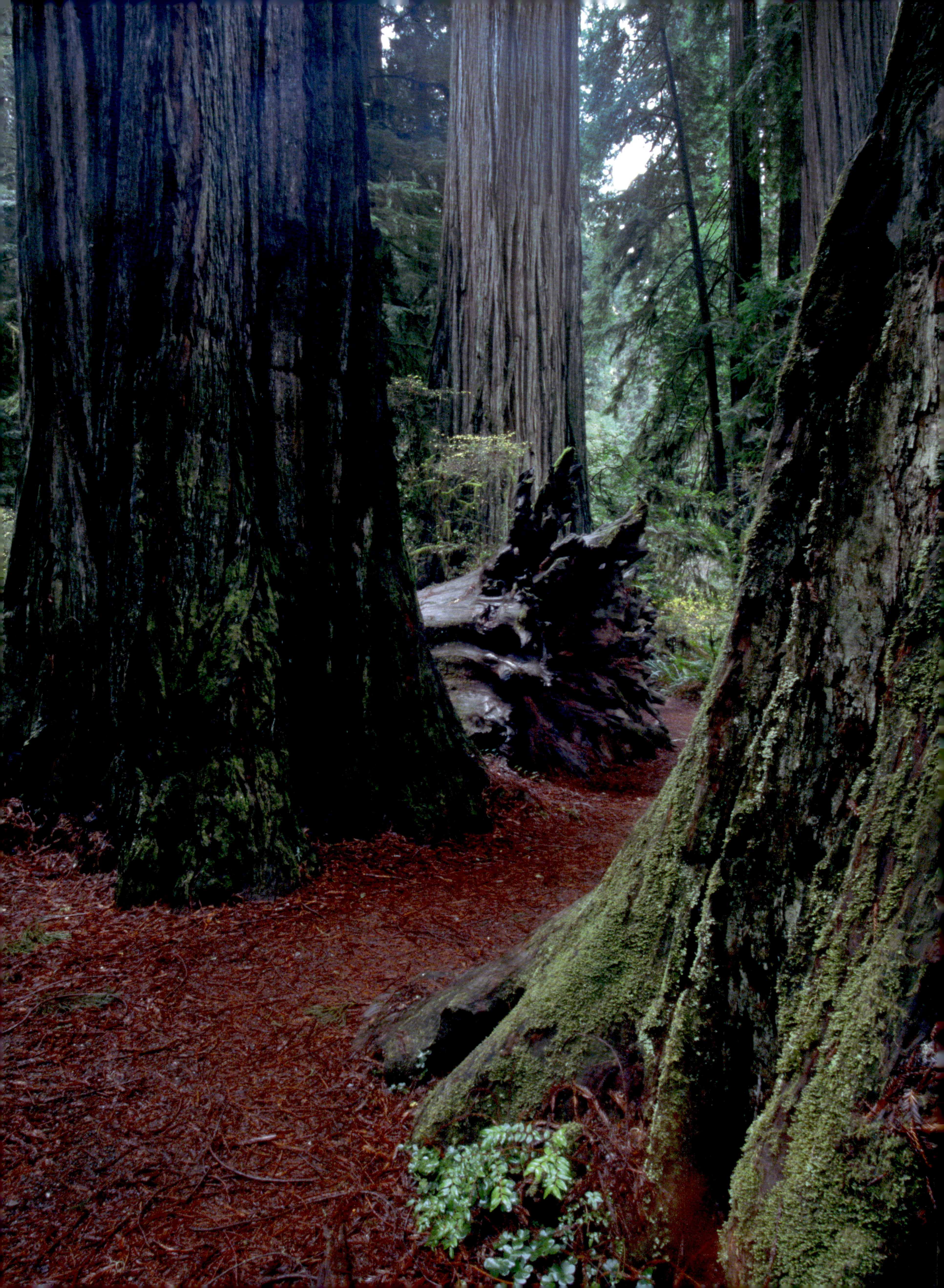

Sequoia sempervirens

Redwood National Park, California, USA

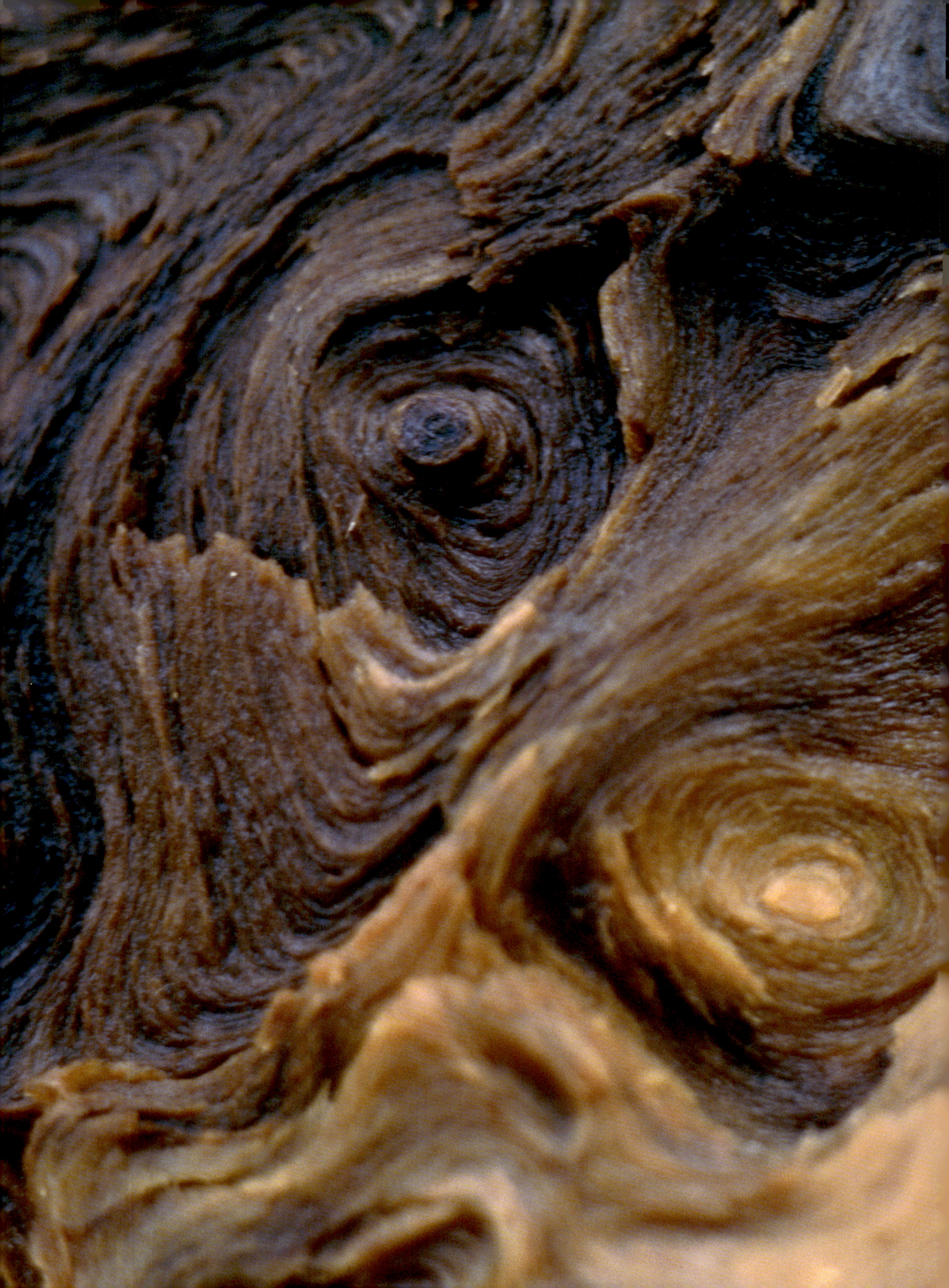

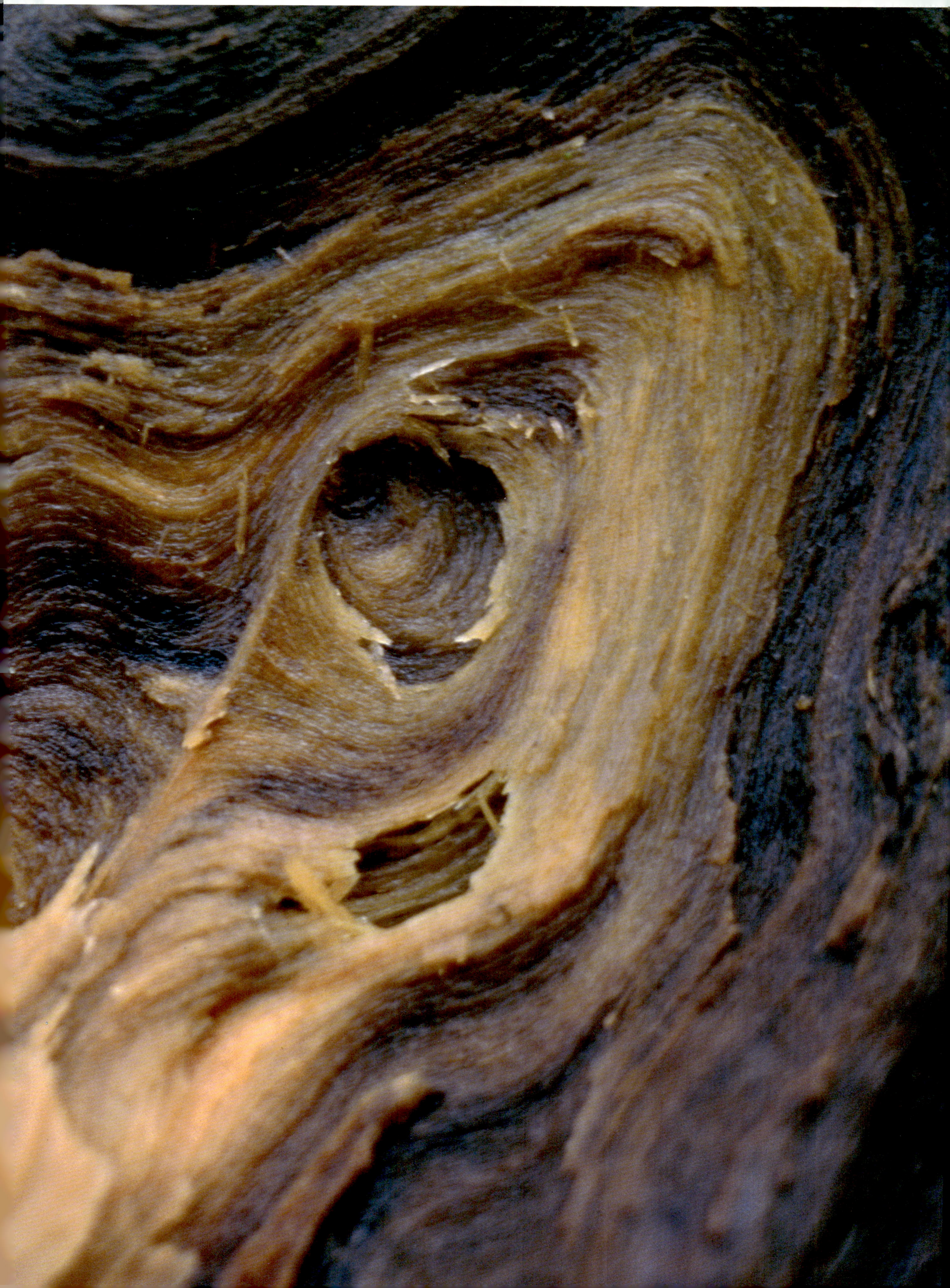

Giant Sequoia

While the trunk of the coast redwood appears rather slender despite its size, the giant sequoia, still mainly found in California's national parks, has a conical shape with a sweeping base at the bottom (the photographs particularly show the sequoias at Sequoia National Park, established in 1980). General Sherman, the mightiest giant sequoia with an estimated volume of 1,486.6 cubic meters and weight of 6,000 metric tons, is billed as the largest living thing on earth. The bark of these giants may be up to 45 centimeters thick while the root system that feeds a tree 4,000 liters of water a day can reach a radius of 90 meters. The giant sequoia flourishes at elevations between 1,200 and 2,500 meters where not even greater snow masses are able to harm them. The tree grows primarily in height over the first 500 years of its life and then afterwards more in width. No one has ever seen a giant sequoia die from natural causes.

Riesenmammutbaum

Während der Stamm des Küstenmammutbaums trotz seiner Größe eher schlank wirkt, hat der Riesenmammutbaum eine kegelartige Form, die unten an der Basis sehr ausladend ist. Anzutreffen ist dieser Baum vor allem in kalifornischen Nationalparks. Die Fotos zeigen vor allem Exemplare aus dem 1980 gegründeten „Sequoia National Park". Der gewaltigste Riesenmammutbaum, der sogenannte „General Sherman", wird mit seinem geschätzten Volumen von 1486,6 m^3 bzw. 6000 Tonnen als „größtes lebendes Wesen auf Erden" bezeichnet. Die Borke dieser Giganten kann bis zu 45 cm dick werden, während das Wurzelsystem einen Radius von 90 m erreichen kann. Es versorgt den Baum täglich mit viertausend Litern Wasser. Der Riesenmammutbaum gedeiht in Höhenlagen von 1200 bis 2500 m, wo ihm auch größere Schneemassen nichts anhaben können. In den ersten fünfhundert Jahren seines Lebens wächst er vor allem in die Höhe und danach mehr in die Breite. Man hat noch keinen Riesenmammutbaum eines natürlichen Todes sterben sehen.

Séquoia géant

Si le tronc d'un séquoia reste élancé malgré sa hauteur, celui du séquoia géant, que l'on rencontre surtout dans les parcs nationaux en Californie, est de forme conique, très évasée à la base. (Les photographies ont presque toutes été prises dans le Sequoia National Park, fondé en 1980.) Le plus formidable d'entre eux, le dénommé *General Sherman,* est considéré comme le plus gros être vivant sur la Terre, avec un volume estimé à 1 486,6 m^3 et ses quelque 6 000 tonnes. Chez ces géants, l'écorce peut atteindre 45 centimètres et les racines, qui pompent dans les 4 000 litres d'eau par jour, s'étalent sur un cercle d'un rayon de 90 mètres. Le séquoia géant se plaît entre 1 200 et 2 500 mètres et ne craint pas la couche neigeuse parfois considérable à ces altitudes. Pendant les cinq premiers siècles de sa vie, il pousse surtout en hauteur, puis se déploie en largeur. Personne n'a jamais encore vu un séquoia géant mourir de mort naturelle.

Sequoia & Kings Canyon National Park, California, USA

Sequoiadendron giganteum
Familia Cupressaceae

Sekvojovec obrovský

Zatímco kmen sekvoje vždyzelené vypadá přes svoje rozměry poměrně štíhlý, kmen sekvojovce obrovského, jenž roste převážně v kalifornských národních parcích Sequoia a Kings Canyon, má kónický tvar se širokou základnou (snímky ukazují zejména stromy v Národním parku Sequoia založeném v roce 1980). Sekvojovec obrovský nazvaný Generál Sherman je nejen největším sekvojovcem, ale je označován i za nejmohutnější živý organismus na zemi. Odhaduje se, že obsahuje kolem 1560 m³ dřeva, má hmotnost 2100 tun a kůru silnou až 50 cm. Kořenový systém tohoto obra může mít poloměr až 90 m a dodává stromu 4000 litrů vody denně. Sekvojovce žijí v nadmořské výšce mezi 1200 a 2500 metry, kde jim neuškodí ani větší množství sněhu. Během prvních 500 let života rostou zejména do výšky, poté začínají mohutnět i do šířky. Nikdo ještě nezaznamenal, že by sekvojovec zahynul z přirozených příčin.

Secuoya gigante

Mientras la secuoya roja parece, a pesar de su altura, un árbol más bien esbelto, la secuoya gigante, que todavía se encuentra principalmente en los parques nacionales californianos, adopta la forma de un cono bastante ensanchado en la base. (Las fotos muestran, sobre todo, ejemplares del "Sequoia National Park" creado en 1980.) El más robusto de estos árboles, llamado "General Sherman", posee un volumen leñoso estimado en 1 486,6 m3, es decir, 6 000 toneladas, y está calificado como "el ser vivo más grande de la Tierra". Su corteza puede llegar a tener hasta 45 cm, mientras que el sistema de raíces que a diario abastecen el árbol con 4 000 litros de agua puede alcanzar un diámetro de hasta 90 m. Prolifera en alturas de entre 1 200 y 2 500 m, donde no le afectan ni siquiera las grandes cantidades de nieve. Los primeros 500 años de vida crece sobre todo en altura para ensancharse después en la base. Todavía no hay testigos de la muerte de una secuoya por causas naturales.

Sequoia gigante

Mentre il tronco della sequoia della California appare piuttosto slanciato, nonostante le sue dimensioni, la sequoia gigante, che si trova ancora soprattutto nei parchi nazionali californiani, ha una forma conica, molto ampia alla base (le foto mostrano soprattutto alcuni esemplari del "Sequoia National Park", fondato nel 1980). La sequoia gigante più imponente, la cosiddetta "General Sherman", con il suo volume stimato in 1.486,6 m3 o 6.000 tonnellate, è definita l'"essere vivente più grande esistente sulla terra". La corteccia di questo gigante può raggiungere uno spessore di 45 centimetri, mentre l'apparato radicale, che approvvigiona l'albero con 4.000 litri d'acqua al giorno, può estendersi fino ad un raggio di 90 metri. La sequoia gigante prospera ad altitudini comprese tra i 1.200 e i 2.500 metri, dove persino grandi masse di neve non le creano problemi. Nei primi 500 anni di vita cresce soprattutto in altezza, per poi estendersi prevalentemente in larghezza. Non si è mai visto morire di morte naturale un albero di sequoia gigante.

Sequoia & Kings Canyon National Park, California, USA

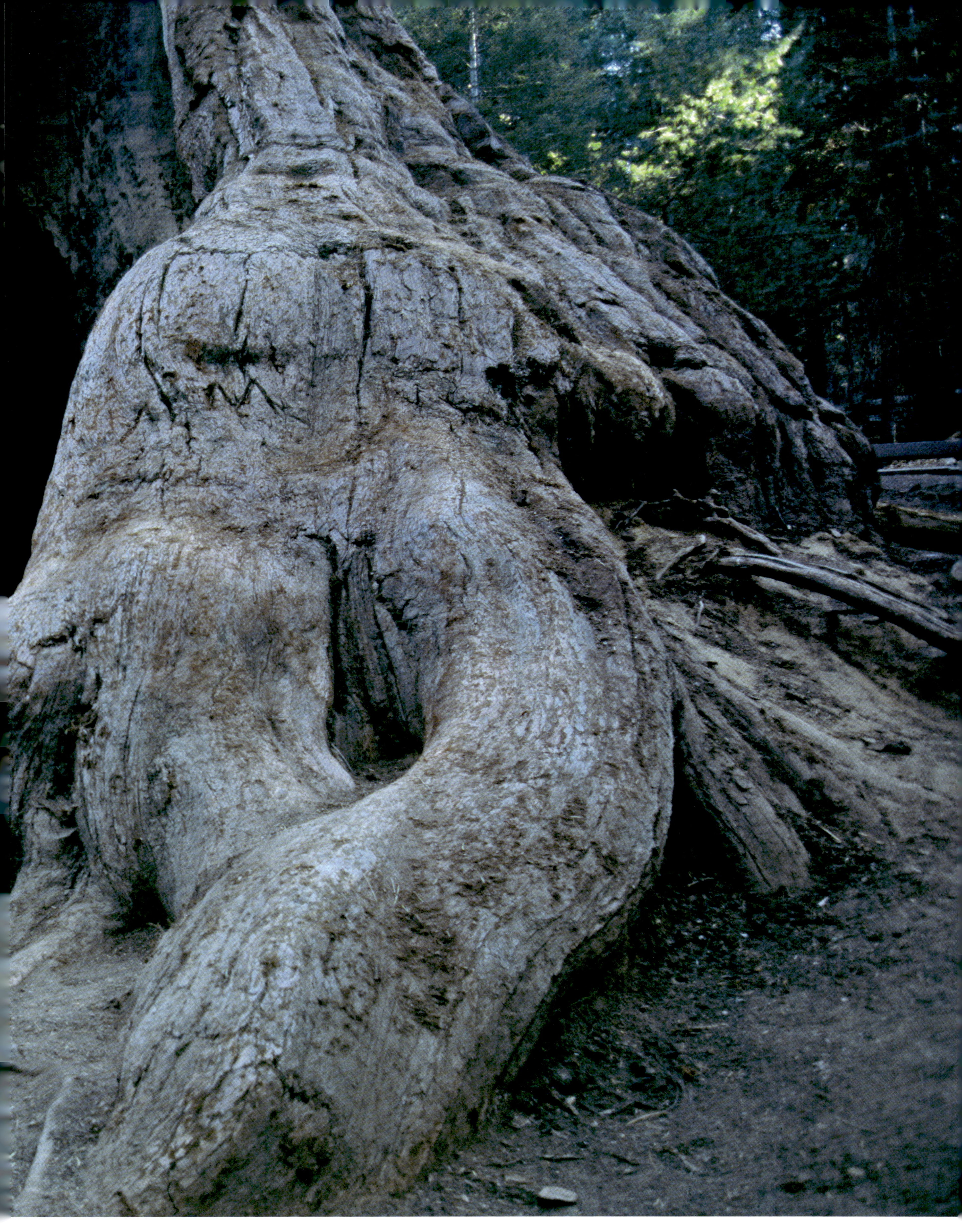

Sequoia & Kings Canyon National Park, California, USA

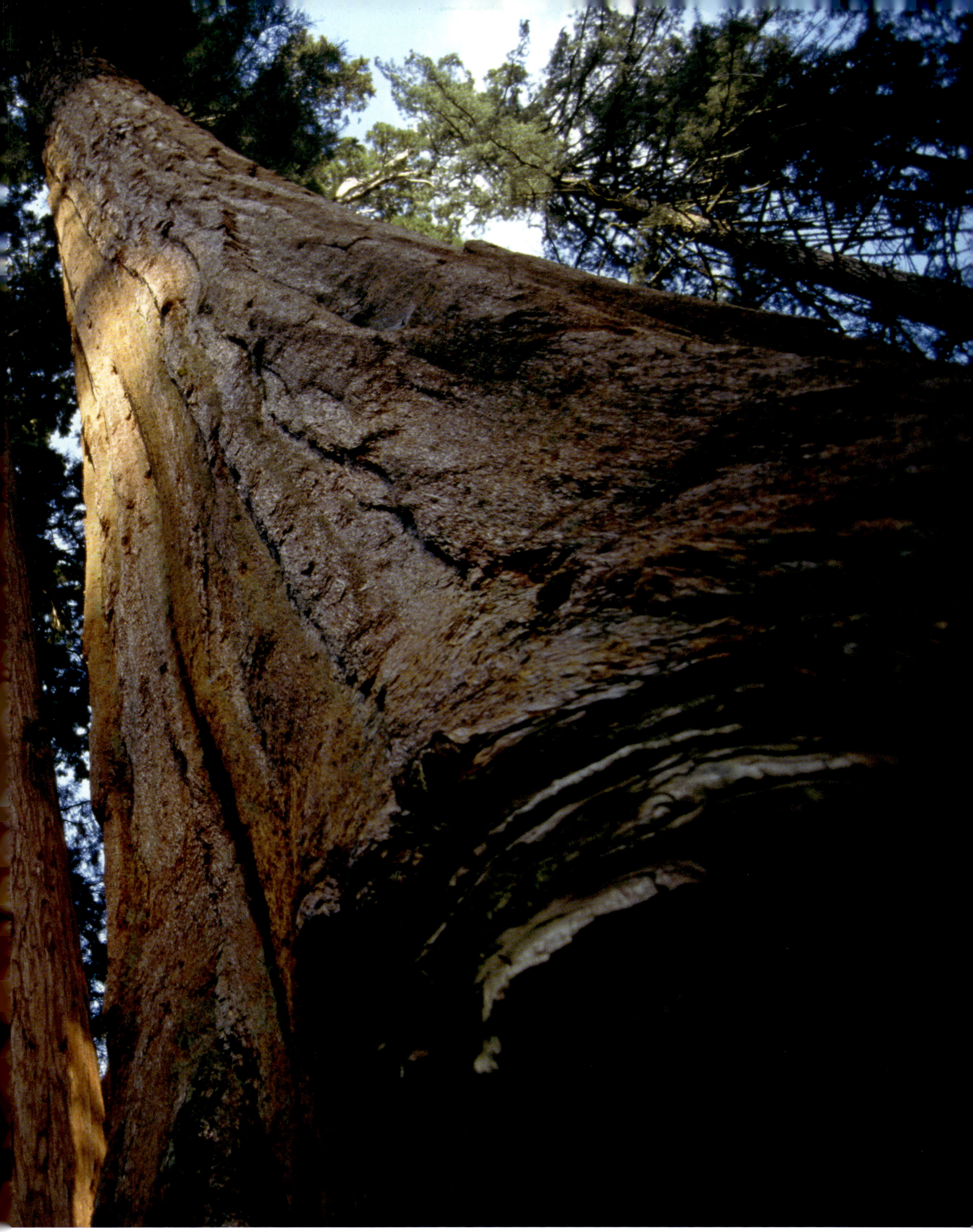

Sequoiadendron giganteum

Sequoia & Kings Canyon National Park, California, USA

Sequoiadendron giganteum

Sequoia & Kings Canyon National Park, California, USA

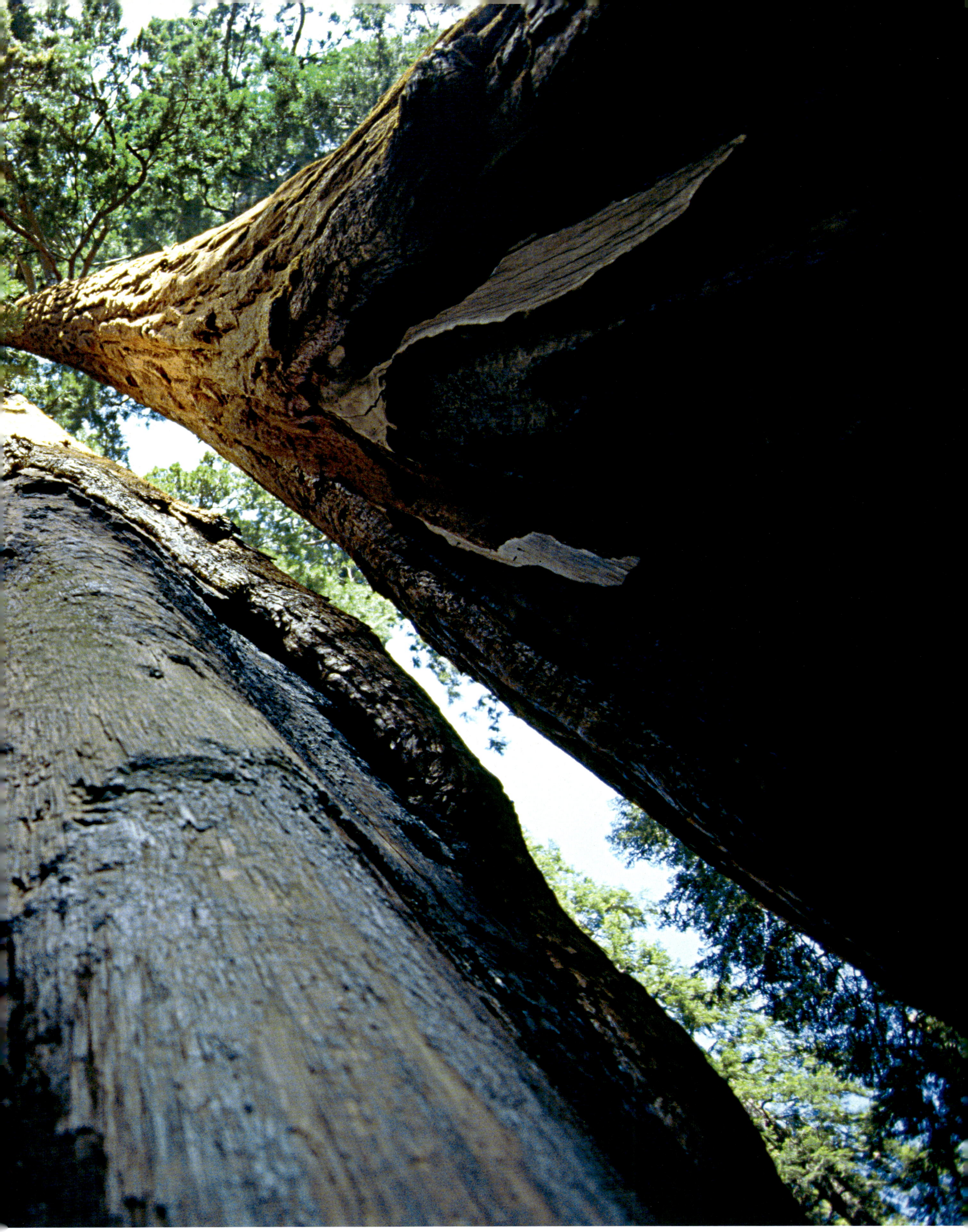

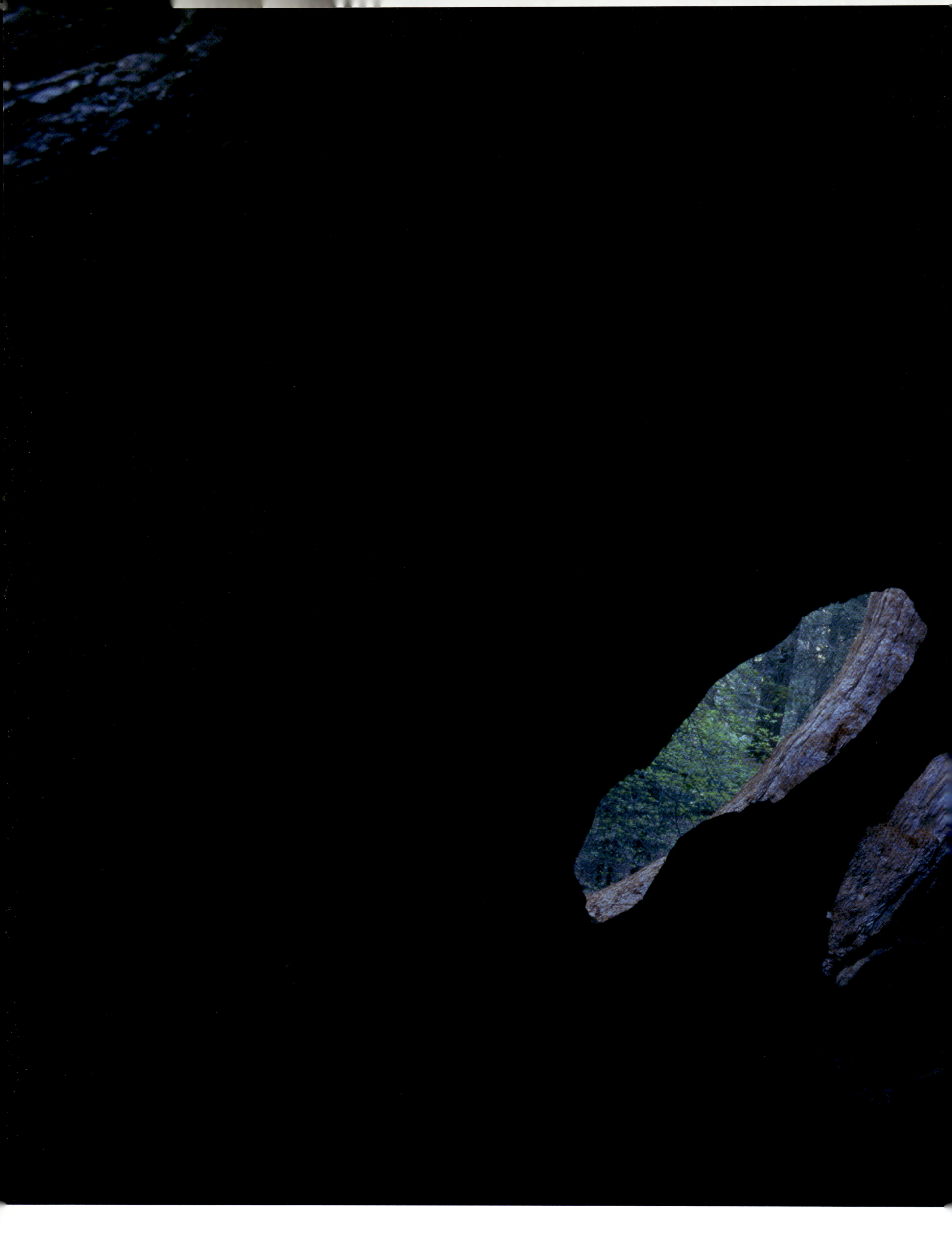

Sequoia & Kings Canyon National Park, California, USA

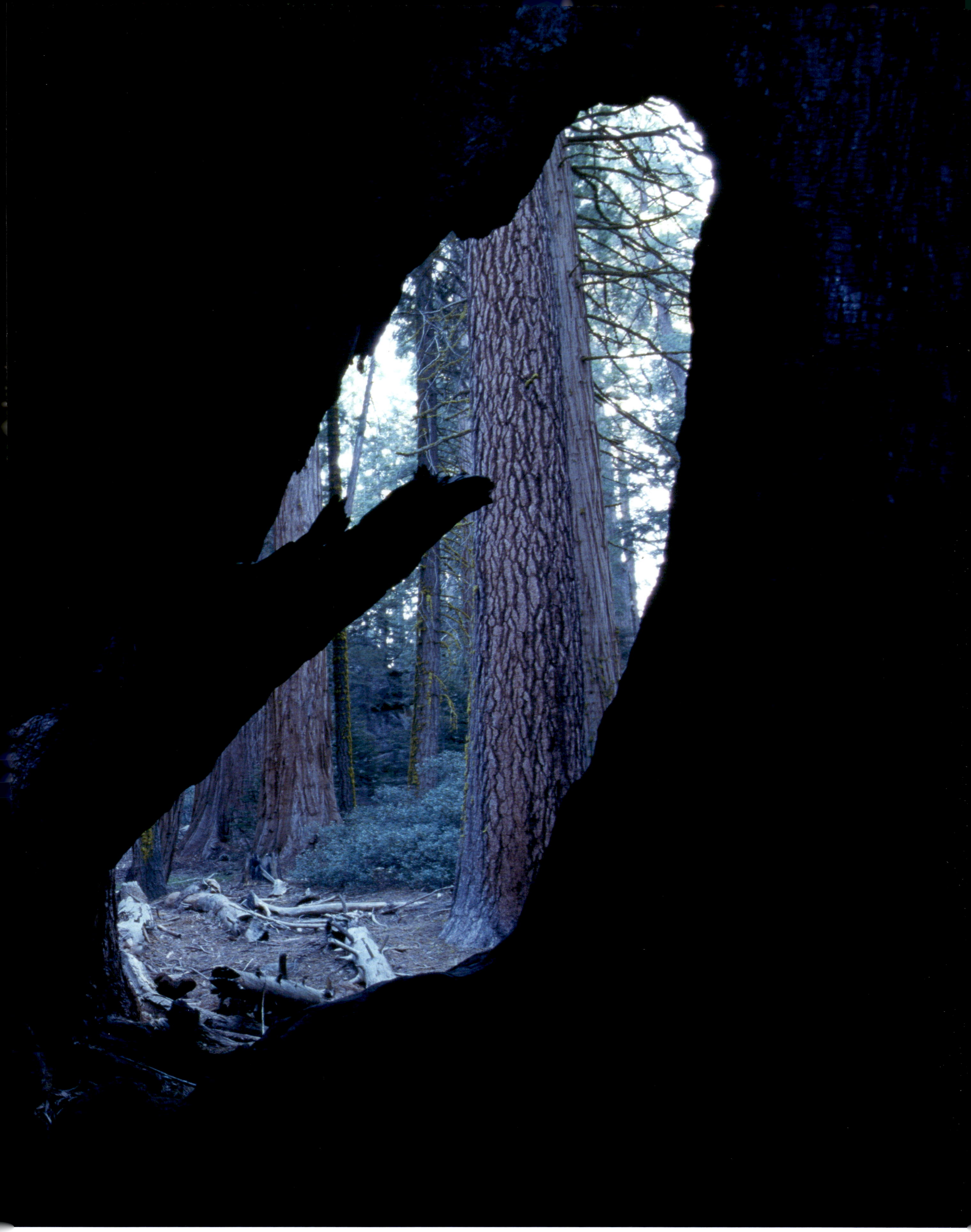

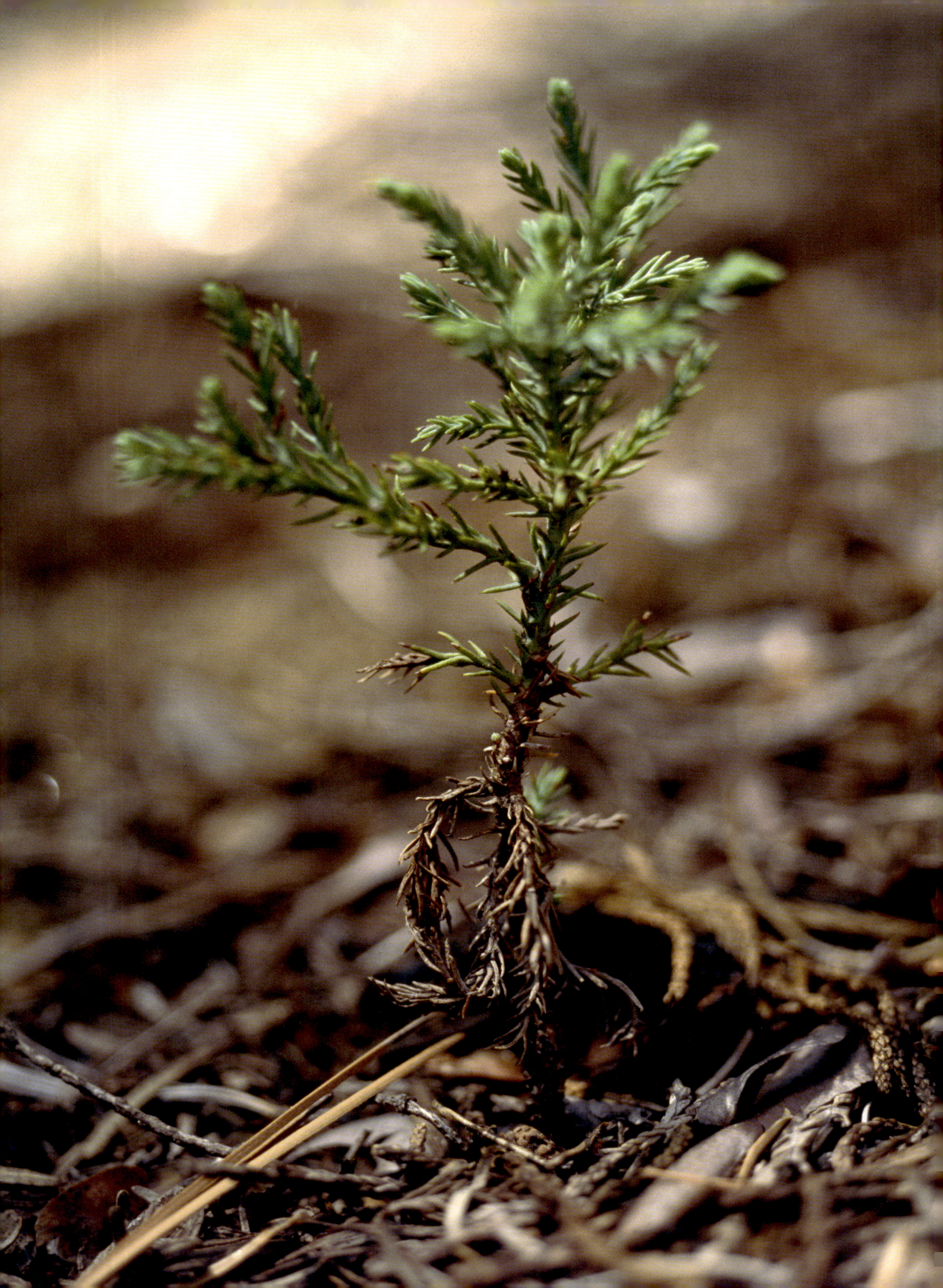

Sequoiadendron giganteum

Sequoia & Kings Canyon National Park, California, USA

Juniper

The juniper is known as a shrub as well as a tree. Its needle-like evergreen leaves are protected by toxins against diseases and enemies. All the more popular are its berries, which are used to flavor different foods, especially game, though more so in spirits such as gin and juniper schnapps. In addition, the intense odor that emanates from both the wood and the leaves are readily applied in the production of incense. To the photographer's eye, the often bizarrely shaped junipers growing on the dry slopes of some U.S. states like Oregon, Nevada and California are the most fascinating. In the sandstone regions of southern Utah, ancient Utah junipers give the impression of having grown directly out of the rocks. No wonder the American Indians, who in their sweat lodges used juniper branches for their scent, revered the tree as a symbol of long life.

Wacholder

Den Wacholder kennen wir einerseits als Strauchgewächs und andererseits als Baum. Seine nadelförmigen immergrünen Blätter sind durch Giftstoffe vor Krankheiten und Feinden geschützt. Umso beliebter sind dafür seine Beeren, die gern zum Aromatisieren von Speisen – insbesondere Wildgerichten – und von Spirituosen wie Gin oder Wacholderschnaps verwendet werden. Der intensive Geruch, der dem Holz und auch den Blättern entströmt, wird wiederum gern für Räucherwerk benutzt. Das Auge des Fotografen faszinieren vor allem die oft bizarr geformten Wacholderbäume auf den trockenen Hängen der US-Staaten Oregon, Nevada und Kalifornien. In den Sandsteingebieten des südlichen Utah erwecken sehr alte Exemplare des Utah-Wacholders den Eindruck, als würden sie direkt aus den Felsen herauswachsen. Kein Wunder, dass die Indianer den Wacholder als ein Zeichen für Langlebigkeit verehrten und die Wacholderzweige wegen ihres Geruches gern in ihren Schwitzhütten benutzten.

Genévrier

Le genévrier est aussi bien un arbuste qu'un arbre. Ses aiguilles persistantes contiennent des substances toxiques qui le protègent des maladies et de ses ennemis. Ses baies sont d'autant plus appréciées et servent à aromatiser des plats, en particulier le gibier ou la choucroute, ou des alcools comme le gin et le genièvre. L'arôme intense qui se dégage du bois et des feuilles est exploité pour fumer poissons et viandes. L'œil du photographe se laisse envoûter par ces arbres aux silhouettes souvent étranges qui poussent sur des montagnes arides dans certains états des États-Unis comme l'Oregon, le Nevada et la Californie. Dans le sud de l'Utah, de très vieux genévriers qui poussent sur des sols gréseux semblent surgir directement de la roche. Rien d'étonnant, donc, si les Indiens, qui employaient volontiers des branches de genévrier dans leurs huttes à sudation, vénéraient ce symbole de longévité.

︿ Monument Valley, Utah, USA

Juniperus
Familia Cupressaceae

Jalovec

Jalovec je druh keřovitých až stromovitých dřevin. Mají stálezelené jehlicovité listy, jež proti nemocem a nepřátelům chrání toxiny. Jejich plody, dužnaté šišky zvané jalovčinky, které připomínají bobule, se používají k ochucování pokrmů, zejména ze zvěřiny, a slouží i k přípravě alkoholických nápojů, jako je gin či borovička. Intenzivní vůně, kterou vydávají jeho jehlice a dřevo, se využívá při výrobě kadidla a v kosmetice. Oko fotografa lákají především fantastické tvary jalovců, jež rostou na vyprahlých svazích v některých amerických státech, jako je Oregon, Nevada či Kalifornie. V pískovcových oblastech státu Utah vzbuzují prastaré utažské jalovce dojem, jako by vyrůstaly přímo ze skály. Není divu, že indiáni, kteří ve svých potírnách používali větve jalovce pro jejich výraznou vůni, uctívali tento strom jako symbol dlouhověkosti.

Enebro

El enebro se conoce como arbusto y como árbol. Sus hojas, con forma de aguja, se mantienen siempre verdes y contienen unas sustancias tóxicas que las protegen de plagas y enemigos. Todavía más codiciadas son sus bayas, que se utilizan a menudo para condimentar algunos platos, ante todo carnes de caza, y también aromatizar bebidas espirituosas como la ginebra o el aguardiente de enebro. El olor intenso que desprenden tanto su madera como sus hojas es la razón de su uso frecuente para los inciensos. Para el ojo del fotógrafo son especialmente fascinantes las extravagantes formaciones de enebros que viven en las secas pendientes de algunos estados norteamericanos como Oregon, Nevada y California. En las regiones de piedra arenisca del sur de Utah algunos viejos ejemplares de enebro parecen crecer directamente de las rocas. No sorprende que los indios, a quienes les gustaba usar las ramitas de enebro en sus cabañas de sudar, adoraran este árbol como símbolo de longevidad.

Ginepro

Conosciamo il ginepro sia come cespuglio, sia come albero. Le sue foglie aghiformi sempreverdi sono protette dalle malattie e dai nemici mediante sostanze velenose. Molto amate, invece, sono le sue bacche, di cui in genere si fa uso per aromatizzare i cibi, in particolare piatti di selvaggina e gli alcolici, come il gin e l'acquavite di ginepro. Per l'affumicatura, si ama invece utilizzare il profumo intenso emanato dal legno e anche dalle foglie. All'occhio del fotografo risultano affascinanti soprattutto gli alberi di ginepro dalle forme spesso bizzarre che si trovano sui pendii aridi di alcuni stati americani, come l'Oregon, il Nevada e la California. Nelle zone arenarie dello Utah meridionale alcuni esemplari antichissimi del ginepro sembrano crescere direttamente dalle rocce. Non stupisce che gli Indiani, che amavano utilizzare i rami di ginepro nei loro capanni per i bagni di vapore, venerassero questo albero come simbolo di longevità.

Yosemite National Park, California, USA

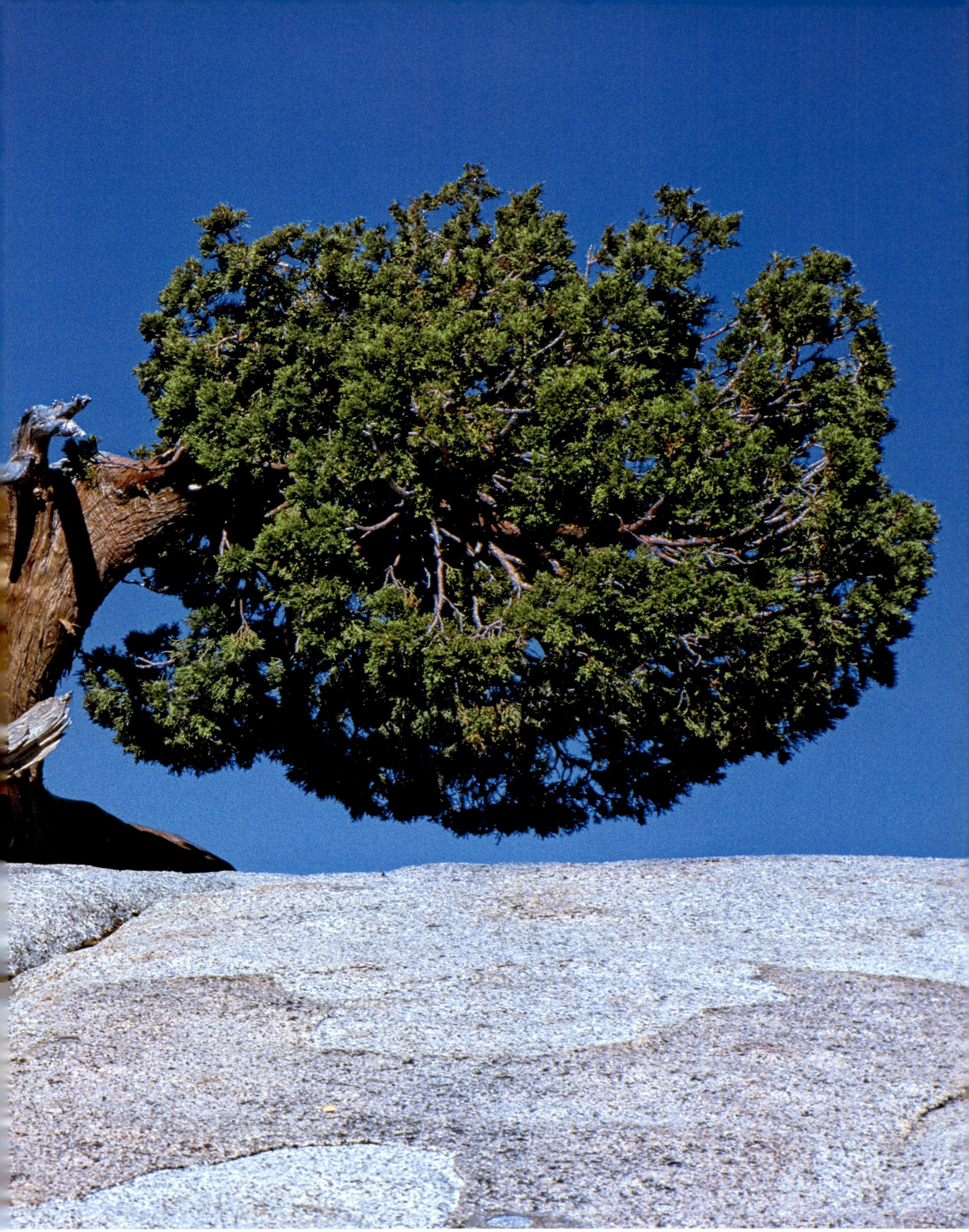

Juniperus

Yosemite National Park, California, USA

Juniperus

Monument Valley, Utah, USA

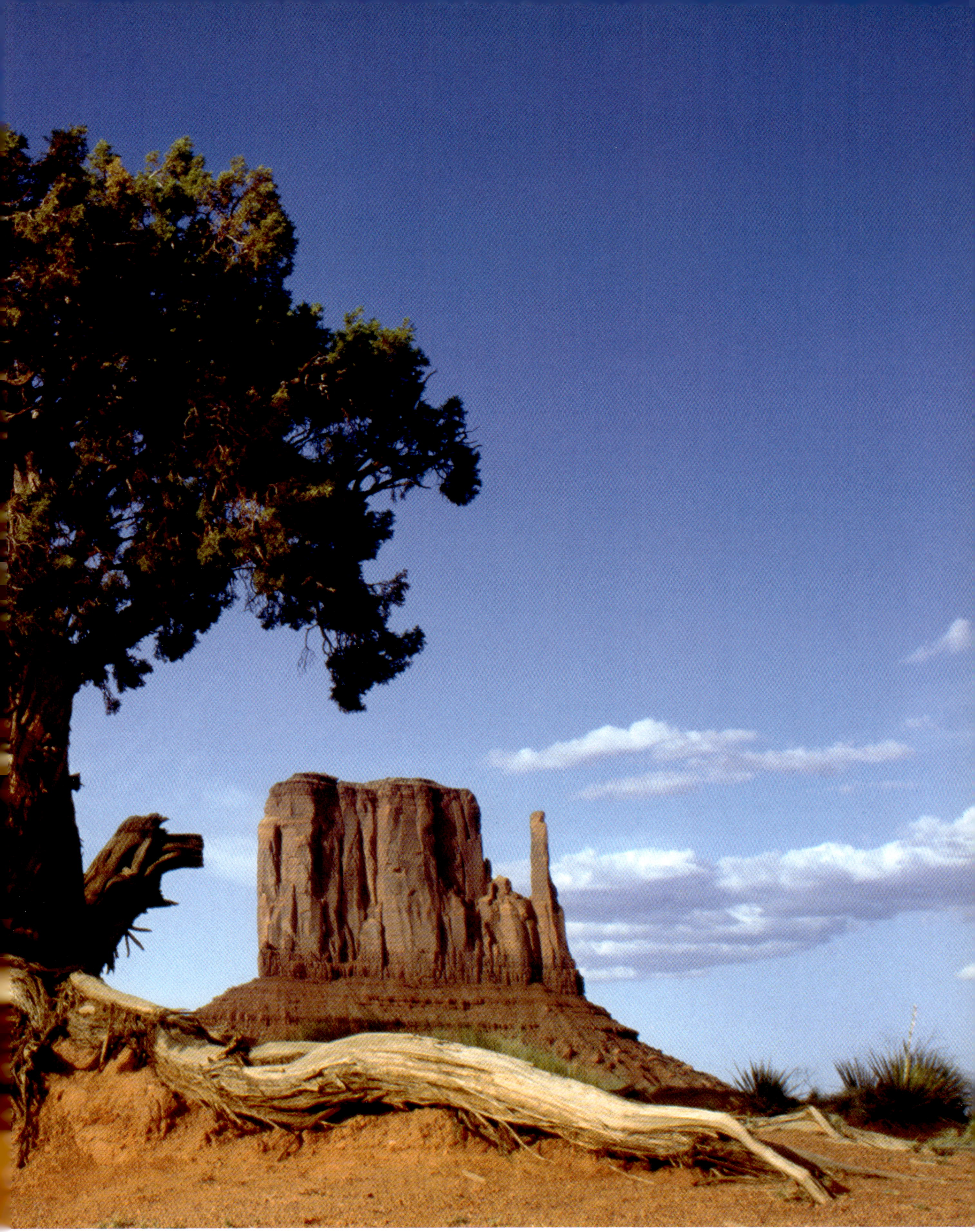

Sugar Maple

The leaf of the sugar maple tree, whose home is mainly in North America, is emblazoned on the Canadian flag as a symbol of the country. The sugar maple prefers to grow in moist valleys and on the banks of streams and rivers. Its hard wood is good for furniture and floors, while sap from its trunk forms the basis for the much-loved maple syrup, which is produced by thickening the juice. Quebec alone meets 70% of the world's demand for maple syrup. But what is produced by this tree, which can grow up to 30 meters high, is not so much in the minds of most people – and particularly for photographers – as is the grand spectacle it creates for the eyes after the first frost in autumn when the forests are lit up in a colored palette of yellow, orange and blood red, something the population living in those regions of North America celebrate as Indian Summer. According to a Native American legend, the reddish color is from the blood of a hunted bear that was absorbed by the roots of these trees.

Zuckerahorn

Das Blatt des Zuckerahorns, der vor allem in Nordamerika beheimatet ist, schmückt in symbolisierter Form die kanadische Flagge. Als Standort liebt er feuchte Täler und die Ufer von Bächen und Flüssen. Sein hartes Holz eignet sich gut für Möbel und Böden. Der Saft seines Stammes wiederum bildet die Grundlage für den beliebten Ahornsirup, der durch Eindickung hergestellt wird. Allein in Quebec werden 70% des weltweiten Bedarfs an Ahornsirup abgedeckt. Doch für viele Menschen steht nicht nur der Nutzwert des bis zu dreißig Meter hohen Baumes im Vordergrund. Vielmehr fasziniert das großartige Schauspiel, das seine Wälder jeden Herbst nach den ersten Frösten dem Auge durch ihre Verfärbung bieten: ein Farbenrausch aus Gelb, Orange und Blutrot, den die Bewohner der nordamerikanischen Regionen als „Indian Summer" feiern. Nach einer indianischen Legende rührt die rötliche Färbung vom Blut eines erlegten Bären, das von den Wurzeln der Bäume aufgesogen wurde.

Érable à sucre

Une version schématisée de la feuille de l'érable à sucre, une espèce indigène en Amérique du Nord, décore le drapeau canadien. Cet arbre prospère dans les vallées humides et sur les rives des cours d'eau. Son bois dur convient à la fabrication de meubles et de planchers et le jus extrait de son tronc est l'élément principal du sirop d'érable tant apprécié, que l'on obtient par gélification. Le Québec à lui seul couvre 70 % des besoins mondiaux en sirop d'érable. Mais nombreux sont ceux – notamment les photographes – pour qui le principal attrait de cet arbre, s'élevant jusqu'à 30 mètres, loin de l'utilitarisme, est le spectacle fabuleux des forêts d'érables après les premières gelées, cette féerie de tons jaunes, orangés et rouges nommée *Indian summer* par les habitants d'Amérique du Nord. Selon une légende indienne, cette coloration rouge serait survenue parce que les racines d'un érable auraient absorbé le sang d'un ours tué par un chasseur.

⌃ Vermont, USA

Acer saccharum
Familia Sapindaceae

Javor cukrový

List javoru cukrového, jehož domovem je převážně Severní Amerika, zdobí jako symbol státu kanadskou vlajku. Tyto stromy dávají přednost vlhkým údolím a břehům potoků a řek. Jejich tvrdé dřevo se hodí k výrobě nábytku a podlah, zatímco míza odebíraná z kmenů tvoří základ oblíbeného javorového sirupu, který se připravuje jejím zahušťováním. Jen samotná provincie Québec kryje 70 % světové spotřeby javorového sirupu. Nicméně k čemu slouží stromy vyrůstající až do 30metrové výšky, většinu lidí, a zejména fotografy, nezajímá tak jako velkolepé představení, jež se našim očím naskýtá po prvních podzimních mrazech. Tehdy se lesy rozzáří škálou žlutých, oranžových a červených barev. Místní obyvatelé nazývají toto období indiánským létem. Podle dávné indiánské legendy pochází prý rudá barva z krve zabitého medvěda, kterou vstřebaly kořeny těchto stromů.

Arce azucarero

La hoja del arce azucarero, que es originario principalmente de América del Norte, está representada en la bandera canadiense. El arce prefiere los valles húmedos y las riberas de lagos y ríos. Su dura madera es apropiada para fabricar muebles y suelos y la savia de su tronco es la base del popular jarabe de arce, que se consigue cociendo dicha savia hasta alcanzar el espesor adecuado. La región de Quebec cubre el 70 % de la demanda mundial del jarabe de arce. Pero para muchos – y para los fotógrafos en especial – lo primordial no es el uso que tiene este árbol que puede llegar a alcanzar los 30 m de altura, sino el espectáculo que ofrecen sus bosques cada otoño después de las primeras heladas: una embriaguez de colores compuesta por el amarillo, el naranja y el rojo sangre que los habitantes de las regiones norteamericanas celebran como "Indian Summer". Según una leyenda india, el color rojo se debe a la sangre de un oso muerto que fue absorbida por las raíces del árbol.

Acero da zucchero

La foglia dell'acero da zucchero, specie spontanea soprattutto nel Nordamerica, adorna in forma stilizzata la bandiera canadese. Per crescere ama le vallate umide e le rive di fiumi e torrenti. Il suo legno duro è molto adatto per la costruzione di mobili e pavimenti e la linfa del suo tronco è la base del popolare sciroppo d'acero, prodotto per concentrazione. Solo nel Quebec si copre il 70% del fabbisogno mondiale di sciroppo d'acero. Ma per molti, in particolare per i fotografi, quello che conta non è l'impiego di questo albero, che può raggiungere i 30 metri d'altezza, bensì il grandioso spettacolo che i suoi boschi offrono ogni autunno dopo le prime gelate, quando le foglie cambiano colore: un turbinio di tonalità di giallo, arancione e rosso sangue, che gli abitanti delle regioni nordamericane celebrano come "estate indiana". Secondo una leggenda indiana, le tonalità del rosso provengono dal sangue di un orso ucciso, poi assorbito dalle radici degli alberi.

Acer saccharum

Maine, USA

Acer saccharum

Ontario, Canada

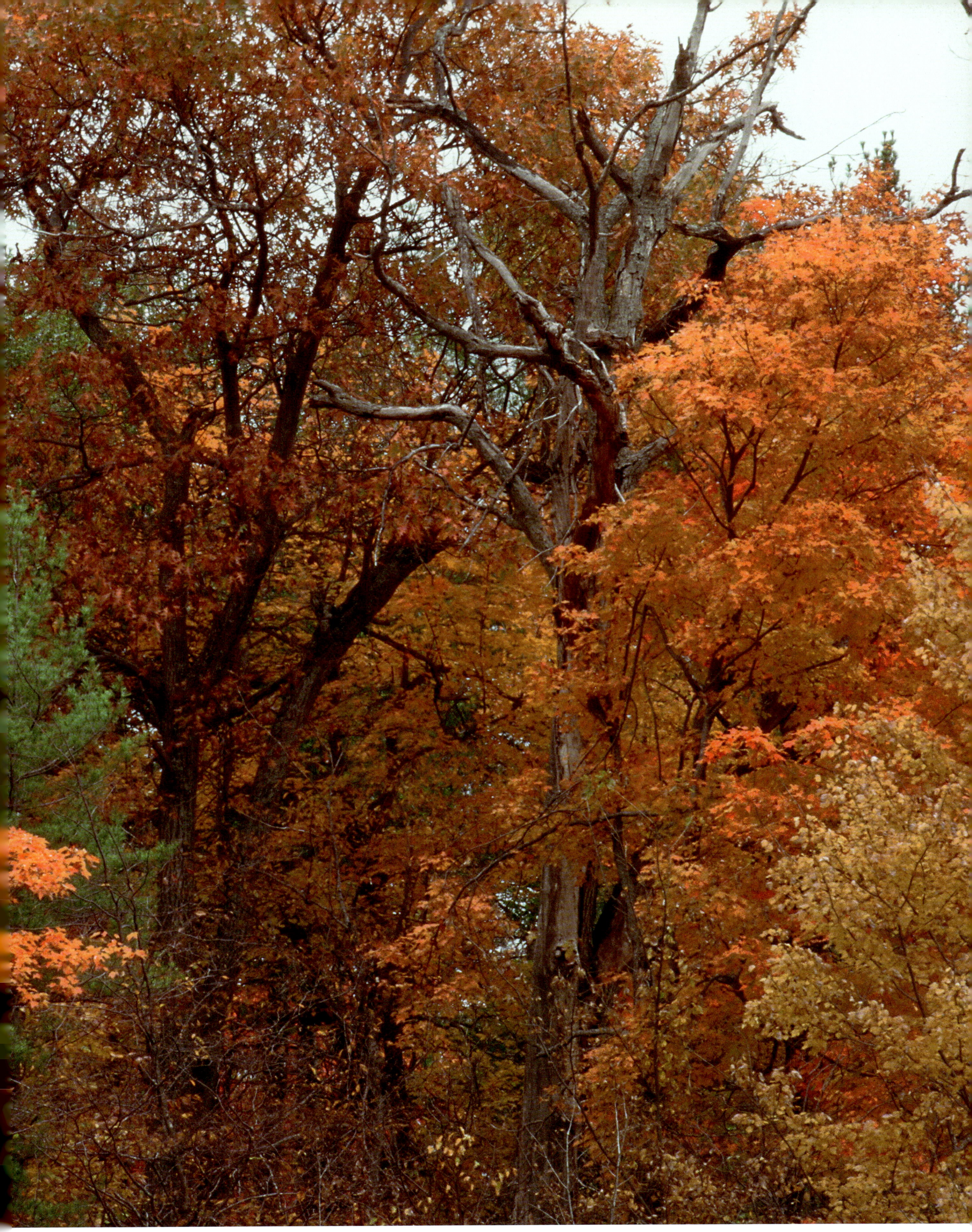

Acer saccharum

Ontario, Canada

Acer saccharum

Yucca

The genus *Yucca,* despite such popular names as yucca palm, is in the strictest sense not a palm tree at all. This tree favors the dry lands of America and has been furnished by nature with a specialized moth to fertilize it exclusively. The tallest species – up to 15 meters high – is the *Yucca brevifolia* or "Joshua tree" found in the deserts of North America. Its branches stretch strongly toward the sky to resemble the outstretched arms of Old Testament prophets. The species *yucca elephantibes* indigenous to Mexico, as the name suggests, has a stouter girth toward the base, giving the tree greater vertical stability. As almost every part of this tree is useful – oil is recovered from its seeds and a curative tea is prepared from its roots, it is also praised by the people who live there as "the tree of life". As early as over 2,000 years ago, the American Indians wove fibers from the yucca into laces, cords and fabrics.

Yucca

Die Gattung Yucca, die trotz volkstümlicher Bezeichnungen wie „Yuccapalme" keine Palmenart ist, bevorzugt die trockenen Gebiete Amerikas. Die Natur hat es so eingerichtet, dass sie nur von einer auf sie spezialisierten Motte befruchtet wird. Am höchsten wird die Yucca brevifolia oder auch „Joshua Tree" genannte Art in den Wüsten Nordamerikas. Sie erreicht eine Höhe von bis zu 15 m und verzweigt sich nach oben hin stark. Dadurch erinnert sie an die ausgebreiteten Arme des alttestamentlichen Propheten. Der Stamm der in Mexiko beheimateten Yucca elephantibes wird hingegen nach unten hin breiter, wodurch er eine größere Standfestigkeit bekommt. Da fast alle Teile dieser Pflanze nützlich sind, wird sie von den dort wohnenden Menschen auch als „Baum des Lebens" gerühmt. So wird zum Beispiel aus den Samen Öl gewonnen und aus den Wurzeln ein heilkräftiger Tee bereitet. Schon vor zweitausend Jahren verarbeiteten Indianer die Fasern der Yucca zu Schnüren und Stoffen.

Yucca

En dépit des apparences, les yuccas, habitués des zones arides du continent américain, n'ont rien à voir avec les palmiers. La nature a voulu qu'ils ne puissent être fécondés que par une espèce bien précise de papillon de nuit. Le plus haut – jusqu'à 15 mètres –, *Yucca brevifolia* ou *Joshua Tree* en anglais, pousse dans les déserts nord-américains et ses puissantes ramifications font penser aux bras tendus de Josué, le prophète de l'Ancien Testament. Chez une espèce mexicaine, *Yucca elephantipes,* le tronc s'élargit à la base comme son nom l'indique, ce qui renforce sa stabilité. Presque toutes les parties de ce végétal étant utiles – les graines donnent de l'huile et les racines une infusion curative –, les habitants l'appellent « arbre de vie ». Il y a 2 000 ans déjà, les tisserands indiens fabriquaient des tissus et des ficelles avec les fibres de yucca.

Yucca
Familia Agavaceae

Juka

Příslušníci rodu juka rozhodně nepatří mezi palmy, ačkoli je vzdáleně připomínají. Tyto vytrvalé rostliny upřednostňující suché oblasti Ameriky mají zvláštní opylování. Opylují je totiž pouze motýli z čeledi skvrnovníčkovití. Nejvyšším druhem (dorůstajícím až do výšky 15 m) je juka krátkolistá zvaná též Jozuův strom, která se vyskytuje téměř výlučně v Mohavské poušti v USA. Jméno jí dali první mormonští kolonisté, jimž její větve připomínaly k nebesům vztažené ruce starozákonního židovského proroka Jozua. Druh *yucca gigantea*, též *yucca elephantipes*, jenž je doma ve Střední Americe, má, jak jeho jméno napovídá, ve spodní části mnohem silnější kmen, což stromu dodává větší stabilitu. Jelikož lidé využívají téměř všechny jeho části – ze semen se lisuje olej a z kořenů se připravuje léčivý čaj – nazývají ho tamější obyvatelé stromem života. Již před 2000 lety spřádali indiáni vlákna juky, z nichž tkali oděvy a splétali šňůry a provazy.

Yuca

El género "yucca", que a pesar del nombre común "palma de yuca" no pertenece en sentido estricto a la familia de las palmas, prefiere las zonas secas de América. La naturaleza ha dispuesto que para su polinización necesite de una polilla específica y exclusiva para ella. La yuca más alta – que llega a medir hasta 15 m – es la "Yucca brevifolia", llamada también "Árbol de Josué". Vive en los desiertos norteamericanos y sus ramas se alzan hacia el cielo recordando los brazos abiertos del profeta del Antiguo Testamento. La especie "Yucca elephantibes", originaria de México, debe su nombre al grosor de su base, que le proporciona gran estabilidad. Dado que casi todas las partes de esta planta resultan útiles – por ejemplo de las semillas se extrae aceite y con las raíces se prepara una infusión medicinal – es conocida también como "árbol de la vida". Ya hace 2 000 años los indígenas transformaban las fibras de yuca en cordones y tejidos.

Yucca

Il genere "Yucca", che nonostante denominazioni popolari come "palma yucca" non è in senso stretto una specie di palma, predilige le zone aride dell'America settentrionale. La natura ha fatto in modo che la yucca venisse fecondata soltanto da una falena specifica. L'altezza maggiore, fino a 15 metri, è raggiunta dalla *Yucca brevifolia,* detta anche "Joshua Tree", nei deserti del Nordamerica, una specie con forti ramificazioni verso l'alto, che ricorda perciò le braccia aperte del profeta Giosuè nell'Antico Testamento. Il tronco della *Yucca elephantibes,* specie spontanea in Messico, come si deduce dal nome, si allarga verso il basso, ottenendo così una maggiore stabilità. Dato che quasi tutte le parti di questa pianta sono utili all'uomo (dai semi, ad esempio, si ottiene un olio e dalle radici si prepara una tisana con proprietà curative), è celebrata dalle popolazioni autoctone come "albero della vita". Già 2.000 anni fa gli indigeni lavoravano le fibre della yucca, ricavandone spago e stoffe.

Chihuahua, México

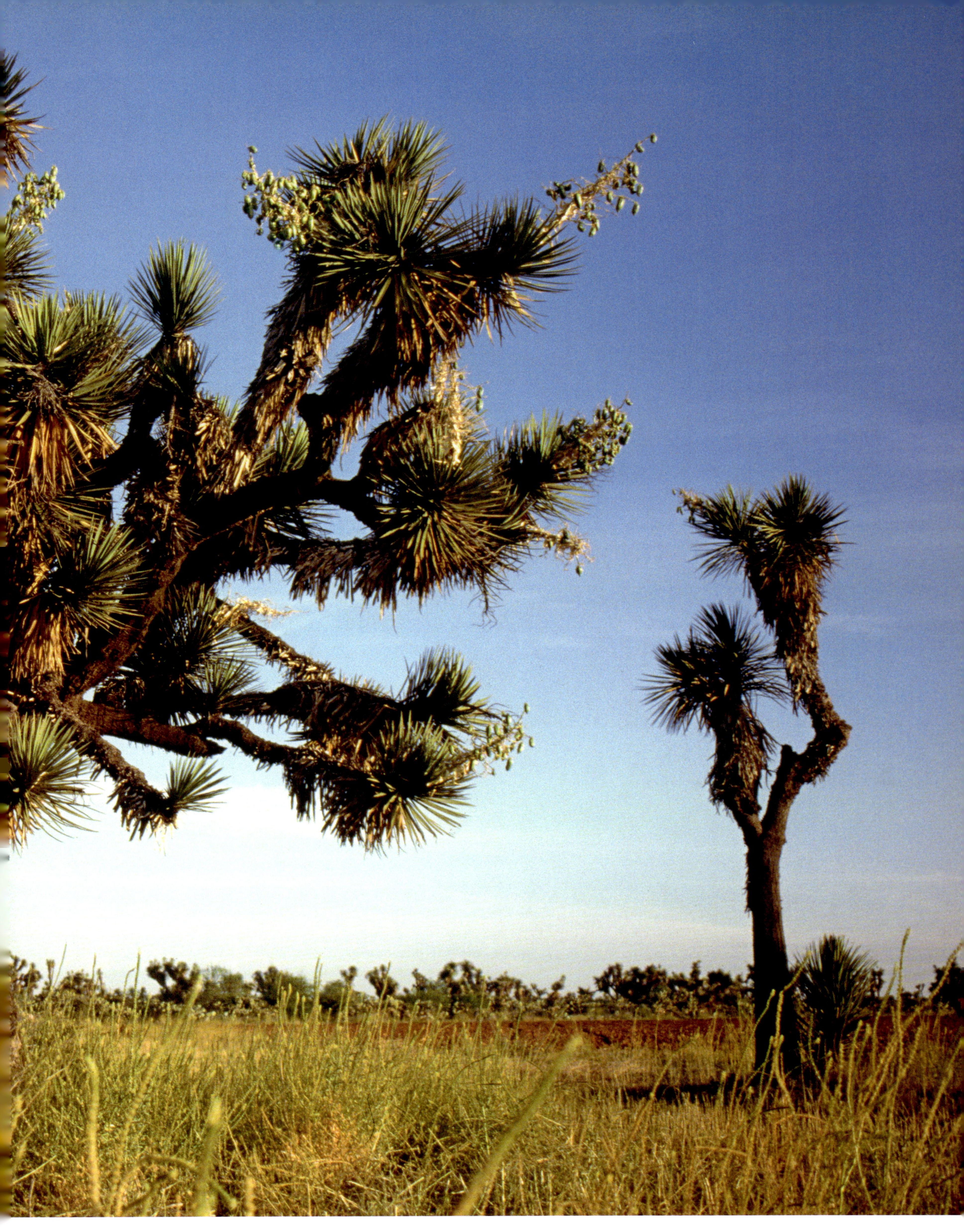

Yucca

California, USA

Yucca

Chihuahua, México

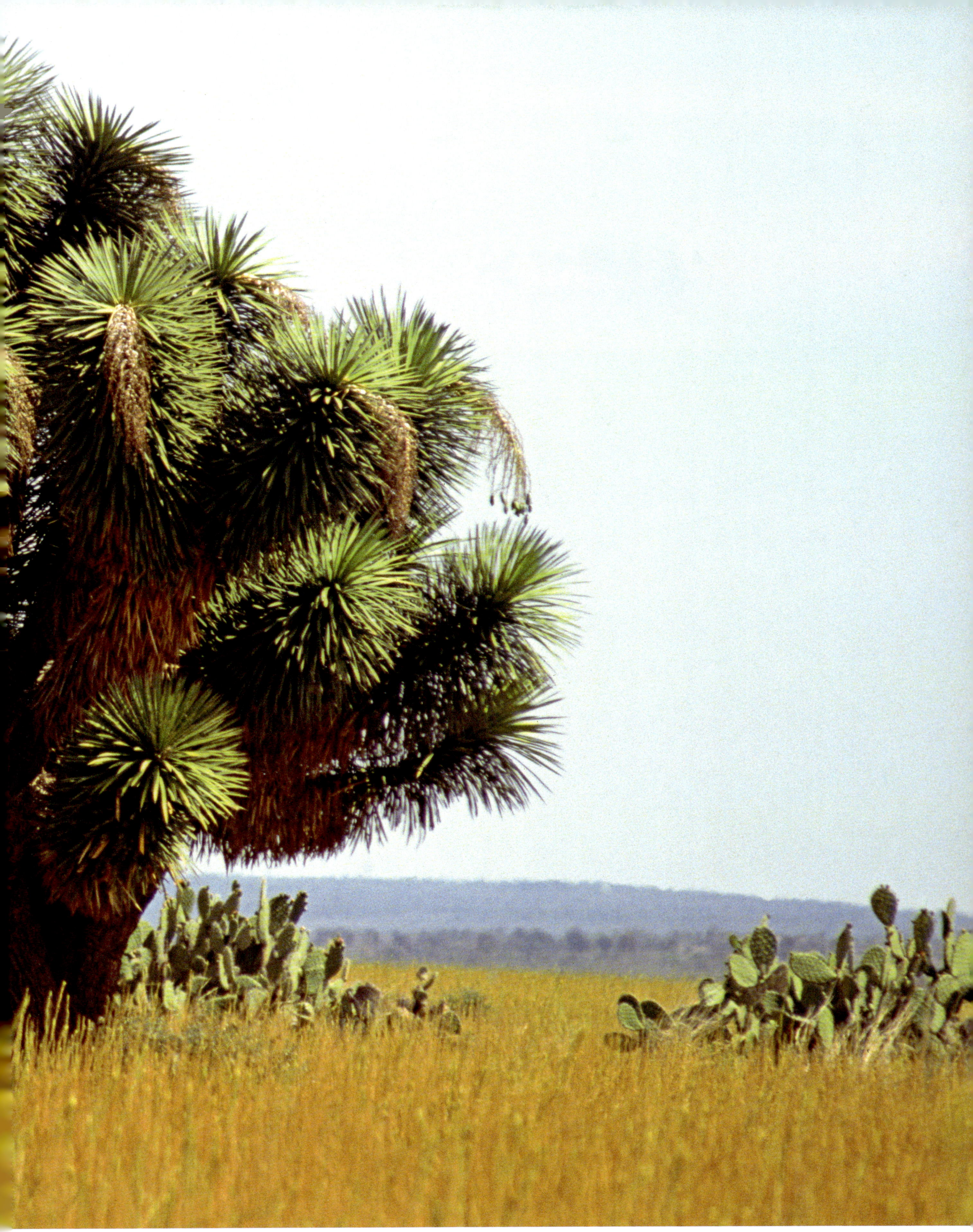

California, USA

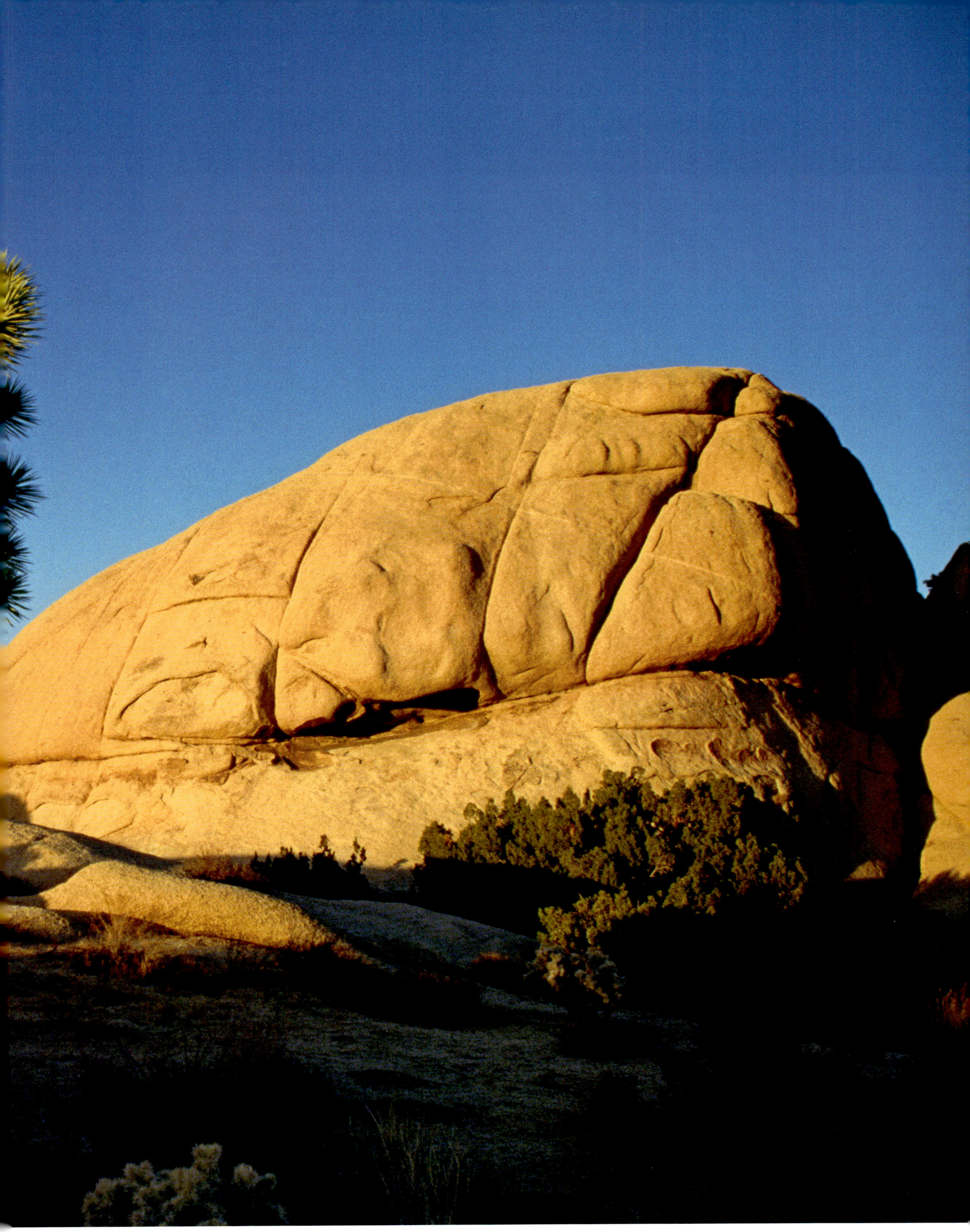

Kapok Tree

The cradle of the kapok tree is located in Central America, though some of the approximately 20 species of the genus *Ceiba* have spread to other tropical areas. Anyone approaching these majestic trees, whose trunks mostly tower over the remaining rainforest – which is why the local inhabitants usually refer to them as "pillars that support the sky," would be especially struck by the sweeping plank buttress roots that sink into the earth like gnarly folded boards and give the tree ample firmness, defying even the most severe storms. Its main pollinators are bats, called "flying dogs" by the indigenous population due to their up to 80-centimeter wingspread. As these primeval trees put you under their spell, you can understand why the Mayans called them the "mother tree of humanity" and African tribes keep their huge roots safe for their rituals.

Kapokbaum

Die Wiege des Kapokbaumes liegt in Mittelamerika, doch einige der etwa zwanzig Arten der Gattung „Ceiba" haben sich auch in andere tropische Gebiete ausgebreitet. Nähert man sich diesen majestätischen Bäumen, fallen einem vor allem die mächtigen Tafelwurzeln ins Auge, die sich wie zerklüftetes Faltenwerk in die Erde senken und den Bäumen große Festigkeit verleihen, so dass sie auch den schwersten Stürmen trotzen. Ihre Stämme überragen meist den übrigen Regenwald, weshalb sie von den Einheimischen als „Säulen, die den Himmel stützen" bezeichnet werden. Ihre wichtigsten Bestäuber sind Fledertiere, die von den Einheimischen wegen ihrer Größe „Fliegende Hunde" genannt werden. Lässt man sich in den Bann dieser urtümlichen Bäume ziehen, beginnt man zu verstehen, dass die Mayas sie als „Mutterbaum der Menschheit" bezeichneten. Noch heute führen afrikanische Stämme im Schutz der riesigen Wurzeln ihre Riten durch.

Kapokier

Le berceau du kapokier se situe en Amérique centrale, mais sur la vingtaine d'espèces du genre Ceiba, quelques-unes se sont naturalisées sous d'autres ciels tropicaux. Le promeneur qui s'approche de ces arbres majestueux, qui surnagent au-dessus de la canopée dans la forêt tropicale humide – ce pourquoi les autochtones les surnomment « les piliers qui soutiennent le ciel » –, est surtout frappé par les énormes contreforts à la base du tronc, dont les plis s'enfoncent dans le sol et qui assurent à l'arbre une stabilité à toute épreuve. D'énormes chauves-souris – d'une envergure allant jusqu'à 80 centimètres –, surnommées pour cette raison « chiens volants » par les autochtones, assurent en grande partie la pollinisation. Si l'on succombe au charme de ces arbres antédiluviens, on comprend bien que les Mayas les aient appelés « arbre-mère de l'humanité » et qu'aujourd'hui encore certaines tribus africaines perpétuent leurs rites à l'abri de leurs immenses racines.

Casamance, Sénégal

Ceiba pentandra
Familia Bombacaceae

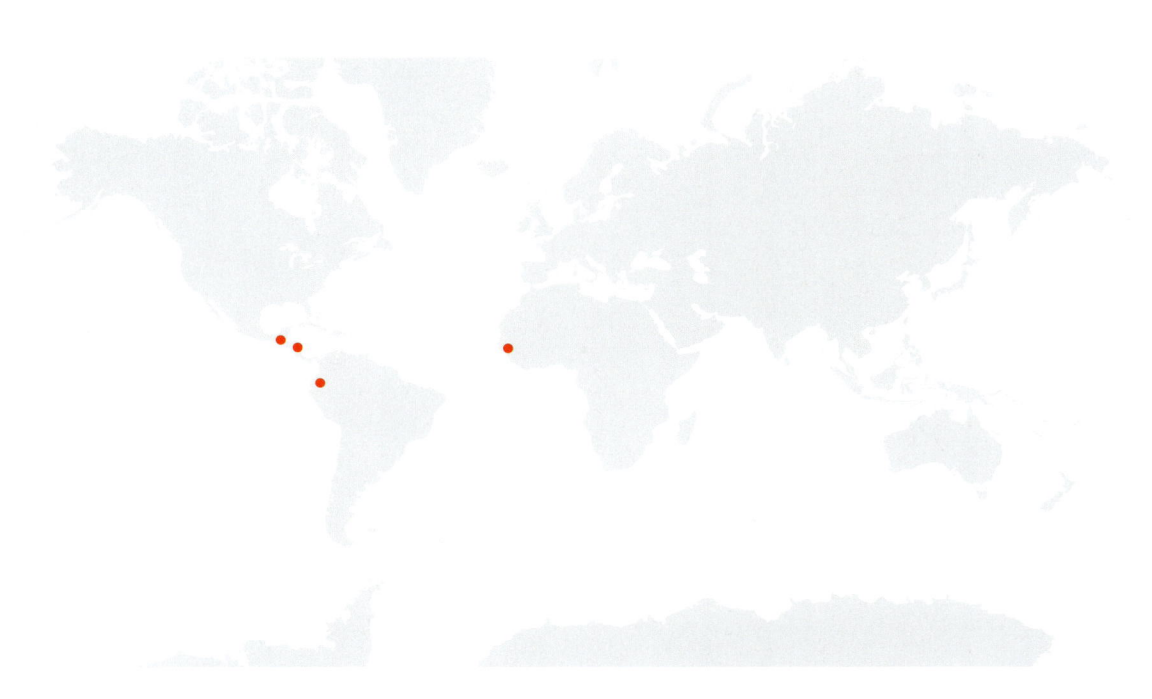

Vlnovec pětimužný

Domovinou tohoto stromu je Střední Amerika, ačkoli některé z asi dvaceti druhů rodu vlnovec (*Ceiba*) se rozšířily i do dalších tropických oblastí. Každého, kdo se přiblíží k těmto majestátním stromům, jejichž kmeny vyčnívají nad okolní deštný les – proto je místní obyvatelé nazývají „sloupy, které podpírají nebe" –, překvapí zejména mohutné vzpěrné kořeny, jež se noří do země jako skládací sukovité fošny a poskytují stromu dostatečnou oporu i za těch největších bouří. Hlavními opylovači vlnovců jsou netopýři, které domorodci pro jejich velikost nazývají „létající psi". Nechá-li se člověk unést kouzlem těchto pradávných stromů, pochopí, proč je Mayové nazývali „mateřskými stromy lidství" a proč i dnes provádějí některé africké kmeny svoje obřady pod ochranou jejich mohutných kořenů.

Ceiba

La cuna de la ceiba, llamada también kapok, es América Central, pero algunas de las aproximadamente 20 especies de este género se extendieron también por otras zonas tropicales. Cuando uno se acerca a estos majestuosos árboles, cuyos troncos, por lo general, sobresalen de entre el resto de árboles de la selva – por lo cual los indígenas los denominan "columnas que soportan el cielo" – ante todo debe fijarse en sus enormes raíces tabulares, que penetran el suelo dobladas y quebradas proporcionando así al árbol un gran refuerzo con el que resistir a las más fuertes tempestades. Sus más importantes polinizadores son los murciélagos, que por su tamaño – la envergadura de sus alas puede alcanzar hasta 80 cm – reciben el nombre de "perros voladores". Cuando uno se deja cautivar por el hechizo de estos antiguos árboles llega a entender por qué antiguamente los mayas lo denominaban "árbol madre de la humanidad" Actualmente todavía algunas tribus africanas celebran sus ritos bajo la protección de sus gigantes raíces.

Albero del kapok

La culla dell'albero del kapok si trova in America centrale, ma alcune delle circa 20 specie del genere "Ceiba" si sono diffuse anche in altre regioni tropicali. Se ci si avvicina a questi alberi maestosi, i cui tronchi spesso svettano sul resto della foresta pluviale – ragione per cui sono definiti dai nativi "colonne che sostengono il cielo" – saltano all'occhio soprattutto le possenti radici, che affondano nella terra come un drappeggio pieno di fenditure, dando all'albero una grande stabilità, in grado di sfidare anche le peggiori tempeste. I suoi impollinatori più importanti sono dei chirotteri che, per le loro dimensioni (la loro apertura alare può raggiungere gli 80 centimetri), sono chiamati dagli indigeni "cani volanti". Se ci si lascia ammaliare da questi alberi primordiali, si può comprendere benissimo perché i Maya li definissero "albero madre dell'umanità" e alcune tribù africane ancora oggi celebrino i propri riti al riparo delle loro radici gigantesche.

Casamance, Sénégal

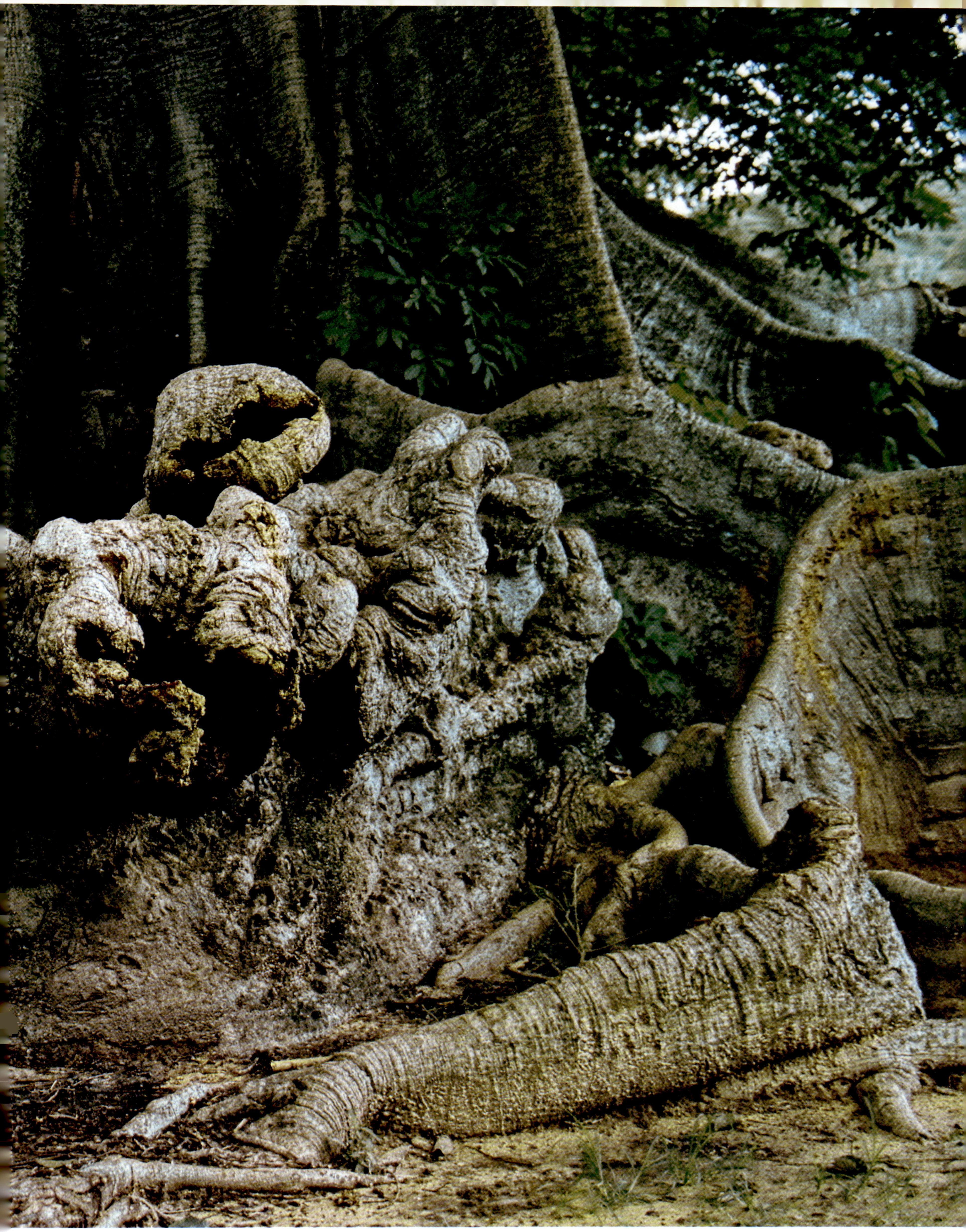

Ceiba pentandra

Casamance, Sénégal

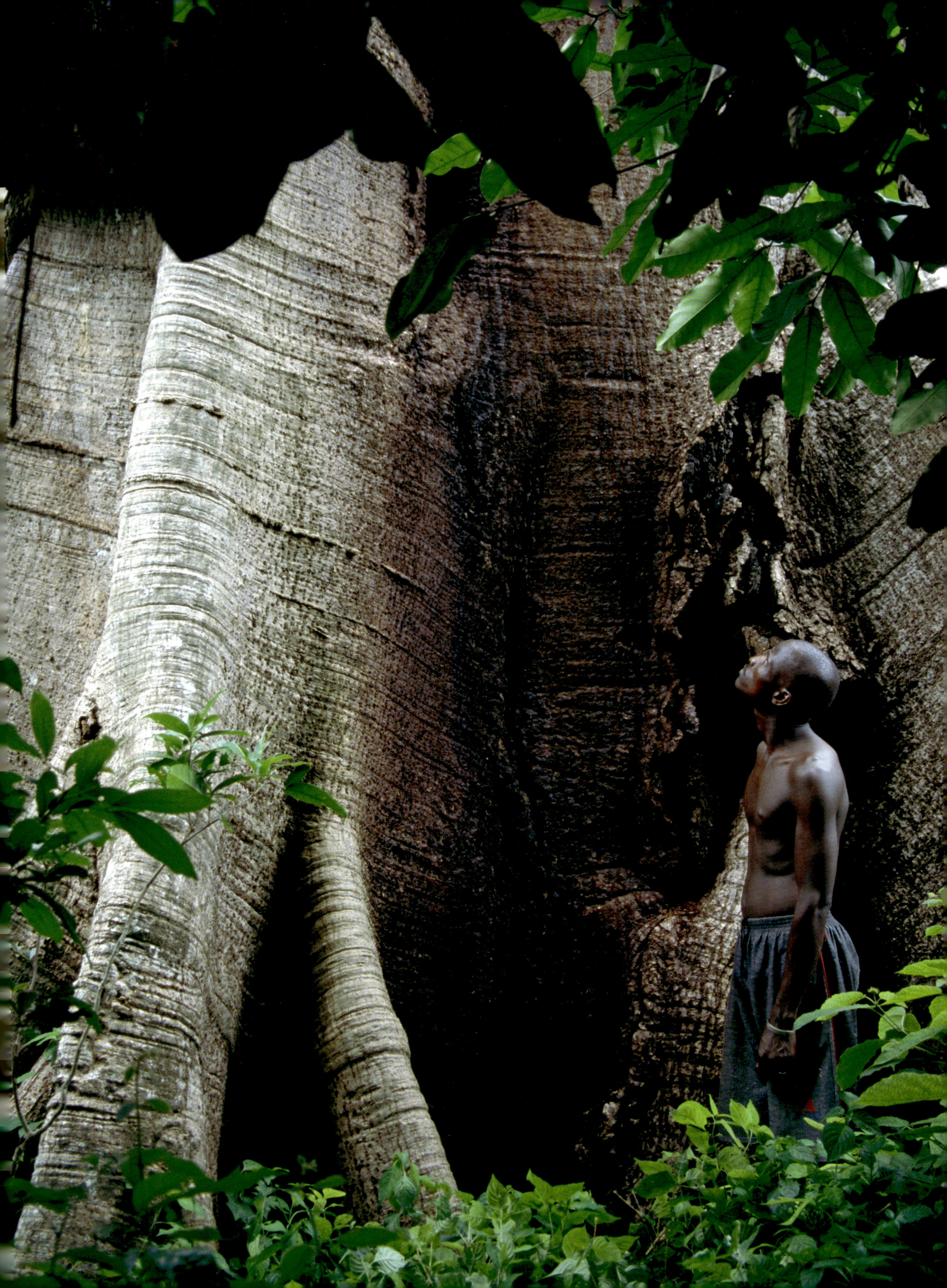

Casamance, Sénégal

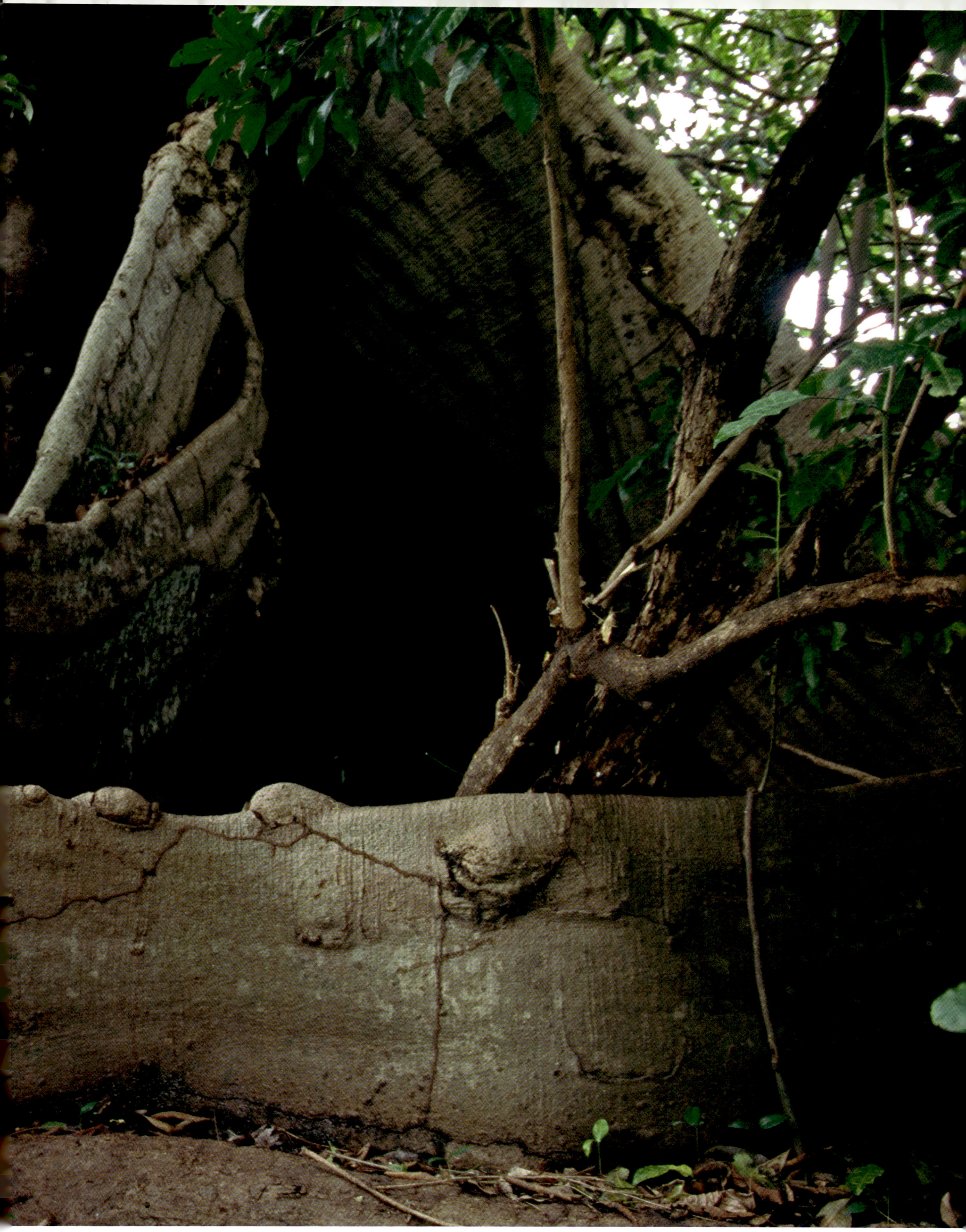

Casamance, Sénégal

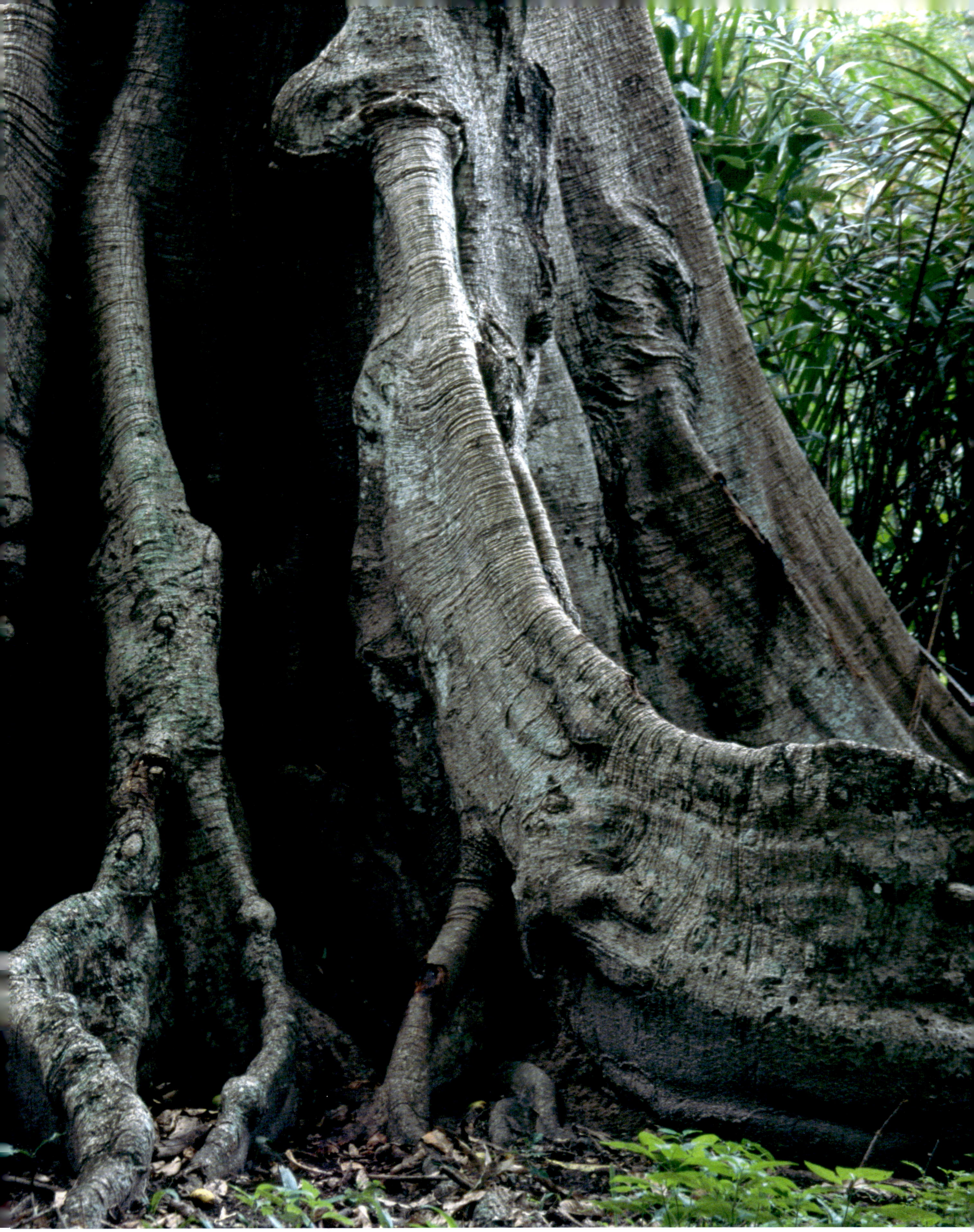

Ceiba pentandra

Napo, Ecuador

Ceiba pentandra

Tikal, Guatemala

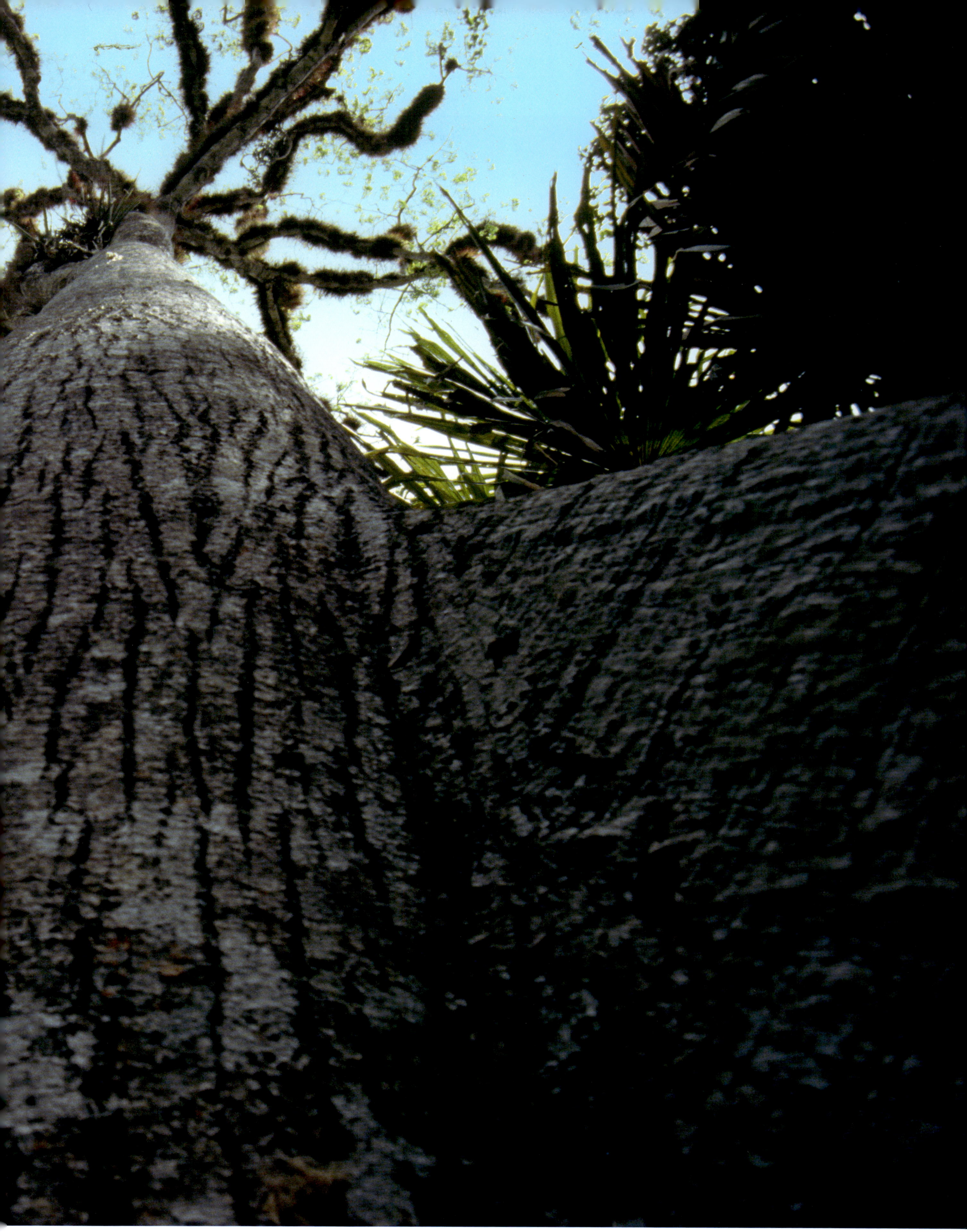

Opuntia Tree

Opuntias – also known as prickly pears – are now common almost everywhere in the world, although they were originally native only to America. While creeping and shrub-like species also exist, the opuntia tree is still the most impressive. Besides being known as "prickly pear" in reference to their edible fruit, this species is also called "bunny ear cactus" due to the shape of its "leaves" with their golden-yellow spines. The finest trees of this species are located on the Galapagos Islands, made famous by Charles Darwin, and particularly at Turtle Bay on Santa Cruz Island. To illustrate Darwin's theory on "adaptation", opuntias grow there to a height at which turtles or iguanas can edge up to their succulent limbs, while on other islands that have no turtles the branches are located close to the ground.

Baumopuntie

Opuntien – auch Feigenkakteen genannt – sind heute fast überall auf der Erde verbreitet. Ursprünglich waren sie jedoch nur in Amerika heimisch. Neben strauchartigen und kriechenden Arten ist die Baumopuntie wohl die eindrucksvollste. Außer der Bezeichnung Feigenkaktus, die sich auf die genießbaren Früchte bezieht, trägt die Baumopuntie wegen der Form ihrer ovalen „Blätter" mit den goldgelben Dornen auch den Namen „Ohrenkaktus". Die herrlichsten Exemplare dieser Art finden sich auf den durch Darwin berühmt gewordenen Galapagos-Inseln, insbesondere auf der Insel Santa Cruz in der Nähe der Schildkrötenbucht. Als wollten sie Darwins Lehre von der Anpassung illustrieren, haben Opuntien vor allem dort ein auffälliges Höhenwachstum, wo Schildkröten oder Leguane sich an ihre saftigen Glieder heranmachen könnten. Auf jenen Inseln, auf denen keine Schildkröten zu finden sind, verzweigen sie sich hinggegen eher dicht am Boden.

Figuier de Barbarie

Les figuiers de Barbarie, qui autrefois ne poussaient qu'en Amérique, se sont naturalisés un peu partout sur la terre. À côté d'espèces à port rampant ou arbustives, la forme arborescente se révèle la plus impressionnante de toutes. Outre l'appellation de « figuier », qui se réfère à leurs fruits comestibles, les opuntias ou oponces doivent leur surnom de « cactus à raquettes » à leurs feuilles ovales, couvertes de piquants jaunes. Les sujets les plus magnifiques se trouvent aux îles Galapagos, célèbres depuis Darwin, en particulier à Santa Cruz, près de la baie des Tortues. Comme s'ils voulaient prouver la véracité de la thèse darwinienne de l'adaptation, ils poussent en hauteur, là où les tortues et les iguanes pourraient s'attaquer à leurs raquettes juteuses, mais restent au ras du sol sur les îles non fréquentées par les tortues.

Islas Galápagos, Ecuador

Opuntia echios var. gigantea

Familia Cactaceae

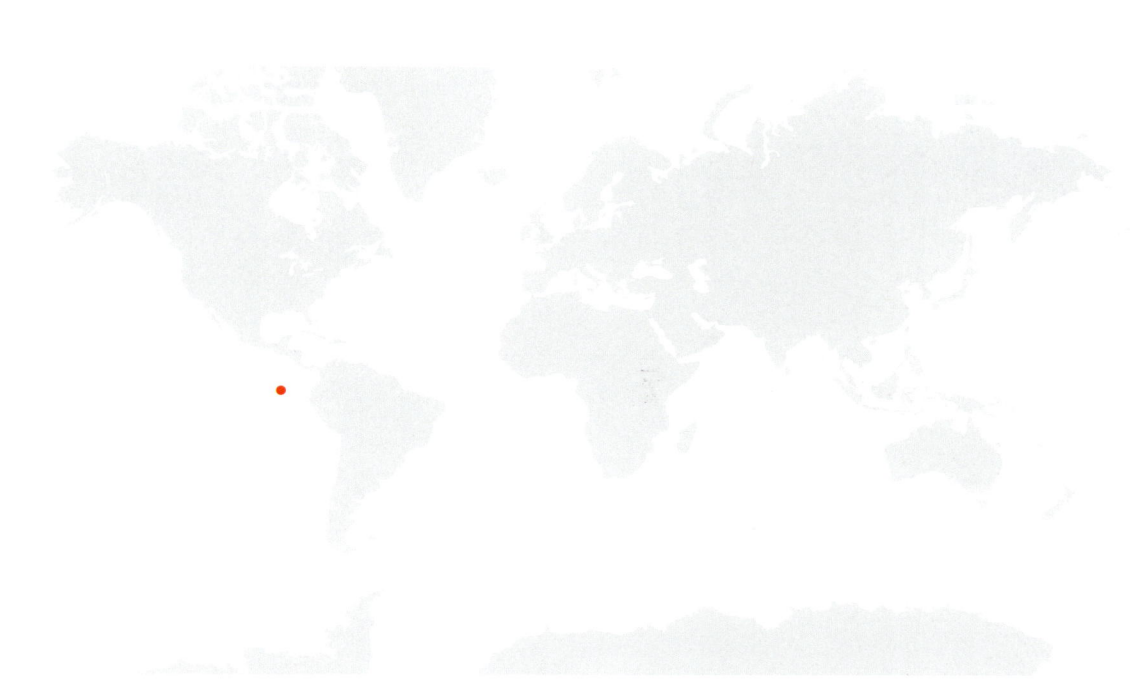

Opuncie

Opuncie, známá též jako nopál, dnes roste téměř po celém světě, ačkoli původně pochází z Ameriky. Existují sice i plazivé a křovinaté druhy, avšak nejpůsobivější je stále stromová varianta (*Opuntia echios var. gigantea*). Plodům opuncie se také říká indiánské fíky, protože svým tvarem fíky skutečně připomínají. Díky jejich chuti připomínající sladké hrušky se opuncie anglicky jmenuje *prickly pear* (trnitá hruška). Druh *opuntia echios* roste pouze na Galapágách, které proslavil Charles Darwin, přičemž nejkrásnější stromové exempláře lze najít na ostrově Santa Cruz. Tyto „kaktusovité stromy" jsou krásnou ilustrací Darvinovy vývojové teorie. Přizpůsobily se soužití se želvami a leguány tím, že rostou do výše, kde už zmínění živočichové nemohou ohrozit jejich dužnaté články. Na ostatních ostrovech, kde želvy ani leguáni nežijí, se tyto články větví při zemi.

Opuntia echios gigante

Aunque son oriundas de América, en la actualidad las opuntias – también llamadas chumberas – están extendidas por todo el mundo. Abarca plantas de muy diferentes tamaños, desde las muy pequeñitas hasta especies arbustivas o arbóreas. La opuntia más impresionante es la arbórea. La denominación "chumbera" se debe a sus frutos comestibles, los hijos chumbos, pero por sus "hojas" ovales con espinas de color amarillo dorado se les llama también "orejas". Los ejemplares más bellos de esta especie se encuentran en las Islas Galápagos – famosas gracias a Darwin – y en especial en la isla Santa Cruz, cerca de la Bahía de Tortugas. Como si quisieran ilustrar la doctrina de Darwin sobre la "adaptación", las opuntias crecen a lo alto en lugares donde las tortugas o iguanas tratan de aprovecharse de sus jugosos miembros, mientras en aquellas islas donde no hay tortugas echan sus raíces más bien pegando al suelo.

Opuntia echios

Le opunzie, dette anche fichi d'India, oggi sono diffuse quasi ovunque sul globo terrestre; in origine, però, erano una specie spontanea che cresceva soltanto in America. Pur esistendo anche specie striscianti e arbustive, l'*Opuntia echios* è quella di maggiore effetto. Oltre alla definizione "fico d'India", che si riferisce ai frutti commestibili, in tedesco si è dato a questa specie anche il nome di *Ohrenkaktus*, letteralmente "cactus orecchio", a causa della forma delle "pale" ovali, con le spine giallo oro. Gli esemplari più splendidi di questa specie si trovano alle isole Galapagos, diventate celebri grazie a Darwin, in particolare sull'isola di Santa Cruz, nei pressi della Baia delle tartarughe. Come se volessero illustrare la dottrina darwiniana dell'"adattamento", le opunzie crescono in altezza nei punti in cui le tartarughe o le iguane potrebbero avvicinarsi alle loro membra ricche di linfa, mentre sulle isole dove non ci sono tartarughe le piante tendono a ramificarsi a terra.

Opuntia echios var. gigantea

Opuntia echios var. gigantea

Islas Galápagos, Ecuador

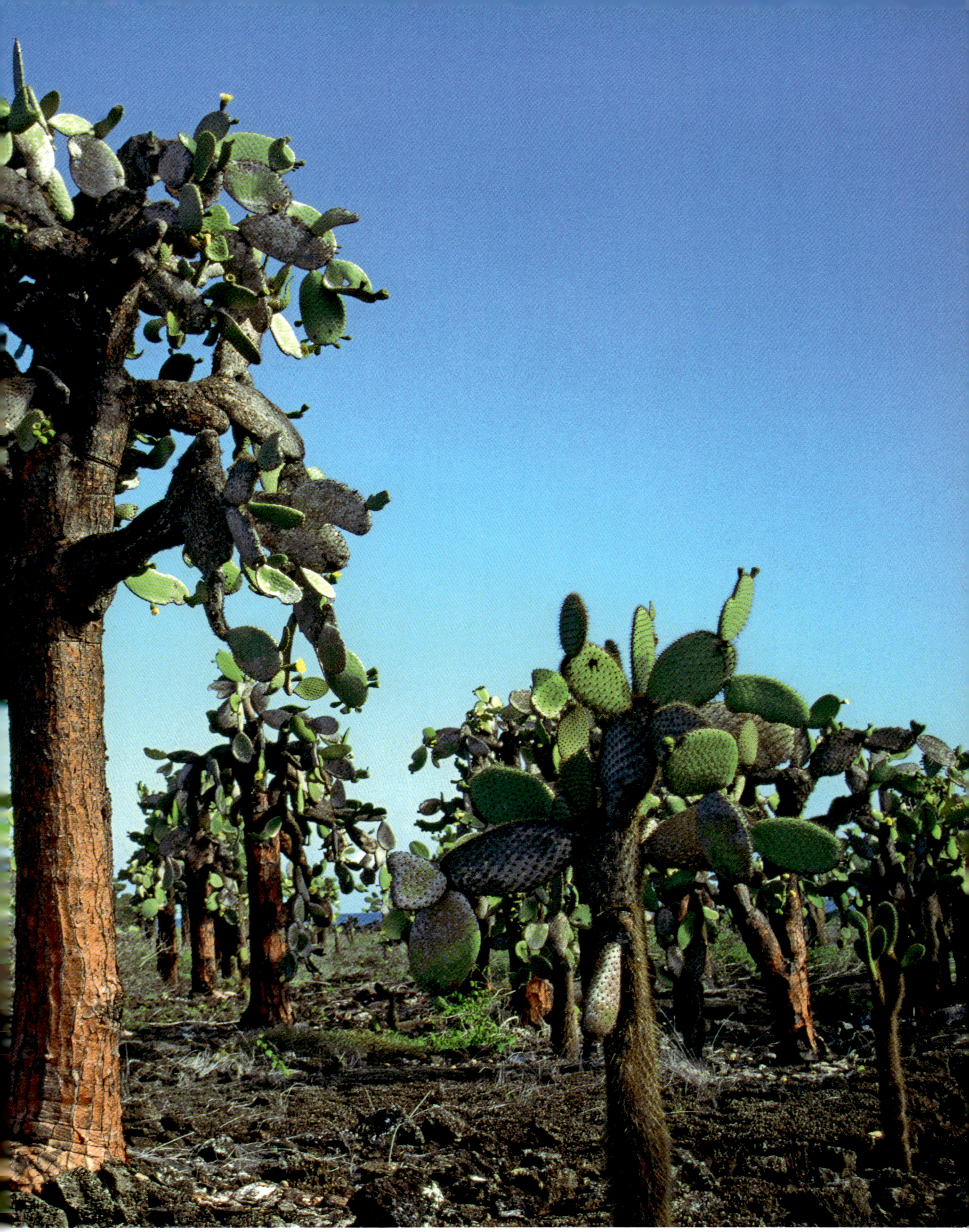

Opuntia echios var. gigantea

Islas Galápagos, Ecuador

Opuntia echios var. gigantea

Patagonian Cypress

A Patagonian cypress tree discovered in 1880 at what is now a nature sanctuary in Chile's Alerce Andino National Park is believed to be the oldest tree in South America, estimated to be 4,200 years in age! The massive trunk has a girth of 14 meters, while the crown was unfortunately knocked off by lightning. Along with the bristlecone pines and sequoias, the Patagonian cypress is included among the oldest trees in the world. The tree's extremely slow growth makes it dependent on high rainfall. Since its relatively slender crown is often draped in clouds because the tree grows to heights of up to 70 meters, it is often called "the giant that reaches into the sky" by the local population. Regrettably, the wood's hardness and versatility has led to the severe decimation of the tree, resulting in them being a protected species today. The photographer was especially fascinated by its cracked bark, whose bulging shape resembles old castle ruins and which harbors other plants.

Patagonische Zypresse

Eine um 1880 im heutigen chilenischen Naturschutzgebiet „Alerce Andino" entdeckte Patagonische Zypresse gilt mit geschätzten 4200 Jahren als ältester Baum Südamerikas. Der massige Stamm hat einen Umfang von 14 m, die Baumkrone wurde leider von einem Blitz abgeschlagen. Mit den Grannenkiefern und Mammutbäumen zählt die Patagonische Zypresse somit zu den ältesten Bäumen der Welt. Für ihr äußerst langsames Wachstum ist sie auf große Niederschlagsmengen angewiesen. Da ihre relativ schmale Krone wegen der Wuchshöhe von bis zu siebzig Metern oft von Wolken umhüllt ist, wird sie von den Einheimischen auch „Der Riese, der in den Himmel reicht" genannt. Die Härte und gute Verwendbarkeit ihres Holzes führten leider auch zu ihrer starken Dezimierung, weshalb sie heute unter Naturschutz steht. Unseren Fotografen faszinierte vor allem die rissige Rinde mit ihren wulstigen Ausformungen, die an die Struktur alter Burgruinen denken lassen und viele andere Pflanzen beherbergen.

Cyprès de Patagonie

Considéré comme le plus vieil arbre d'Amérique latine, un cyprès de Patagonie découvert aux alentours de 1880 dans l'actuel parc naturel d'Alerce Andino compterait dans les 4 200 ans ! Son énorme tronc s'enorgueillit d'une envergure de 14 mètres, mais malheureusement la foudre l'a décapité. Avec le pin aristé et le séquoia géant, le cyprès de Patagonie figure ainsi parmi les arbres les plus âgés du monde. Il croît avec une lenteur extrême, qui nécessite des précipitations importantes. Sa couronne relativement réduite étant souvent cachée dans les nuages, à cause de ses 70 mètres de hauteur, les habitants l'ont appelé « le géant qui monte jusqu'au ciel ». Il est à déplorer que la dureté de son bois et son exploitation facile aient conduit les hommes à décimer cette espèce, aujourd'hui protégée. Notre photographe a surtout été fasciné par l'écorce fissurée et ses déformations, ses excroissances qui font penser à des châteaux forts en ruines et où se réfugient d'autres végétaux.

La Unión, Chile

Fitzroya cupressoides
Familia Cupressaceae

„Fitzroya cypřišovitá" / „Patagonský cypřiš"

Fotografovaný strom, objevený roku 1880 v oblasti dnešního chilského národního parku Alerce Andino, je se svým odhadovaným věkem 4200 let pokládán za nejstarší strom Jižní Ameriky. Jeho mohutný kmen má obvod
14 m, korunu však naneštěstí urazil blesk. „Patagonské cypřiše" se společně s borovicemi osinatými a sekvojemi řadí k nejstarším stromům na světě. Jejich nesmírně pomalý růst je závislý na množství dešťových srážek. Poměrně malá koruna těchto stromů bývá mnohdy zahalena mraky, jelikož dorůstají až do sedmdesátimetrové výše. Domorodci proto strom nazývají „obr, který sahá až do nebe". Díky jeho tvrdému a všestranně použitelnému dřevu docházelo v minulosti k nekontrolované těžbě. Dnes je tento strom chráněn jako ohrožený druh. Jedinec na snímcích okouzlil fotografa především zvrásněnou kůrou, jejíž zbytnělé útvary připomínají zříceniny starých hradů a poskytují útočiště mnoha jiným rostlinám.

Alerce patagónico / Falso ciprés de Patagonia

Un alerce patagónico, encontrado alrededor de 1880 dentro del actual Parque Natural Alerce Andino, está considerado el árbol más antiguo de Sudamérica: se estima que puede tener unos 4 200 años. Su robusto tronco tiene una circunferencia de 14 m, la copa desgraciadamente fue destruida por un rayo. Junto con el pino longevo, el pino de Colorado y las secuoyas, el alerce patagónico se encuentra entre los árboles más viejos del mundo. Por su lento crecimiento depende de la abundancia de precipitaciones. Debido a su altura - 70 m - su copa, relativamente estrecha, está muy a menudo cubierta por nubes, por lo cual los indígenas lo llaman "el gigante que llega al cielo". La dureza y utilidad de su madera ha llevado desgraciadamente a que se hayan diezmado notablemente sus bosques, por lo cual hoy en día está protegido. A nuestro fotógrafo le fascinó sobre todo su corteza agrietada, llena de surcos profundos que albergan otras plantas y hacen pensar en viejas ruinas de castillos.

Cipresso della Patagonia

Un cipresso della Patagonia, scoperto nel 1880 nell'attuale riserva naturale cilena "Alerce Andino", è considerato l'albero più vecchio della Patagonia: si stima che abbia 4.200 anni! Il tronco massiccio ha una circonferenza di 14 metri, la chioma purtroppo è stata abbattuta da un fulmine. Insieme ai pini dai coni setolosi e alle sequoie, il cipresso della Patagonia viene annoverato tra gli alberi più vecchi del mondo. Per la sua crescita lentissima ha bisogno di precipitazioni abbondanti. Dato che la chioma relativamente sottile, che può raggiungere i 70 metri di altezza, spesso è avvolta dalle nubi, il cipresso della Patagonia è chiamato dagli indigeni anche "il gigante che tocca il cielo". Purtroppo, la durezza e la buona lavorabilità del suo legno hanno causato una forte decimazione, ragione per cui oggi è una specie protetta. Il nostro fotografo è rimasto affascinato soprattutto dalla corteccia piena di fenditure con le formazioni bitorzolute, che rammentano la struttura di antichi castelli in rovina e ospitano anche altre piante.

La Unión, Chile

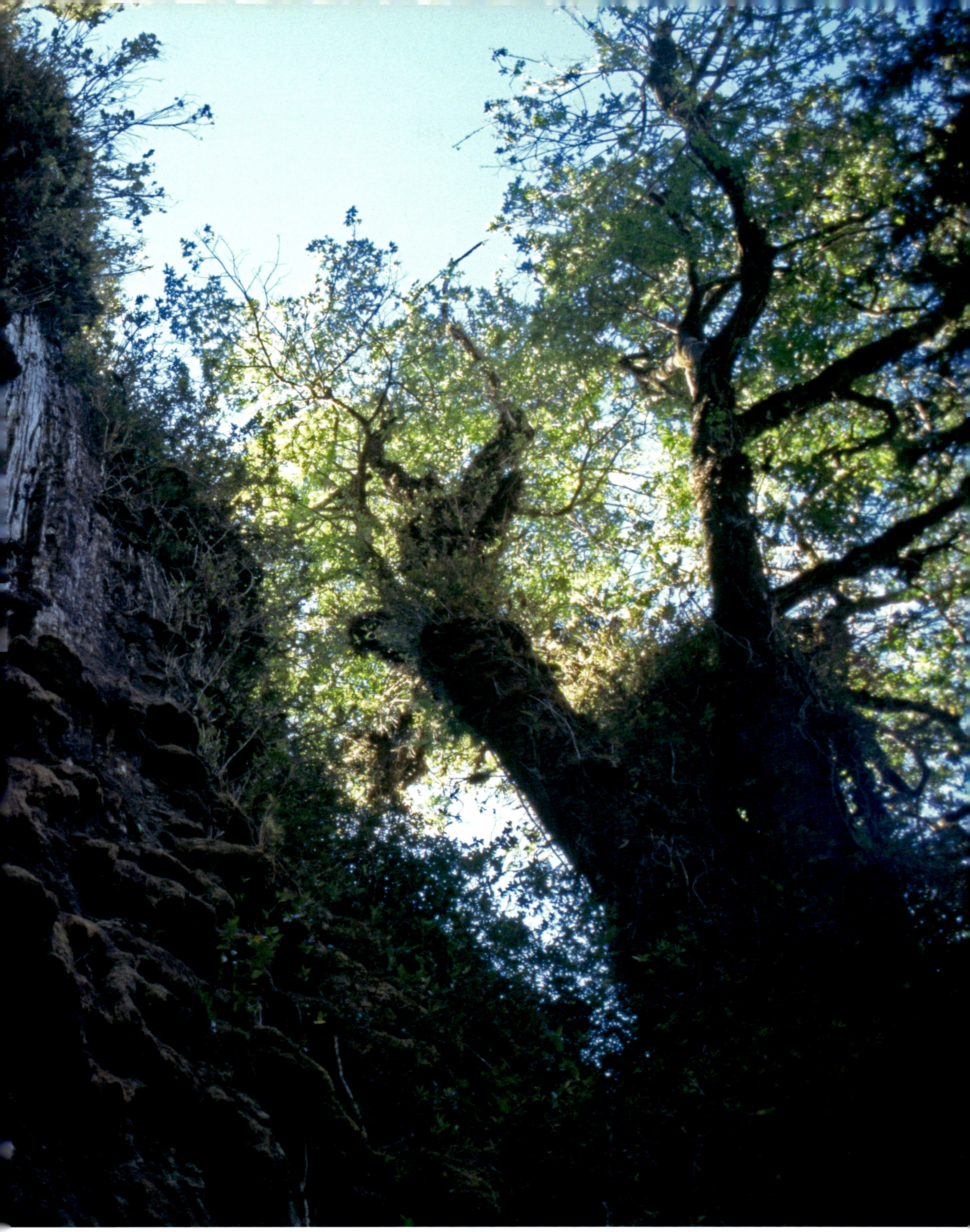

Fitzroya cupressoides

La Unión, Chile

Fitzroya cupressoides

La Unión, Chile

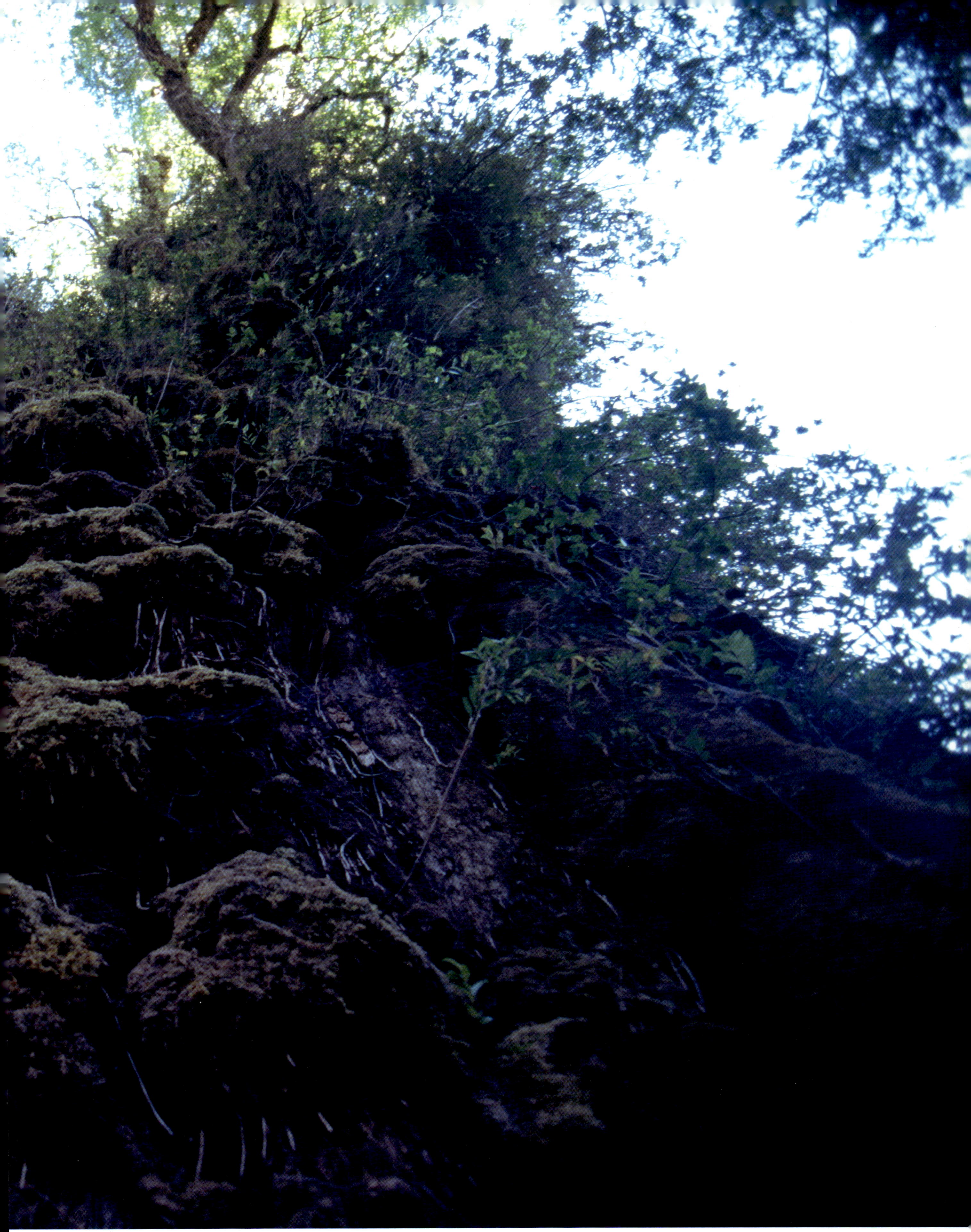

Fitzroya cupressoides

La Unión, Chile

Fitzroya cupressoides

La Unión, Chile

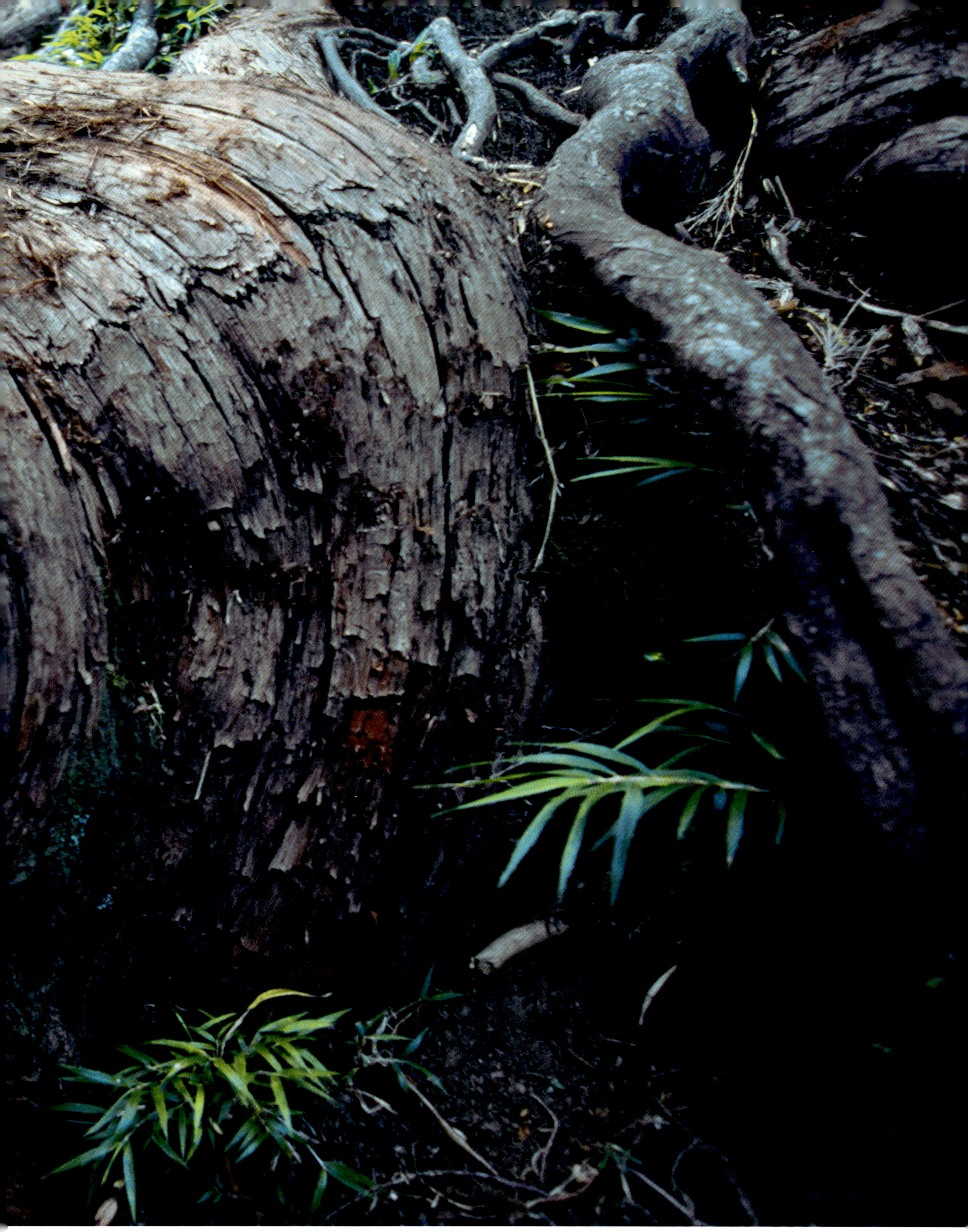

Monkey-puzzle

The monkey-puzzle tree loves the inhospitable volcanic slopes of the Andes Mountains. Like the Patagonian cypress, it also grows quite slowly, though it is "only" around 2,000 years old. The straight trunk is characterized by a honeycomb pattern and is often covered with moss. It can reach a height of up to 50 meters and readily sheds its lower branches as it ages so that just an "umbrella" remains on top. The seeds from its spherical female cones feed the Mapuche, also known as the people of Araucaria. Whether boiled or roasted, the seeds are eaten immediately, kept for winter or ground into flour. The Mapuche see the monkey-puzzle as sacred, so they would never even dream of chopping all of it down. However, this is slowly becoming the tree's fate due to its straight stature, which makes it very profitable for the lumber industry, while simultaneously putting the livelihood of an entire people at risk.

Chilenische Araukarie

Die chilenische Araukarie liebt die unwirtlichen vulkanischen Gebirgshänge der Anden. Wie die patagonische Zypresse wächst auch sie sehr langsam, wird aber „nur" etwa zweitausend Jahre alt. Der gerade Stamm ist durch ein wabenartiges Muster gekennzeichnet und oft von Moos bewachsen. Die chilenische Araukarie kann bis zu fünfzig Meter hoch werden und wirft im Alter gern die unteren Äste ab, sodass oben an der Spitze nur noch ein „Regenschirm" übrig bleibt. Von den Samen der kugeligen weiblichen Zapfen ernährt sich das Volk der Mapuche, das deshalb auch „Menschen der Araukarie" genannt wird. Sie verzehren die Samen in gekochter oder gerösteter Form, mahlen sie und lagern sie für den Winter. Da die Mapuche den Baum als heilig betrachten, würden sie nie den ganzen Baum fällen. Diesem wird jedoch in heutiger Zeit sein gerader Wuchs zum Verhängnis, denn dadurch ist er für die Holzindustrie sehr gewinnbringend. Mit der Rodung wird gleichzeitig die Lebensgrundlage eines ganzen Volkes gefährdet.

Araucaria du Chili

L'araucaria du Chili ou « bourreau des singes » a pour territoire de prédilection les terrains accidentés, volcaniques et hostiles des Andes. Sa croissance est aussi lente que celle du cyprès de Patagonie, mais il ne dépasse pas les 2 000 ans. Son tronc droit, marqué par des alvéoles, est souvent couvert de mousse. D'une taille maximale de 50 mètres, il perd ses branches inférieures avec l'âge et sa cime se résume alors à un parapluie. Les Mapuche, qui pour cette raison portent le nom « d'hommes de l'auracaria », se nourrissent des graines extraites des cônes femelles ronds, les font cuire ou griller pour une consommation immédiate, en gardent aussi pour l'hiver et en font de la farine. Les Indiens n'auraient jamais l'idée d'abattre l'un de ces arbres, sacrés pour eux. Mais le fût droit de l'araucaria du Chili semble lui devenir fatal, vu son intérêt économique pour l'exploitation forestière qui met ainsi en péril les fondements de l'existence de tout un peuple.

˄ Melipeuco, Chile

Araucaria araucana
Familia Araucariaceae

Blahočet chilský

Blahočetu chilskému zvanému též araukárie chilská se daří na nehostinných svazích And. Roste stejně jako „patagonský cypřiš" pomalu, dosahuje však „jen" stáří kolem 2000 let. Kůra jeho rovného kmene má charakteristickou voštinovou strukturu a často ji pokrývá mech. Strom dorůstá až do výše 50 m, a jak stárne, doslova odhazuje dolní větve, takže na vrcholu zůstává pouze jakýsi „deštník". Semeny jeho kulovitých samičích šišek se živí jihoameričtí indiáni Mapučové zvaní též Araukánci. Tato semena se pojídají buď vařená, či pečená, ukládají se na zimu nebo se melou na mouku. Mapučové považují blahočety za posvátné, proto by nikdy celý strom nepokáceli. Nicméně většinu araukárií takový neblahý osud v dnešní době očekává, protože jejich vzpřímené kmeny jsou velmi výhodné pro dřevozpracující průmysl. Těžaři přitom nedbají, že svou činností přímo ohrožují existenci celého etnika.

Araucaria o Pehuén

La araucaria chilena vive en las inhóspitas pendientes volcánicas de los Andes. Al igual que el alarce patagónico, crece muy lentamente y alcanza "sólo" los 2 000 años de edad. El tronco es recto, la corteza tiene dibujos parecidos a panales y a menudo está cubierta por musgo. Puede alcanzar hasta 50 m de altura y de viejo suele desprenderse de las ramificaciones inferiores, de manera que llega a tener una copa muy alta con ramas extendidas perpendicularmente al tronco, con lo que se asemeja a un "paraguas". Las semillas de las piñas femeninas, los piñones, constituyen la base de la dieta de los indios mapuches, a quienes llaman "pehuenches". Consumen los piñones cocidos o asados, pero también los trituran para obtener una harina que almacenan para el invierno. Como para los mapuches este árbol es sagrado, ni se les ocurriría talarlo. Pero precisamente el tronco de la araucaria, alto y recto, resulta fatal para ella. La industria maderera obtiene con él mucho beneficio, y con su explotación al mismo tiempo se pone en peligro la base existencial de todo un pueblo.

Araucaria o pino del Cile

L' detta comunemente pino del Cile, ama le inospitali pendici vulcaniche delle Ande. Come il cipresso della Patagonia, anch'essa cresce molto lentamente, ma raggiunge un'età di "soli" 2.000 anni. Il tronco diritto è caratterizzato da un motivo esagonale che ricorda un favo ed è spesso ricoperto di muschio. Può raggiungere i 50 metri d'altezza e, in età avanzata, spesso si libera dei rami più bassi, lasciando in cima soltanto un "ombrello". Il popolo dei Mapuche è chiamato anche "gente dell'araucaria" poiché si nutre dei semi delle pigne sferiche femminili. I Mapuche consumano subito i semi dell'araucaria bolliti o arrostiti, ma li conservano anche per l'inverno, ricavandone una farina. Dato che considerano sacro questo albero, non si sognerebbero mai di abbattere l'intera pianta. La forma diritta del suo fusto sta diventando fatale, poiché è molto proficua per l'industria del legname, un fatto che mette in pericolo anche il fondamento dell'esistenza di un intero popolo.

Araucaria araucana

Melipeuco, Chile

Araucaria araucana

Melipeuco, Chile

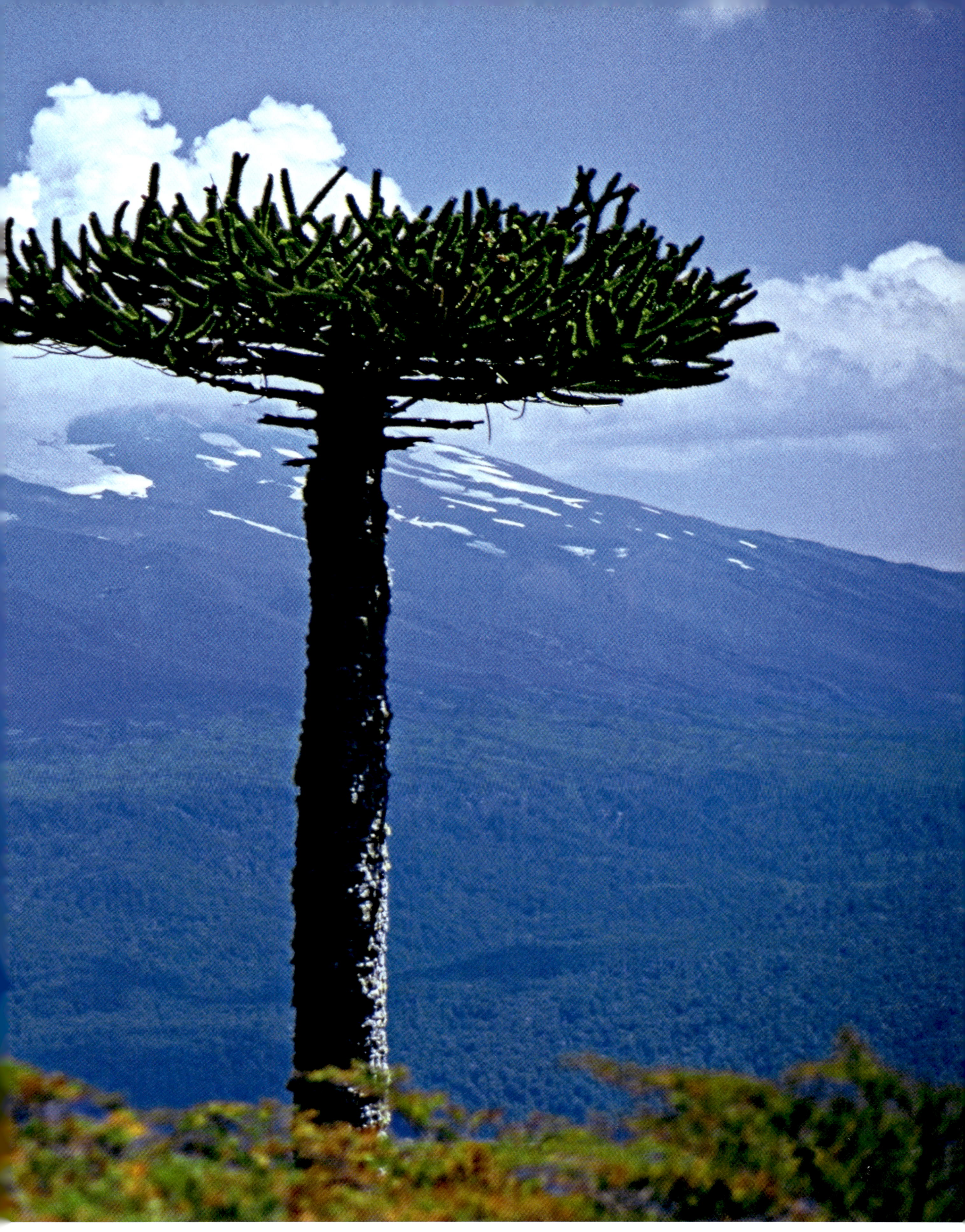

Melipeuco, Chile

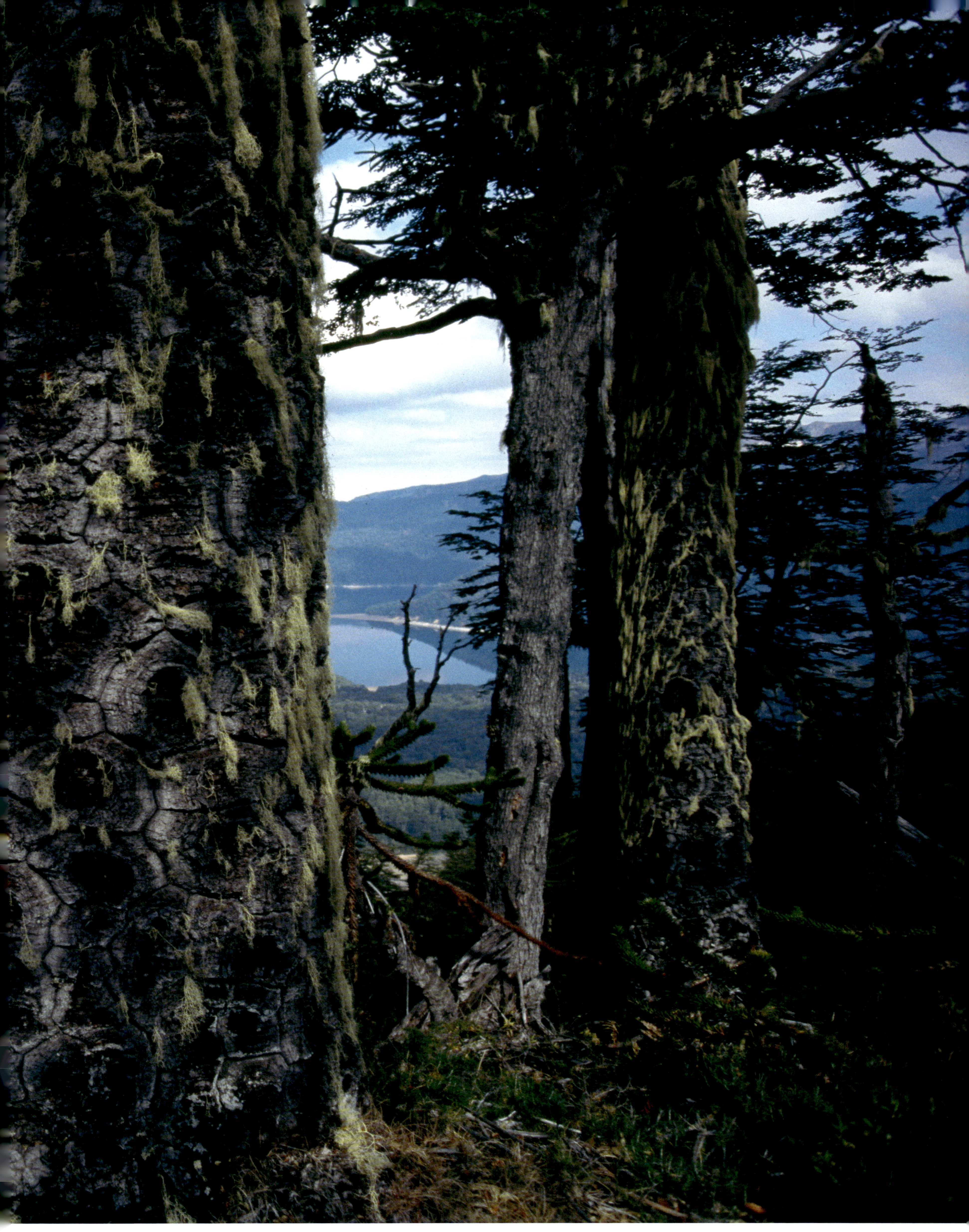

Araucaria araucana

Melipeuco, Chile

Araucaria araucana

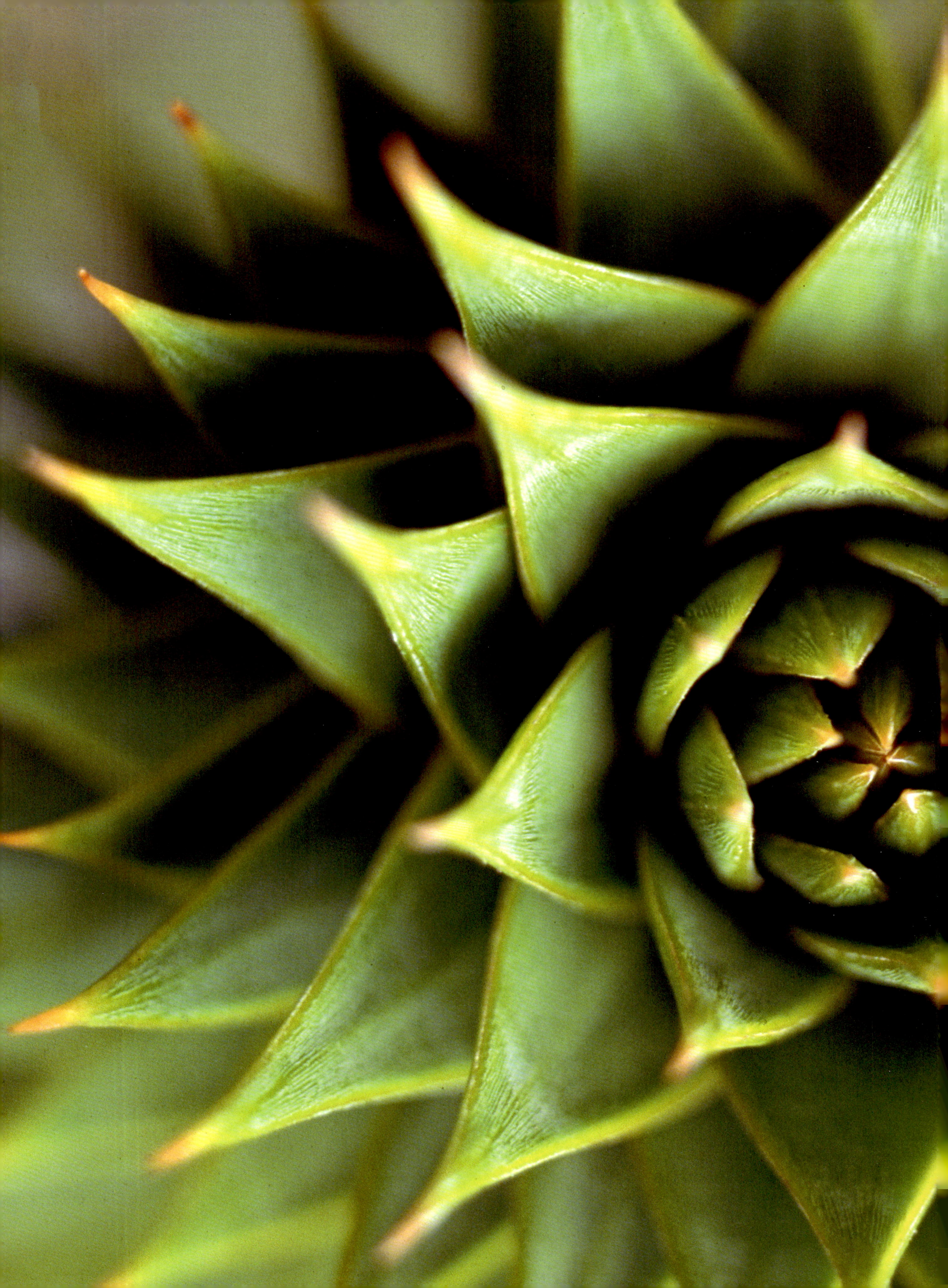

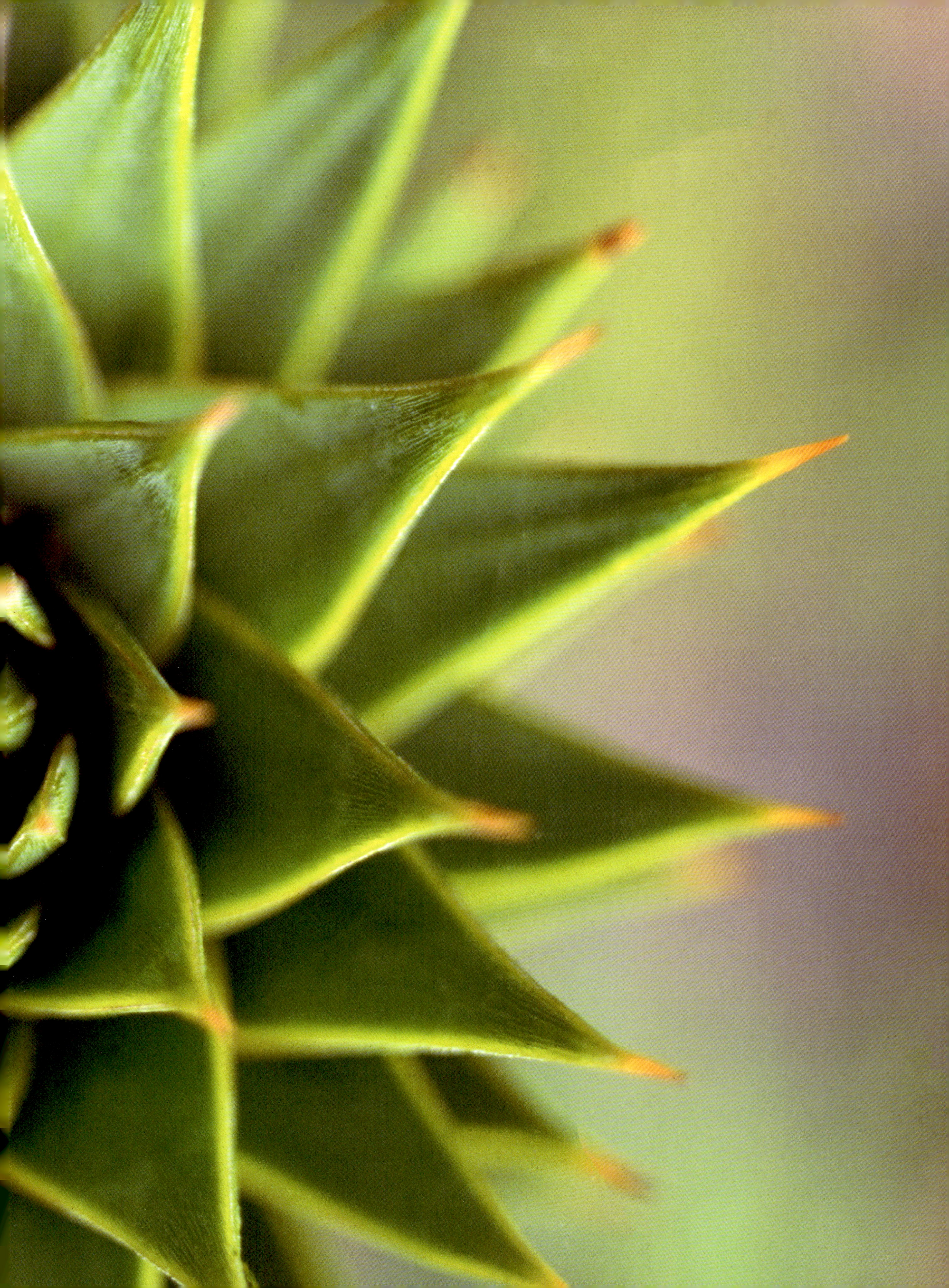

Melipeuco, Chile

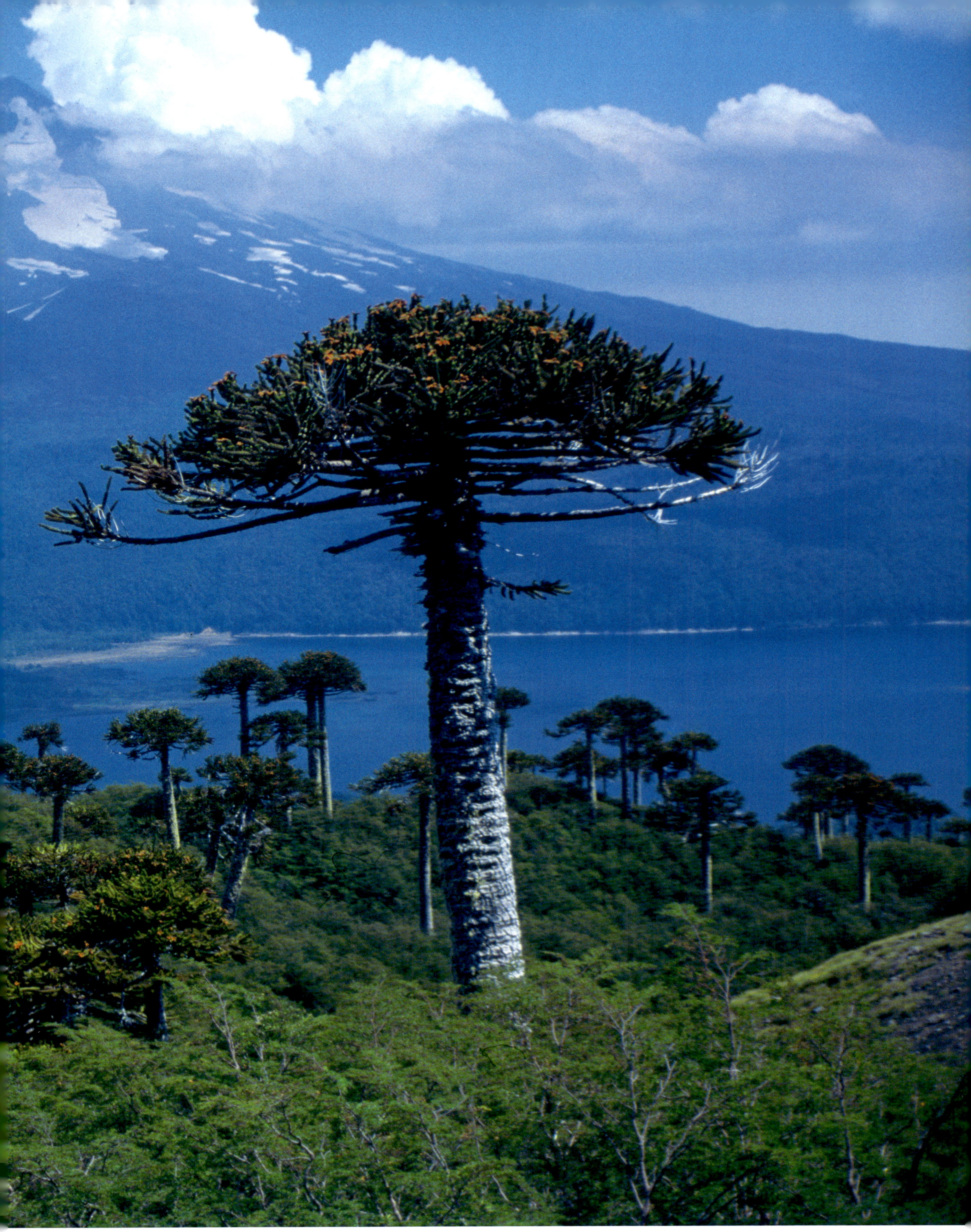

Chilean Wine Palm

The wine palm is also native to Chile, though, due to its relatively high resistance to frost and not the least because it grows so gracefully, the tree is cultivated in many other places in the world as well, such as on the French and Italian Riviera. Its name comes from the tree's sugary sap, from which palm honey, palm sugar and palm honey wine are made. Before cane sugar was introduced, this was the most common sweetener in Chile. Unfortunately, the wine palm has to be cut down in order to obtain the sap, endangering it in Chile, and therefore great efforts are being taken to safeguard and repopulate these palm trees. Their blossoms are buried among the leaves and bear yellow stone fruit that are similar in appearance, as well as scent and taste, to young cocoanuts. However, this fruit is only produced after the Chilean wine palm has reached 80 years of age. The trees themselves can be at least 1,000 years old.

Honigpalme

Die Honigpalme ist ebenfalls in Chile beheimatet. Aufgrund ihrer relativ hohen Frostresistenz und wegen ihres anmutigen Wuchses wird sie jedoch auch an vielen anderen Orten der Welt kultiviert, etwa an der französischen und italienischen Riviera. Ihren Namen verdankt sie dem zuckrigen Baumsaft, aus dem man Palmhonig, Palmzucker und auch Palmhonigwein herstellt. Vor der Einführung des Rohrzuckers war dies in Chile der gebräuchlichste Süßstoff. Leider muss die Palme zur Gewinnung des Saftes gefällt werden, wodurch ihr Bestand in Chile stark gefährdet ist. Inzwischen werden große Anstrengungen zum Schutz und auch zur Wiederansiedlung dieser Palmen unternommen. Ihre Blüten sind zwischen den Blättern verborgen und bringen gelbe Steinfrüchte hervor, die in ihrem Aussehen aber auch in Geruch und Geschmack kleinen Kokosnüssen gleichen. Allerdings bringen die Honigpalmen diese Früchte erst ab einem Alter von circa achtzig Jahren hervor. Sie selbst können immerhin über tausend Jahre alt werden.

Palmier à miel

Autre espèce chilienne, le palmier à miel doit à sa relative rusticité et surtout à son élégance d'être présent un peu partout dans le monde, par exemple sur la côte d'Azur et la Riviera italienne. Il tire son nom de sa sève sucrée, dont on obtient du miel, du sucre et de l'hydromel. Au Chili, c'était le principal édulcorant avant l'introduction du sucre de canne. Malheureusement, il faut abattre ce palmier pour exploiter sa sève, ce qui lui a valu d'être décimé au Chili. Aujourd'hui des mesures importantes sont prises pour le protéger et le réintroduire. Cachées entre les feuilles, ses fleurs produisent des fruits à noyaux jaunes dont l'aspect, l'odeur et le goût rappellent de petites noix de coco. Toutefois, le palmier à miel ne fructifie qu'à partir de 80 ans environ – mais il peut vivre plus de 1 000 ans.

^ Las Cabras, Chile

Jubaea chilensis
Familia Arecaceae

Jubaea chilská

Také jubaea chilská zvaná též chilská medová palma pochází z Chile. Díky své relativně vysoké odolnosti vůči mrazu a elegantnímu vzhledu se pěstuje jako okrasný strom prakticky v celém mírném pásmu. Lidový název palmy je odvozen od sladké šťávy, která při poranění vytéká z jejího kmene a z níž se připravuje palmový sirup nebo palmové víno. Před zavedením třtinového cukru byla tato šťáva, zvaná palmový med, v Chile nejběžnějším sladidlem. Smutnou skutečností však je, že pro její získání je třeba strom uříznout, což v Chile velice ohrozilo jeho výskyt. V poslední době se proto věnuje značné úsilí ochraně a znovuvysazování těchto palem. Jejich květy jsou skryty v listoví a jejich žluté plody mají pecky vzhledem, vůní a chutí podobné mladým kokosovým ořechům. Tyto peckovice se však rodí, až když palma dosáhne 80. roku věku. Samotné stromy se dožívají stáří přes 1000 let.

Palma chilena

Esta palma, natural de Chile, se cultiva también por su relativamente buena resistencia a las heladas y, naturalmente, por su belleza en muchos otros lugares del mundo, como por ejemplo en las riberas francesa o italiana. De su tronco se extrae una savia dulce llamada "miel de palma" que se usa para elaborar azúcar de palma y también vino de palma. Antes de la introducción del azúcar de caña, esta miel era el edulcorante más usado. Desgraciadamente, para extraer la savia la planta ha de ser talada, lo que en tiempos llegó a diezmar sus plantaciones pero, gracias al gran esfuerzo hecho para su salvación, en la actualidad se extrae de forma sostenible. Sus flores se esconden dentro de las hojas y dan unos frutos amarillos y duros llamados "coquitos" por su aspecto y porque huelen y saben como el coco. Para tener frutos la palma tiene que alcanzar una edad de unos 80 años, pudiendo vivir perfectamente más de 1 000 años.

Palma del Cile

Anche la palma del Cile è originaria del Paese sudamericano, ma, per la sua resistenza piuttosto elevata al gelo e non da ultimo per il suo sviluppo verticale esteticamente gradevole, viene coltivata in molti altri luoghi del mondo, ad esempio sulla Costa Azzurra e sulla Riviera ligure. Il suo nome deriva dalla linfa zuccherina con la quale si producono miele di palma, zucchero di palma e vino di palma. Prima dell'introduzione dello zucchero di canna, rappresentava il dolcificante più utilizzato in Cile. Per ottenere la linfa, la palma purtroppo va abbattuta, fatto che ne ha messo in grave pericolo la sopravvivenza nel suo Paese d'origine; proprio per tale ragione si stanno facendo grandi sforzi per tutelare e reintrodurre questa palma. I suoi fiori sono nascosti tra le foglie e producono frutti gialli provvisti di nocciolo, il cui aspetto, ma anche il profumo e il sapore, ricordano piccole noci di cocco. Le palme del Cile, tuttavia, producono questi frutti soltanto una volta raggiunta un'età di 80 anni. Le palme stesse, invece, possono superare l'età pur sempre ragguardevole di 1.000 anni.

Las Cabras, Chile

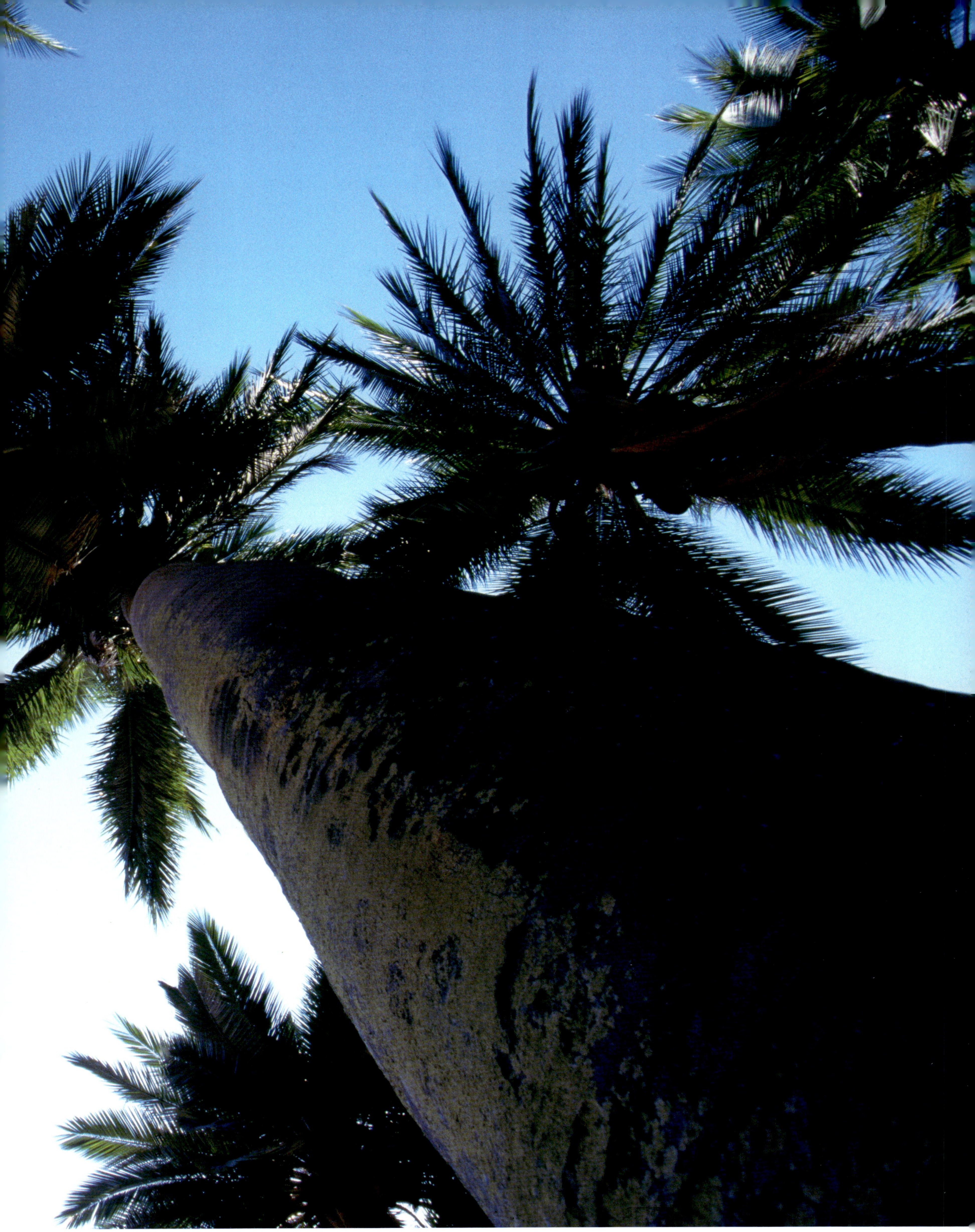

Jubaea chilensis

Las Cabras, Chile

Jubaea chilensis

Las Cabras, Chile

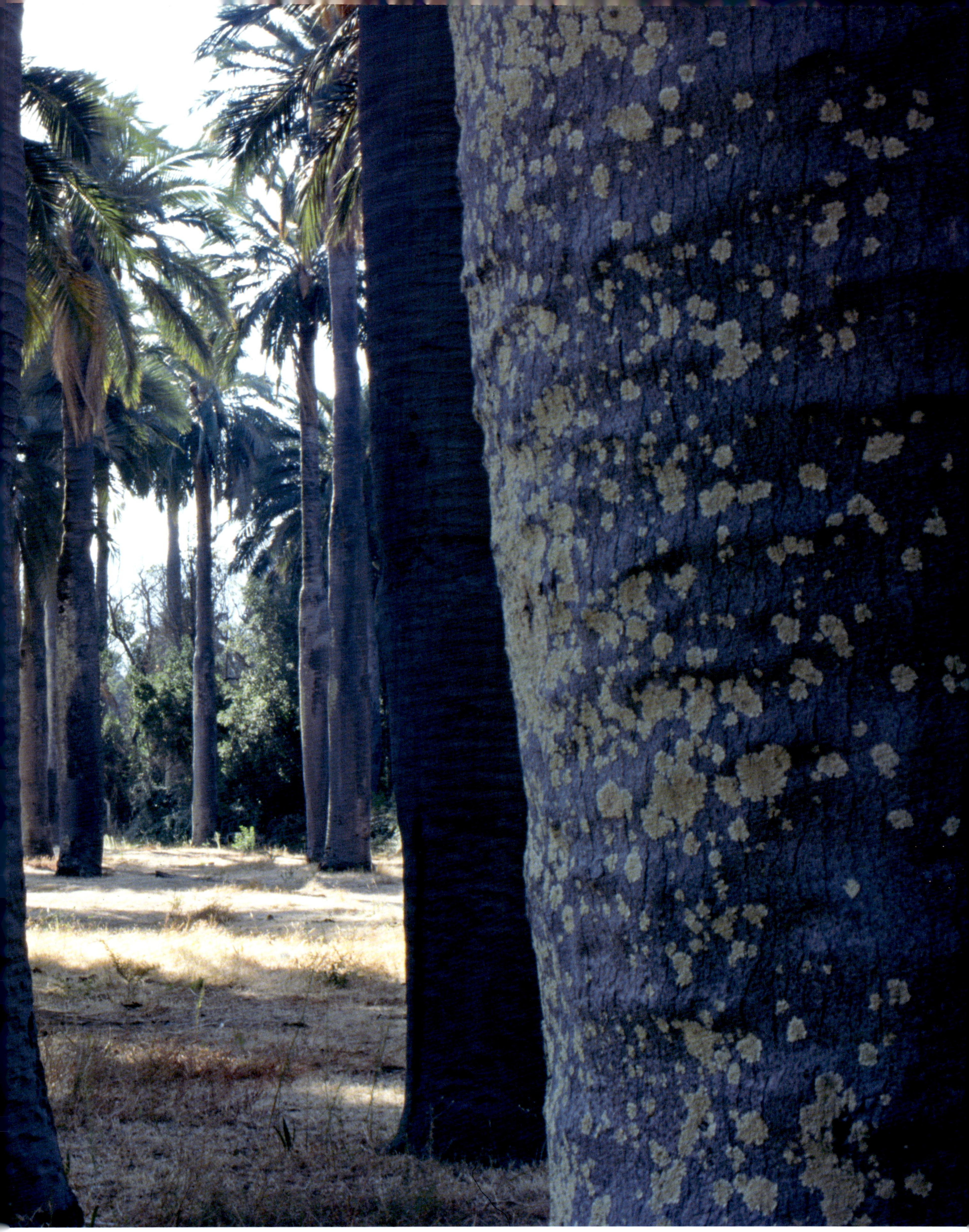

Las Cabras, Chile

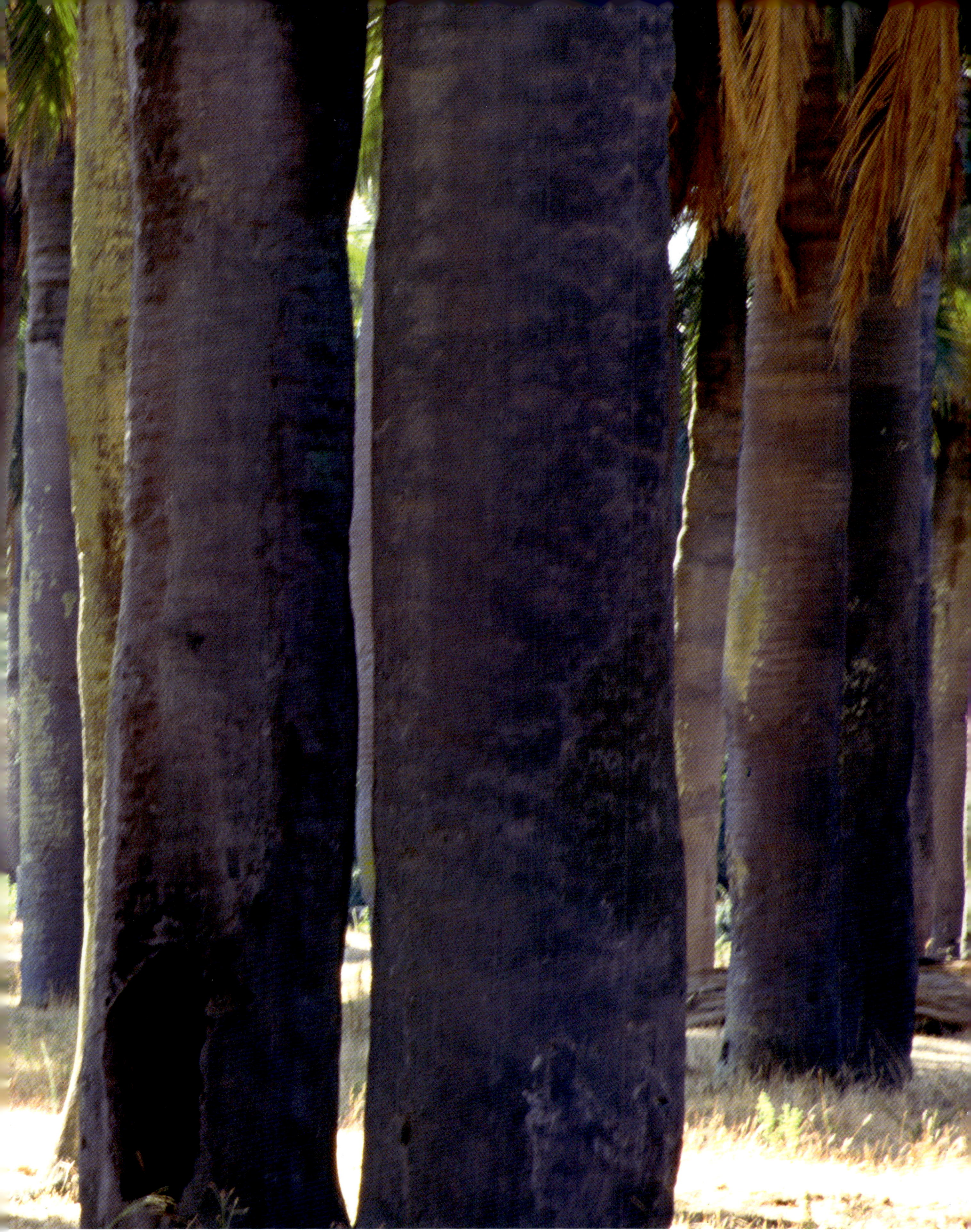

Grass Tree (Balga)
Kingia

You might think extraterrestrials have landed on the Australian terrain when you meet the balga or grass tree for the first time. In any case, its curious appearance suggests something out of your imagination. The trees grow very slowly and may well be more than 600 years old. Its trunk reaches a height of about five meters and is coated with dead leaves which burn in the bush fires that frequently occur. The charred layers, which are almost as thick as the skin of a camel, protect the tree from the often extreme heat. The Aborigines call the tree "black boy", a name referring to the black trunk, though it could also possibly come from its long inflorescence that looks like spears in the hands of a boy. The crown and clusters of blossoms on the Kingia australis also appear very decorative and for a long time it was mistakenly believed that they were the female form of the "black boy". Both species are found in South Australia – as "close encounters of a different kind".

Preiss-Grasbaum
Kingia australis

Man könnte meinen, Außerirdische seien auf australischem Boden gelandet, wenn man den Grasbäumen zum ersten Mal begegnet. In jedem Fall regt ihr wunderliches Aussehen die Phantasie an. Sie wachsen sehr langsam und können wohl an die sechshundert Jahre alt werden. Ihr Stamm, der eine Höhe von etwa fünf Metern erreicht, ist von toten Blättern umkleidet, die bei den häufigen Buschfeuern abbrennen. Die angekohlten Schichten schützen den Baum vor der oft extremen Hitze und gleichen ein wenig dem dichten Fell eines Kamels. Die Aborigines nennen den Baum „black boy". Dieser Name bezieht sich auf den schwarzen Stamm, möglicherweise aber auch auf die langen Blütenstände, die wie Speere in der Hand eines Buben aussehen. Sehr dekorativ wirkt auch die Krone und der Blütenstand der Kingia australis, die lange Zeit fälschlicherweise für die weibliche Form des „black boy" gehalten wurde. Beide Arten sind im Süden Australiens anzutreffen – als „Begegnungen der anderen Art".

Xanthorrhoea
Black boy

Le *black boy,* pour qui n'en aurait jamais vu, fait immanquablement penser à un extraterrestre. Son aspect étrange stimule l'imagination au plus haut point. Cet arbre, qui pousse avec une extrême lenteur, peut atteindre les 600 ans. Le tronc, d'une hauteur maximale de 5 mètres environ, est couvert de feuilles carbonisées par les fréquents feux de bush. Leurs couches successives ressemblent un peu au pelage épais d'un chameau et protègent l'arbre des chaleurs souvent terribles. Les Aborigènes l'ont baptisé *black boy,* en allusion à la couleur du tronc, mais peut-être aussi aux fleurs allongées qui font penser à des épées brandies par des enfants. La couronne et les inflorescences de *Kingia australis,* longtemps pris pour la forme femelle du *black boy,* possèdent aussi de réelles qualités ornementales. Les deux espèces se rencontrent dans le sud de l'Australie – des « rencontres d'un troisième type ».

Xanthorrhoea preissii
Familia Xanthorrhoeaceae

Kingia australis
Familia Dasypogonaceae

Žlutokap
Kingia jižní

Ten, kdo poprvé v životě potká žlutokap, si musí myslet, že na australské půdě přistáli mimozemšťané. Zvláštní vzhled tohoto stromu v každém případě probudí jeho fantazii. Žlutokapy rostou pomalu a mohou se dožívat stáří přes 600 let. Jejich kmen dosahuje do výše kolem 4 m a pokrývají ho mrtvé listy, které při častých požárech buše shoří. Zuhelnatělé vrstvy, tlusté jako velbloudí kůže, chrání strom před mnohdy extrémním horkem. Domorodí Austrálci říkají žlutokapu podle jeho černého kmene „černý chlapec", ačkoli toto pojmenování může mít původ i v dlouhém květenství, které vypadá jako chlapec s kopími v ruce. Také koruna a trsy květů kingie jižní vypadají velice dekorativně. Tento strom byl po dlouhou dobu mylně považován za samičí formu žlutokapu. Oba druhy rostou v jižní Austrálii – jako „blízká setkání odlišného druhu".

Xanthorrhoea preissii
Kingia australis

Al ver por primera vez una Xanthorrhoea Preissii podríamos pensar que los extraterrestres han aterrizado en suelo australiano. En cualquier caso, su aspecto incita a la fantasía. Crecen muy lentamente y pueden llegar a los 600 años de edad. Su tronco puede llegar a medir hasta 5 m de altura y está recubierto de restos de hojas muertas por causas de los numerosos incendios que se producen en la selva. Las capas carbonizadas, similares a la piel de los camellos, protegen el árbol de los frecuentes calores extremos. Los aborígenes llaman a estos árboles "black boys", sea por su tronco ennegrecido, sea por sus inflorescencias, que parecen lanzas en manos de un joven. La copa y las inflorescencias también son muy decorativas en "Kingia australis", que durante mucho tiempo fue considerada el árbol femenino del "black boy". Ambas especies pueden hallarse en el sur de Australia, encontrarse con ellas es "encontrarse con otra especie".

Xanthorrhoea preissii
Kingia australis

Quando si incontrano per la prima volta i cosiddetti "alberi erba", si potrebbe pensare di essere testimoni di uno sbarco alieno sul suolo australiano. Ad ogni modo, il loro aspetto bizzarro stimola la fantasia. Crescono molto lentamente e possono raggiungere i 600 anni di età. Il loro tronco, che arriva ad un'altezza di circa cinque metri, è rivestito dalle foglie morte, che bruciano nei frequenti incendi del "bush" australiano. Gli strati parzialmente carbonizzati, che assomigliano quasi al fitto pelame di un cammello, proteggono l'albero dalla calura spesso estrema. Gli Aborigeni chiamano l'albero "black boy", un nome che si riferisce al tronco nero, ma forse anche alle lunghe infiorescenze, che assomigliano a lance in mano ad un ragazzino. Molto decorativo è anche l'effetto dato dalla chioma e dall'infiorescenza della Kingia australis, che per molto tempo è stata erroneamente considerata la forma femminile del "black boy". L'incontro con entrambe le specie si può fare nel sud dell'Australia – come "incontro ravvicinato del terzo tipo".

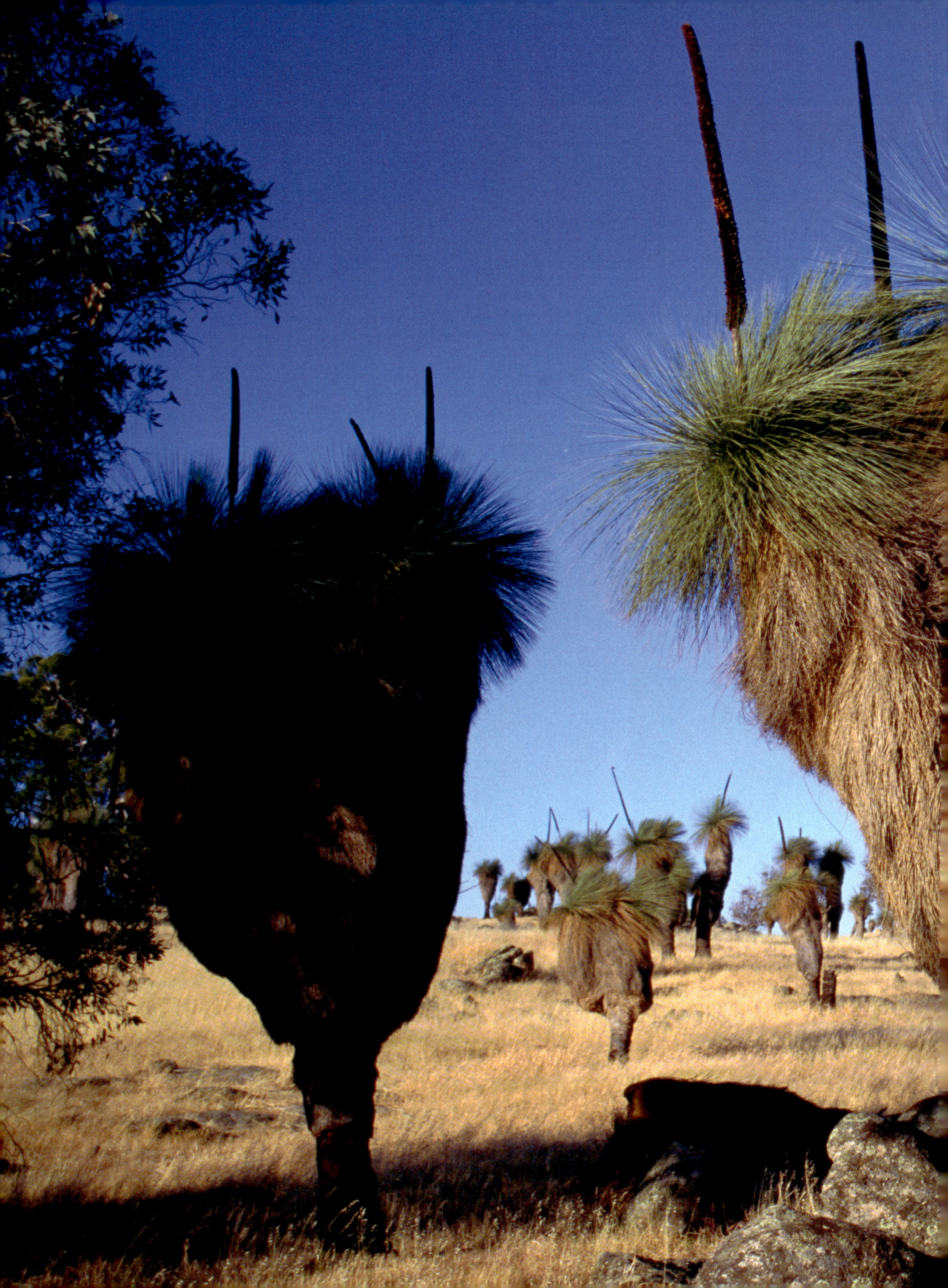

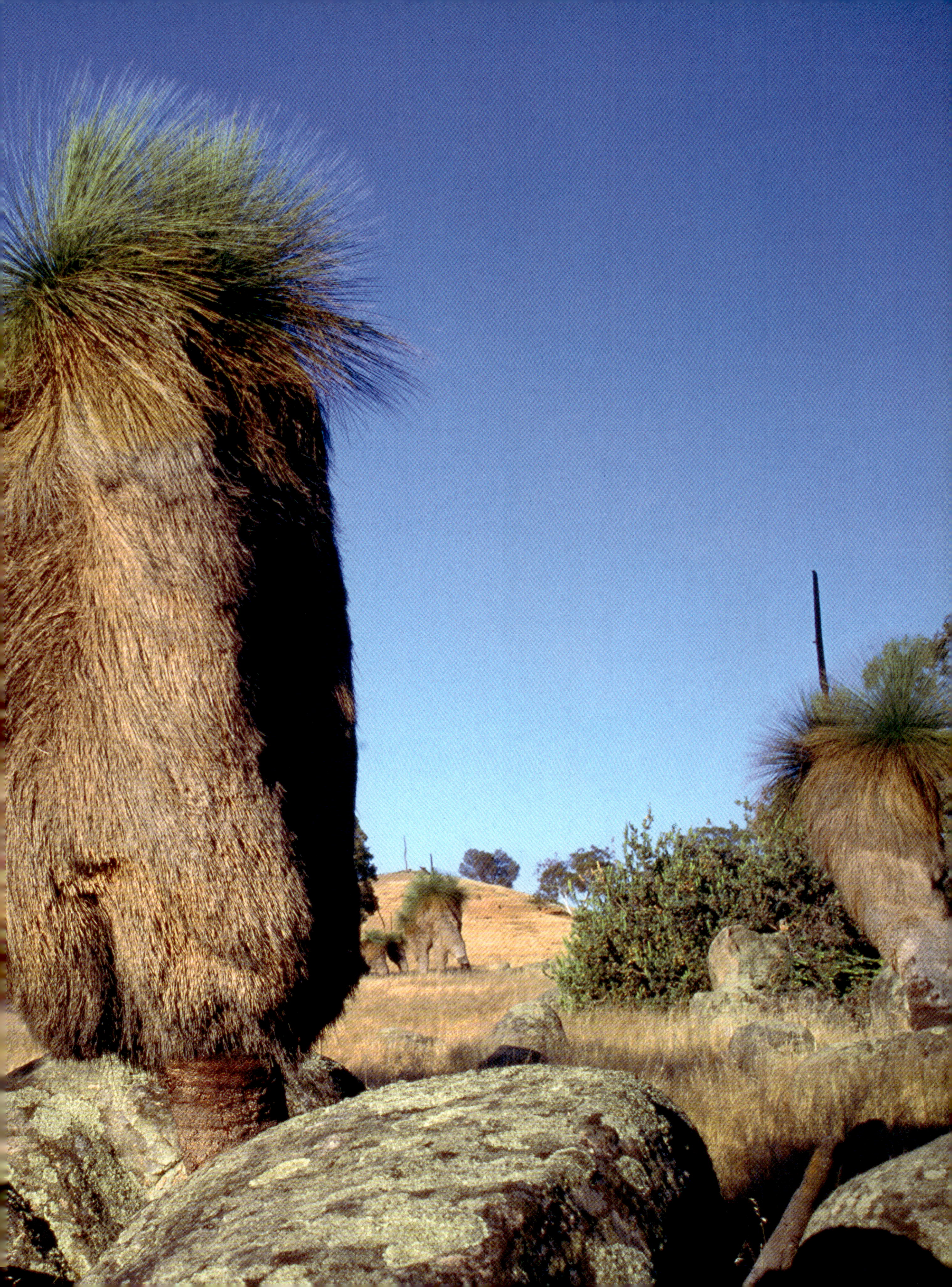

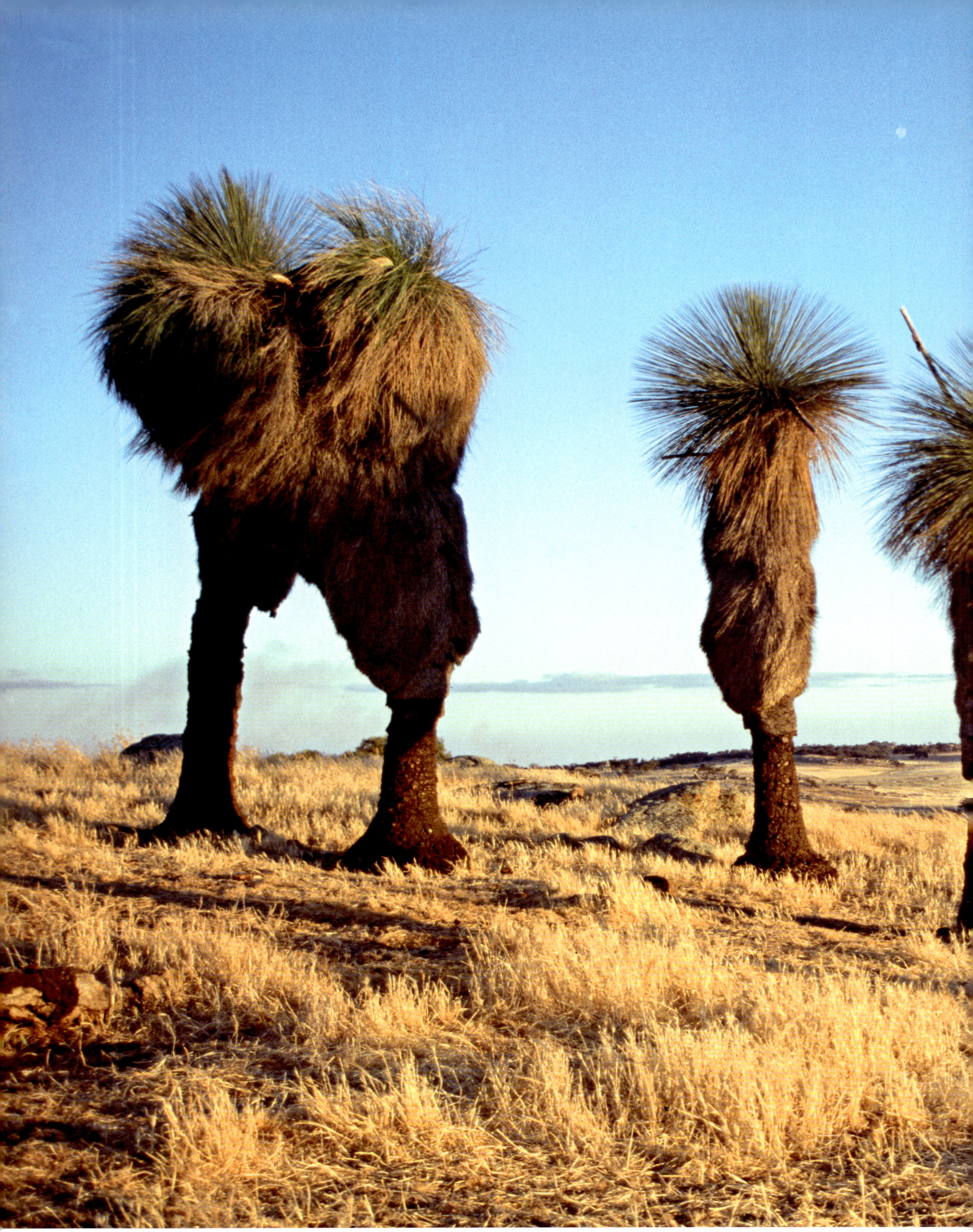

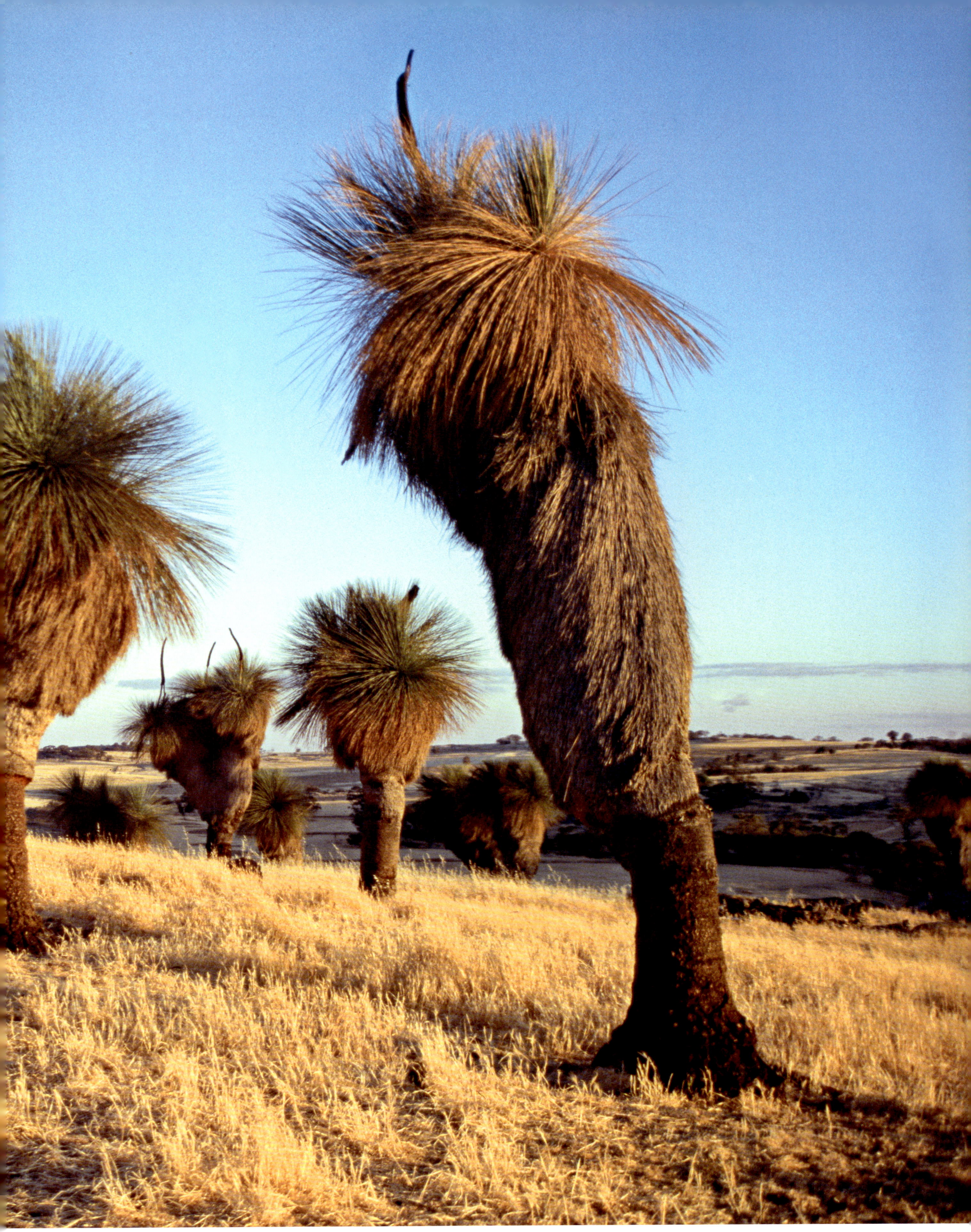

Xanthorrhoea preissii

South Australia

Xanthorrhoea preissii

South Australia

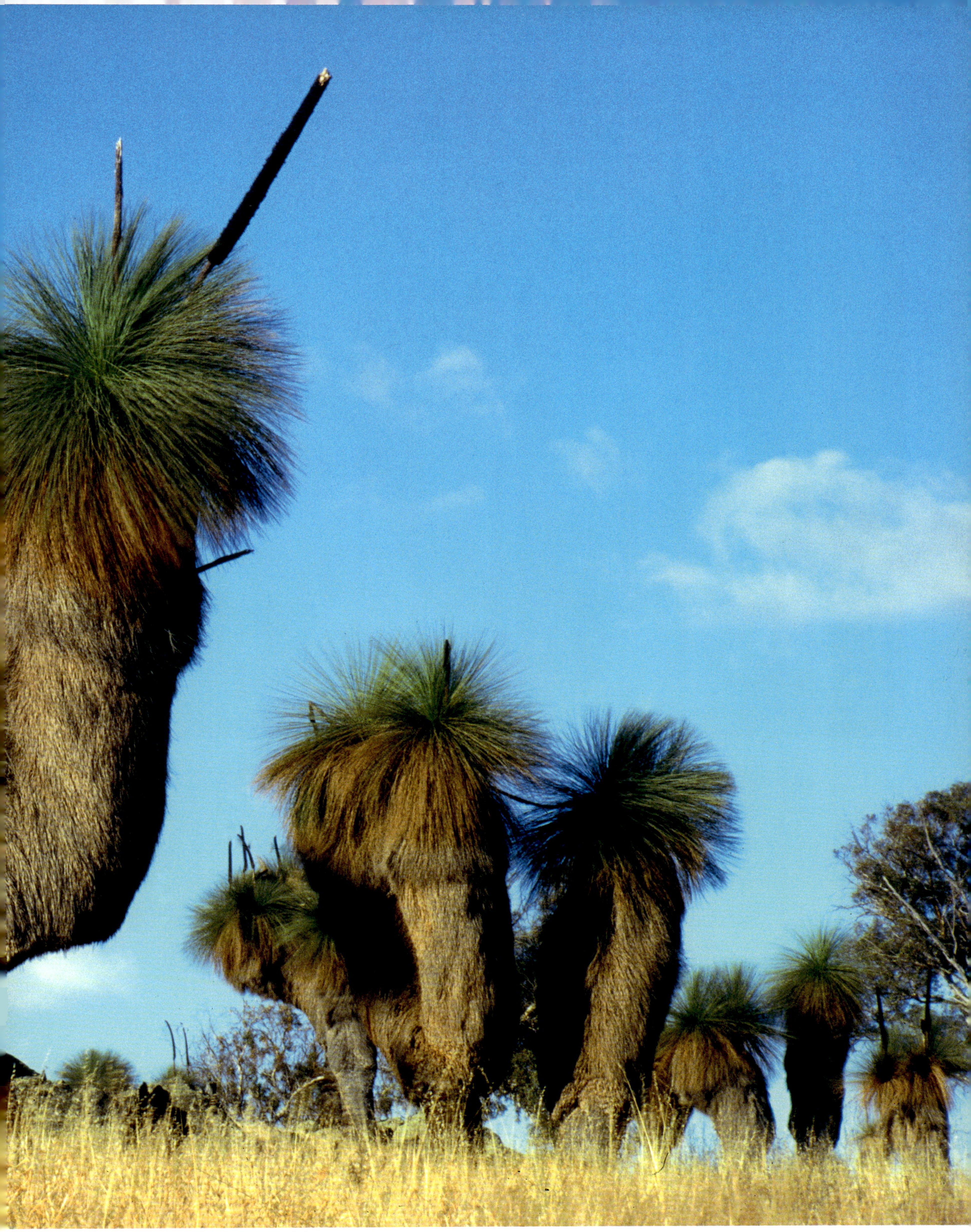

Xanthorrhoea preissii

South Australia

Xanthorrhoea preissii

South Australia

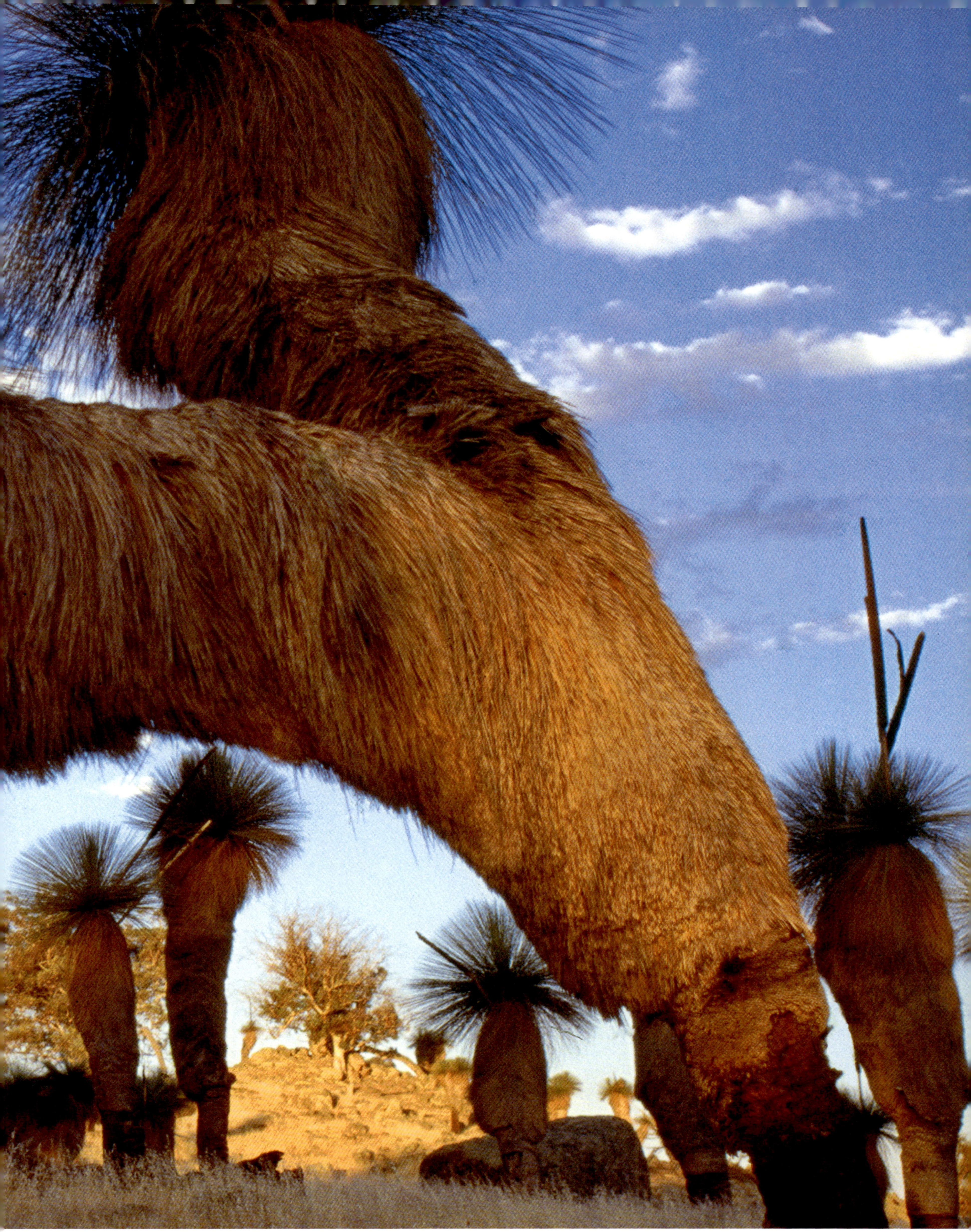

Xanthorrhoea preissii

Xanthorrhoea preissii

South Australia

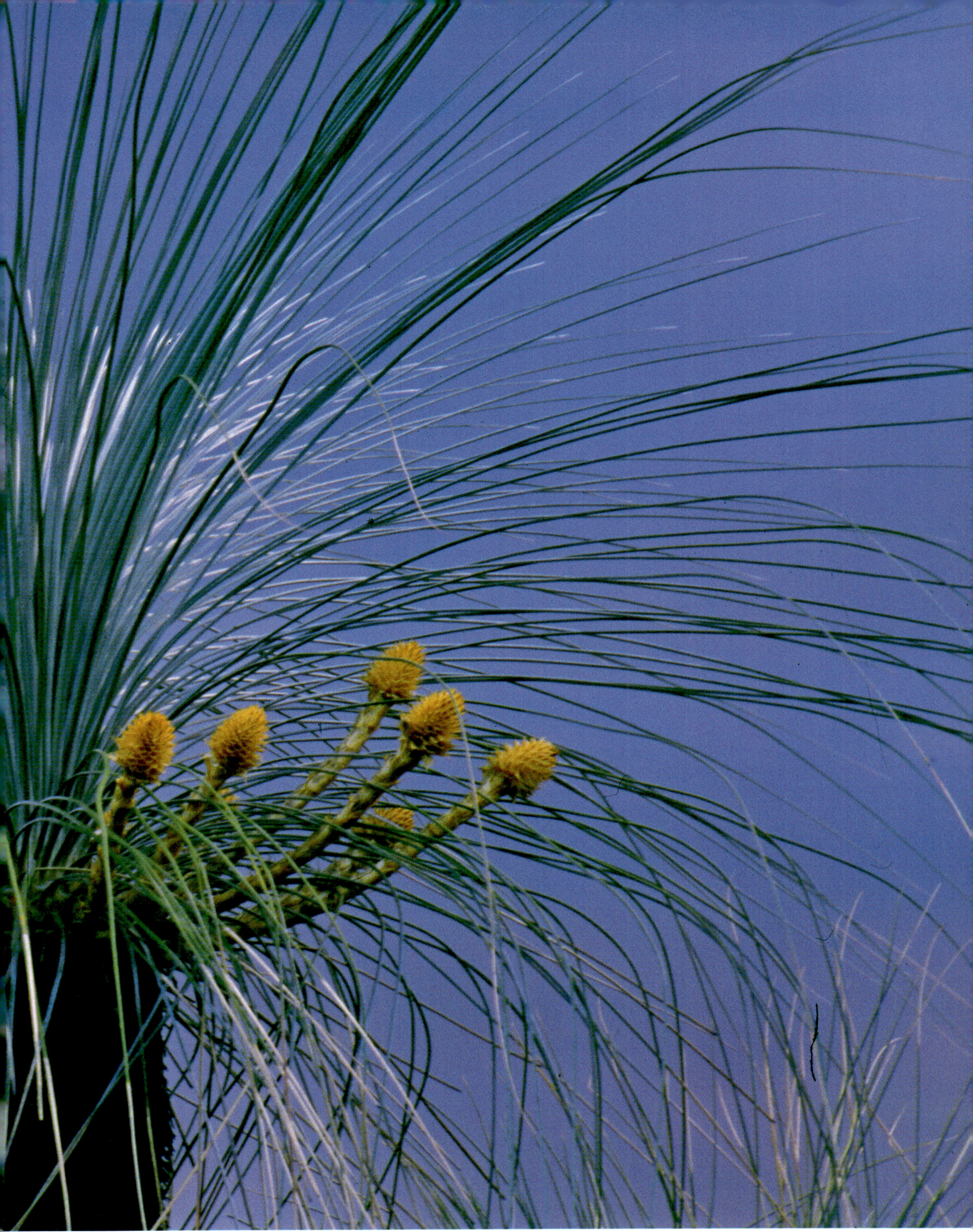

South Australia

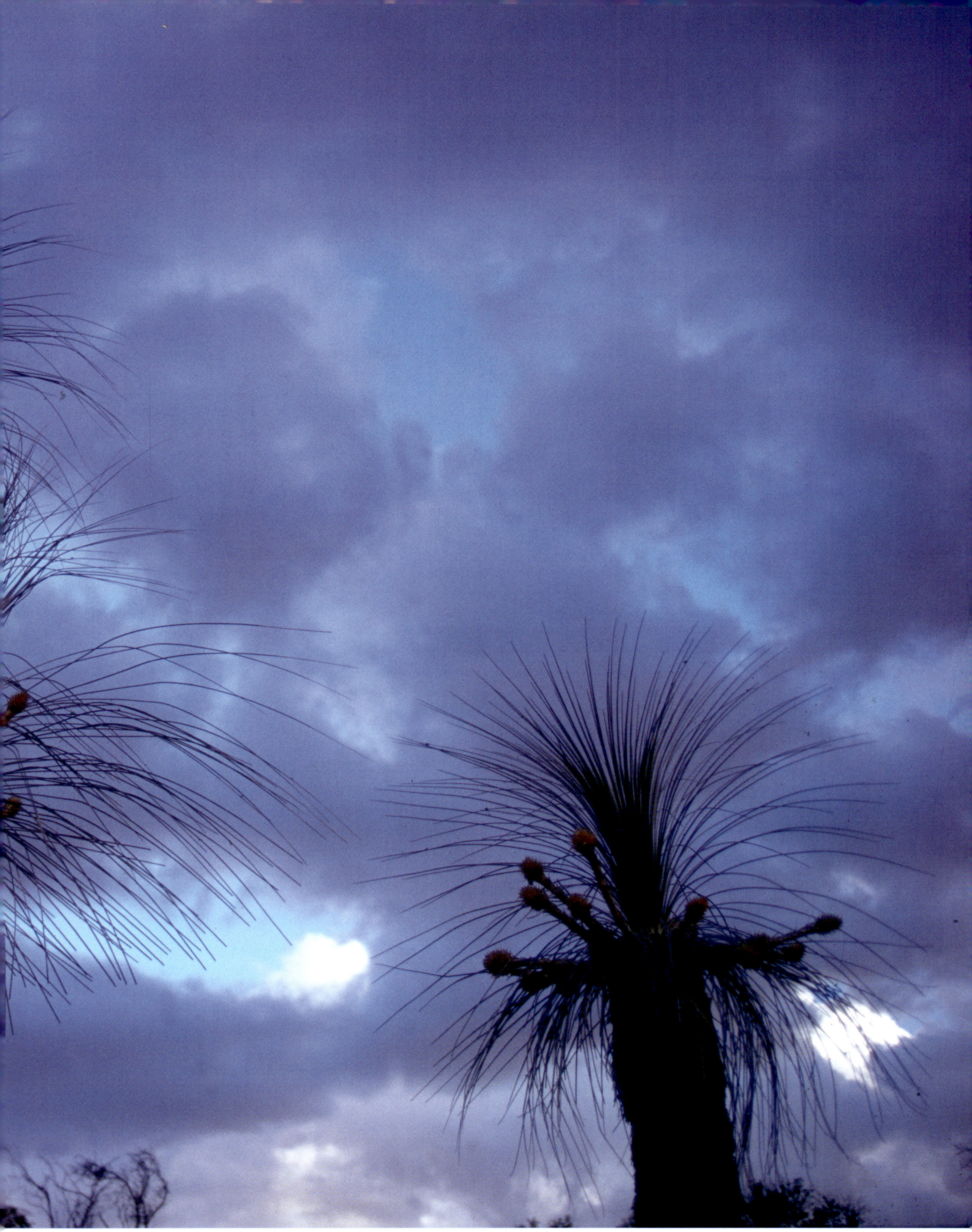

Kauri

The kauri tree was widespread all over the world prior to the breakup of the Gondwanaland supercontinent, but today it is found especially in New Zealand and Australia. The straight growth of its powerful branch-free trunk, up to 60 meters in height, proved to be fateful to the tree. While the Maoris begged the spirit of the kauri-pine for forgiveness before cutting them down, the timber industry had no such scruples. The magnificent trees that remain – such as the famous Twin Kauris in Queensland, both with a diameter of 3 meters and an estimated age of 1,000 years, are now protected. The stoutest and probably oldest kauri tree, at around 2,000 years of age, is *"Te Matua Ngahere"* (Father of the Forest), which grows in the Waipooua Forest in New Zealand and whose trunk measures 5.22 meters with a girth of 16.5 meters. The pale yellow, though sometimes colorless, dammar resin from the kauri tree is very valuable.

Neuseeländischer Kauri-Baum

Vor dem Auseinanderbrechen des Urkontinents Gondwanaland war der Kauribaum auf der ganzen Erde verbreitet. Heute ist er insbesondere in Neuseeland und Australien zu finden. Doch auch ihm wurde der gerade Wuchs seines astfreien Stammes, der bis zu sechzig Meter hoch werden kann, zum Verhängnis. Während die Maoris den Geist einer Kauri-Kiefer um Verzeihung baten, bevor sie den Baum fällten, kannte die Holzindustrie keine solche Skrupel. Die noch vorhandenen prächtigen Exemplare stehen unter Naturschutz – so die berühmten „Twin Kauris" in Queensland. Beide haben jeweils einen Durchmesser von drei Metern und ein geschätztes Alter von tausend Jahren. Der dickste und mit circa zweitausend Jahren wohl auch älteste Kauribaum hat einen Stammdurchmesser von 5,22 m und einen Stammumfang von 16,5 m. Er steht im „Waipooua Forest" auf Neuseeland und heißt „Te Matua Ngahere" (Vater des Waldes). Sehr wertvoll ist das aus dem Kauribaum gewonnene hellgelbe, gelegentlich auch farblose Harz, „Dammar" genannt.

Agathis

Avant la dislocation du continent original, le Gondwana, l'agathis était répandu sur toute la terre, mais aujourd'hui on le trouve principalement en Nouvelle-Zélande et en Australie. Lui aussi a souffert de son port droit et de son puissant tronc sans branches qui frôle les 60 mètres. Les bûcherons blancs ignorent les scrupules des Maoris, qui demandaient pardon à l'esprit d'un agathis avant de l'abattre. Les derniers sujets imposants sont protégés, comme les célèbres *Twin Kauris* dans le Queensland, tous deux d'un diamètre de 3 mètres et âgés d'environ 1 000 ans. Le plus gros et le plus vieux, âgé d'environ 2 000 ans, vit dans la forêt de Waipoua en Nouvelle-Zélande, porte le nom de *Te Matua Ngahere* (« père de la forêt ») et possède un tronc d'un diamètre de 5,22 m et d'une envergure de 16,50 m. La résine jaune pâle, parfois aussi incolore, que l'on en tire, le dammar, a également une grande valeur commerciale.

▲ Waipoua, New Zealand

Agathis australis
Familia Araucariaceae

Damaroň jižní

Před rozpadem superkontinentu Gondwana byla damaroň rozšířena po celém světě. Dnes roste převážně na Novém Zélandu, kde je známa pod maorským názvem kauri. Osudným se jí stal její mohutný, až 50 metrů vysoký nevětvený kmen. Zatímco Maorové vždy žádali ducha damaroně před jejím pokácením za odpuštění, současní dřevaři si s tím vůbec nelámou hlavu. Nádherné stromy, jež dosud přežívají, jako jsou známá dvojčata *Twin Kauris* v australském Queenslandu, z nichž každé má průměr kmene přes 3 metry a jejich věk se odhaduje na nejméně 1000 let, jsou nyní chráněny. Nejmohutnější a pravděpodobně i nejstarší damaroň, jejíž stáří je odhadováno na 2000 let, je *Te Matua Ngahere* neboli Otec pralesa, jež roste v pralesní rezervaci Waipoua na novozélandském Severním ostrově. Má průměr kmene 5,22 m a její obvod činí úctyhodných 16,5 m. Světležlutá, někdy i bezbarvá damarová pryskyřice je velmi cenná.

Kauri

El kauri estuvo extendido por el antiguo bloque continental de Gondwana antes de su fragmentación, actualmente lo podemos encontrar ante todo en Nueva Zelanda y Australia. Pero su crecimiento recto y su tronco sin ramas, que llega a medir 60 m, han resultado fatales para él. Mientras los maoríes pedían perdón al alma del pino kauri, la industria maderera no tenía ningún escrúpulo. Los ejemplares todavía existentes están protegidos. Es el caso de los famosos "Twin Kauris", en Queensland, cuyo diámetro es de 3 m en cada uno y cuya edad se estima en 1 000 años. Tal vez el mayor ejemplar de kauri, con 2 000 años de edad, es el "Te Matua Ngahere" (Padre del bosque), del bosque neozelandés de Waipoua, que tiene 5,22 m de diámetro y 16,5 m de circunferencia. La madera del kauri es de color amarillo claro y es muy apreciada, pero también se extrae su resina transparente (la goma de kauri), llamada también "dammar".

Kauri neozelandese

Prima che il continente primordiale del Gondwana si suddividesse in diverse zolle tettoniche, il kauri era ancora diffuso su tutta la superficie terrestre; oggi si trova soprattutto in Nuova Zelanda e in Australia. Ma anche per quest'albero è stato fatale la sviluppo diritto del suo tronco possente e privo di rami, che può raggiungere un'altezza di 60 metri. Mentre i Maori invocavano il perdono dallo spirito di un kauri prima di abbatterlo, l'industria del legname non ha avuto scrupoli del genere. Gli splendidi esemplari ancora esistenti sono specie protetta, ad esempio i celebri "Twin kauris", i kauri gemelli, nel Queensland, del diametro di tre metri e con un'età stimata in 1.000 anni. Il kauri più spesso e, con i suoi circa 2.000 anni probabilmente anche più vecchio, è il "Te Matua Ngahere" (padre della foresta), che si trova nella "Waipooua Forest" in Nuova Zelanda e presenta addirittura un tronco dal diametro di 5,22 metri e dalla circonferenza di 16,5 metri. Dal kauri si ricava una resina molto pregiata, di colore giallo chiaro, ma talvolta anche incolore, detta "dammar".

Agathis australis

Waipoua, New Zealand

Agathis australis

⌃ Waipoua, New Zealand

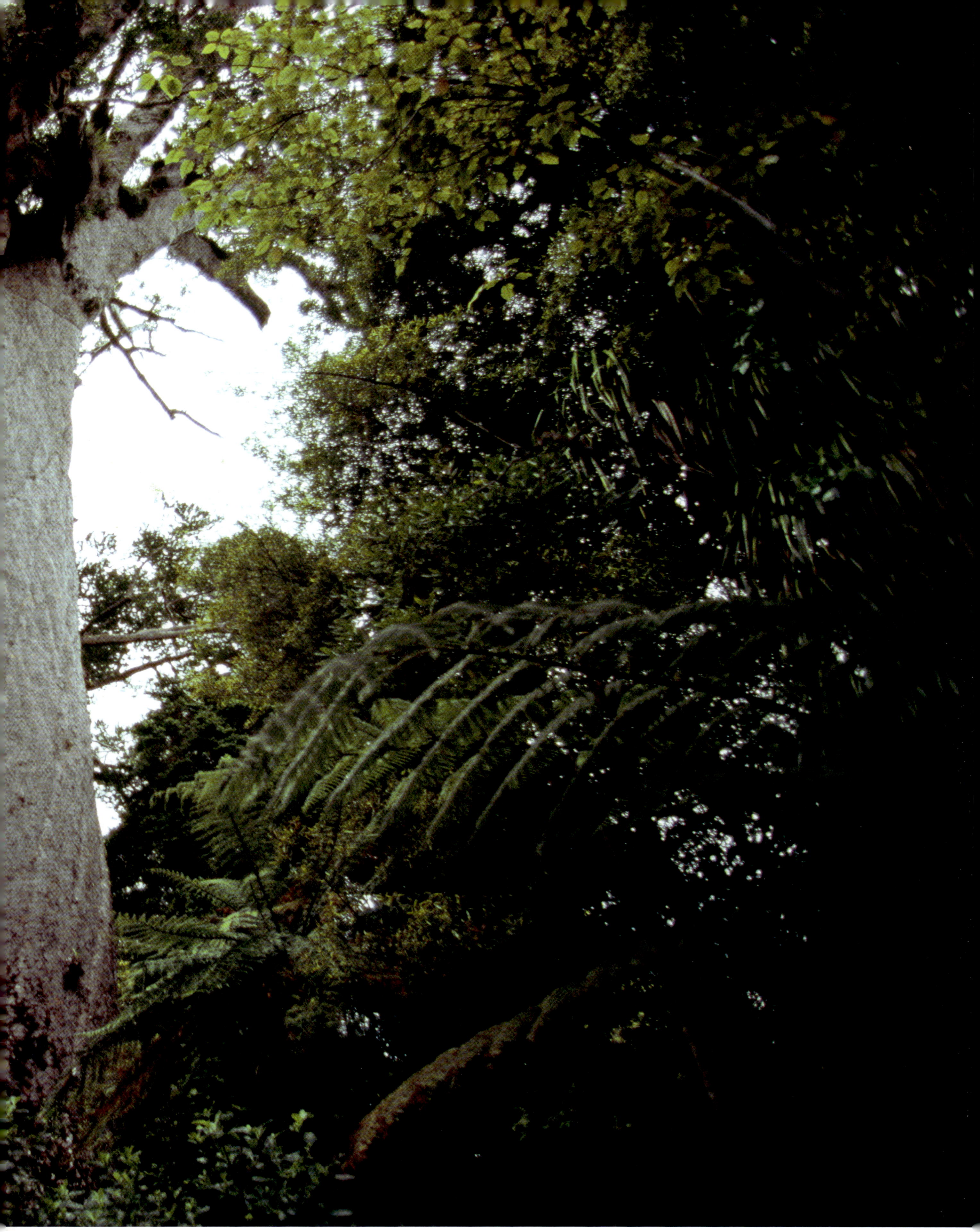

Waipoua, New Zealand

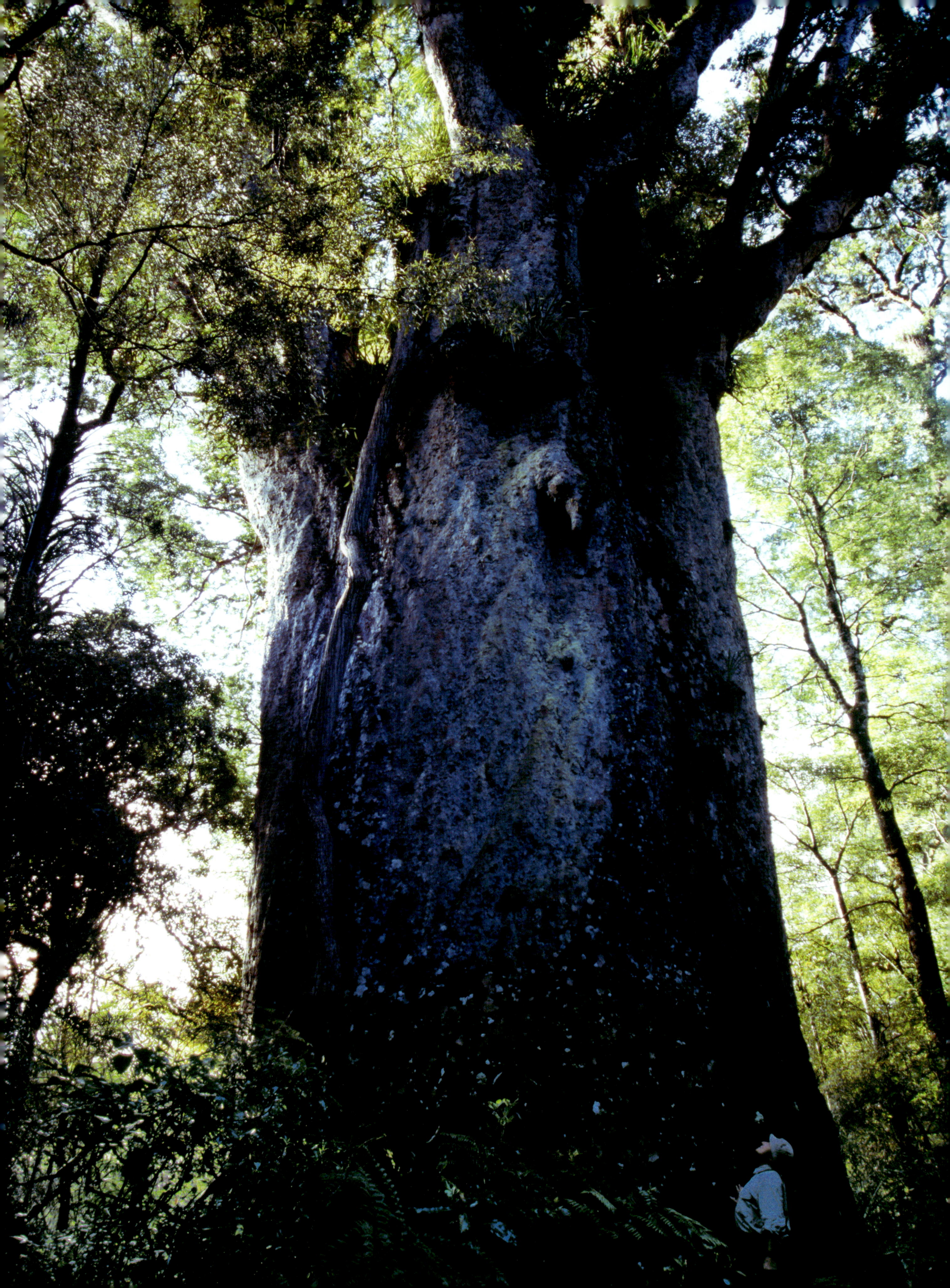

Waipoua, New Zealand

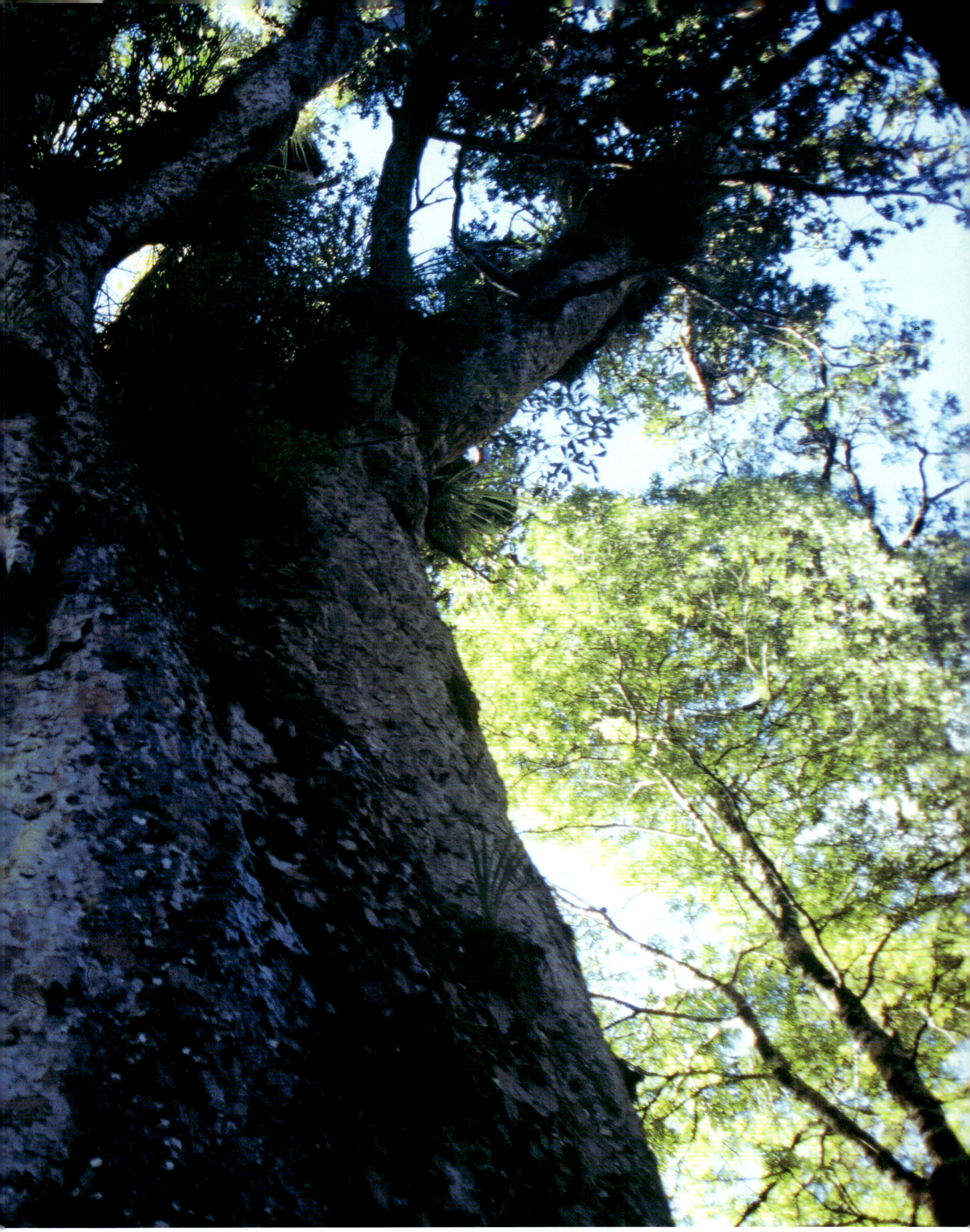

Sacred Fig Trees

This is neither about Mediterranean figs nor easy-care houseplants like the rubber bush, all of which belong to the genus *Ficus,* but enormous trees like the Indian banyan *(Ficus bengalensis)*, the Moreton Bay fig *(Ficus macrophylla)* and the Bohdi tree *(Ficus religiosa)*. The latter plays an important role in Buddhism because the young Gautama attained Enlightenment under it. (The Bodhi tree standing today in Bodhgaya, the destination of countless pilgrims, is not the original tree but is supposed to have descended from a branch sent by Emperor Asoka to Sri Lanka.) In turn, the banyan *(Aswatha* in Sanskrit) is revered in Hinduism and regarded highly in the Bhagavadgita as the symbol of the "world-tree", while prayer beads are made from its seeds. A characteristic of these giant trees, common to both Asia and the Pacific, is not just their huge ground roots but also their thick reticular aerial roots.

Feigenbäume

Es soll hier nicht um die Feigenbäume des Mittelmeerraumes und auch nicht um pflegeleichte Zimmerpflanzen wie den Gummibaum gehen, obwohl sie alle zur Gattung Ficus gehören. Wir betrachten stattdessen die gewaltigen Exemplare des indischen Banyanbaumes *(Ficus bengalensis)*, der Großblättrigen Feige *(Ficus macrophylla)* und der Pappel-Feige *(Ficus religiosa)*. Letztere spielt im Buddhismus eine wichtige Rolle, da der junge Gautama unter ihr die Erleuchtung erlangte. Die heute in Bodhgaya stehende Pappelfeige ist zwar nicht mehr der ursprüngliche Baum, aber sie soll aus einem Ableger stammen, der von Kaiser Asoka nach Sri Lanka geschickt wurde. Heute ist sie das Ziel unzähliger Pilger. Der Banyanbaum – in Sanskrit *Aswatha* – wiederum wird im Hinduismus stark verehrt und gilt in der Bhagavadgita als Symbol für den „Weltenbaum". Aus seinen Samen werden Gebetsperlen hergestellt. Charakteristisch für diese in Asien und auch im Pazifik verbreiteten Baumriesen sind nicht nur die gewaltigen Bodenwurzeln, sondern auch das dichte Luftwurzelgeflecht.

Ficus

Le genre Ficus regroupe aussi bien les figuiers méditerranéens que ces plantes d'appartements faciles à entretenir, mais nous parlerons ici des immenses banians *(Ficus benghalensis),* du *Ficus macrophylla* et du figuier des pagodes *(Ficus religiosa)*. Ce dernier joue un rôle majeur dans le bouddhisme, puisque c'est sous un tel figuier que le jeune Gautama reçut l'illumination. (Le figuier des pagodes qui se dresse aujourd'hui à Bodhgaya, but d'innombrables pèlerins, n'est plus celui d'origine, mais serait issu d'une bouture envoyée au Sri Lanka par l'empereur Ashoka.) Le banian (en sanskrit *Aswatha*) est quant à lui vénéré par les hindouistes et, dans la Bhagavad-gita, symbolise l'arbre des mondes. Ses graines servent à fabriquer des chapelets. Ces géants répandus en Asie et dans les pays baignés par le Pacifique se caractérisent par des racines souvent impressionnantes, mais aussi par la densité de leurs réseaux de racines aériennes.

Adelaide, Australia

Ficus Sp.
Familia Moraceae

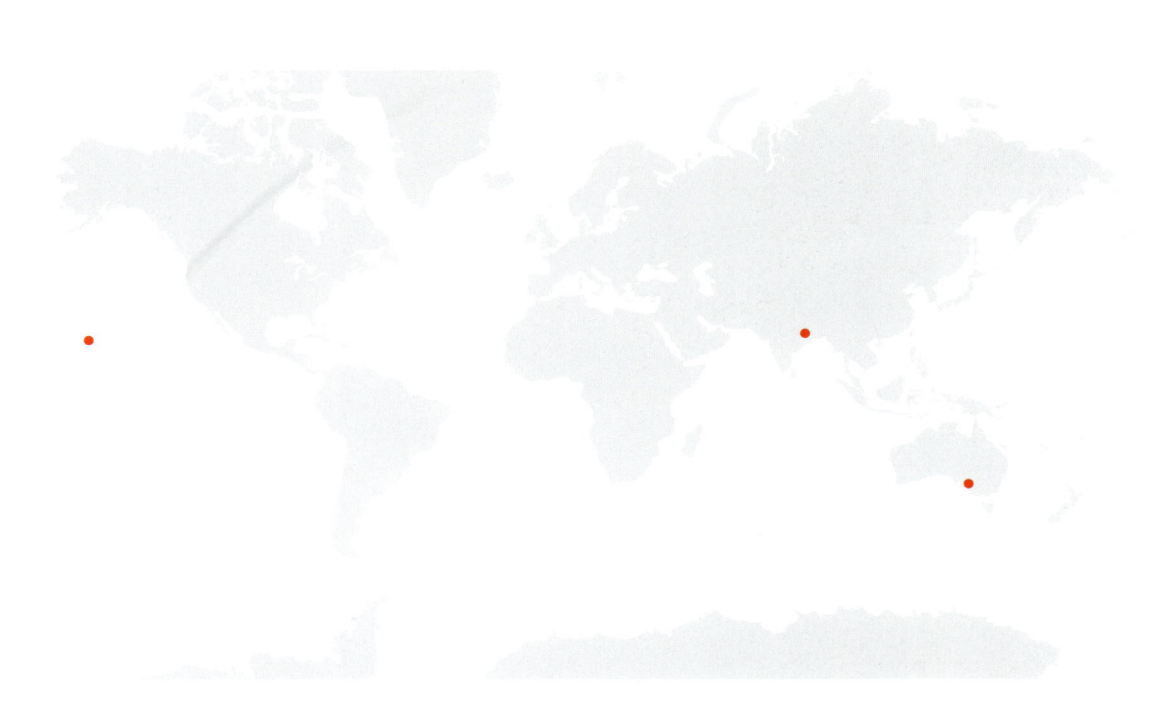

Fíkovník

Zde nejde ani o středomořské fíky, ani o oblíbené pokojové fíkusy, přestože obojí také náleží k rodu fíkovník (*Ficus*), ale o mohutné stromy, jako jsou fíkovník banyán (*Ficus benghalensis*), fíkovník velkolistý (*Ficus macrophylla*) či fíkovník posvátný (*Ficus religiosa*), pod nímž došel mladý Gautama Buddha osvícení, a proto je posvátným stromem buddhismu. (Strom bódhi neboli Strom osvícení či probuzení, který dnes stojí u chrámu Mahábódhi v Bódhgaji, kam míří nespočetné zástupy poutníků, není oním původním stromem, ale byl údajně vypěstován z odnože původního stromu, kterou poslal král Ašóka na Srí Lanku.) Fíkovník banyán zvaný v sanskrtu ašvattha je zase uctíván v hinduismu. V Bhagavadgítě se o něm píše jako o symbolu „světového stromu" a z jeho semen se vyrábějí kuličky růžence. Pro tyto ohromné stromy rostoucí v Asii i v Tichomoří jsou příznačné nejen jejich mohutné opěrné kořeny, ale i silné vzdušné kořeny, které se spouštějí z větví a po dosažení země tvoří vedlejší kmeny, jež pomáhají nést mohutnou korunu stromu.

Ficus

No se trata de la higuera del Mediterráneo y tampoco de una planta de interior de fáciles cuidados como el árbol de la goma, todos pertenecientes a la especie "Ficus", sino de unos ejemplares enormes de "baniano" o higuera de Bengala (Ficus bengalensis), de la higuera de Bahía Moreton (Ficus macrophylla) y de "pipal" o higuera sagrada (Ficus religiosa), ambas de la India. La última desempeña un papel importante en el budismo ya que el todavía joven Gautama alcanzó el nirvana sentado debajo de una higuera sagrada. (La de Bodh Gaia, en el norte de la India, es el destino de muchos peregrinos (a pesar de que, al parecer, no se trata del árbol original, sino de un descendiente directo del anterior resultante de un esqueje que el rey Ashoka hizo mandar a Sri Lanka). Por otro lado el baniano (en sánscrito *Aswatha*) es adorado en el hinduismo y en la Bhagavad Gita se menciona como el "árbol de los mundos". Con sus semillas se hacen rosarios. Lo característico de estos árboles gigantes, muy extendidos en Asia y Pacífico, no son solamente sus enorme raíces subterráneas sino también la densa red de raíces epígeas.

Fichi

I fichi qui rappresentati non sono gli alberi dell'area mediterranea e nemmeno le piante d'appartamento di facile coltivazione che ben conosciamo, tutte appartenenti al genere "Ficus", bensì i possenti esemplari dell'albero indiano del *banyan (Ficus bengalensis)*, del ficus magnolide *(Ficus macrophylla)* e del *pippal (Ficus religiosa)*. Quest'ultimo ha un ruolo importante nel buddismo, dato che fu proprio sotto ad un suo esemplare che il giovane Gautama raggiunse l'illuminazione (l'albero di pippal che oggi si erge a Bodhgaya, meta di innumerevoli pellegrini, non è più quello originale; si dice però che derivi da una propaggine inviata in Sri Lanka dall'imperatore Asoka). L'albero di *banyan* (in Sanscrito *Aswatha*) è a sua volta molto venerato nell'induismo e, nel Bhagavadgita, è il simbolo dell'"albero cosmico". Dai suoi semi si ricavano grani per i rosari usati nelle religioni orientali. Caratteristici di questo gigante arboreo diffuso in Asia e anche nel Pacifico sono le radici terrestri, spesso enormi, e il fitto apparato di radici aeree.

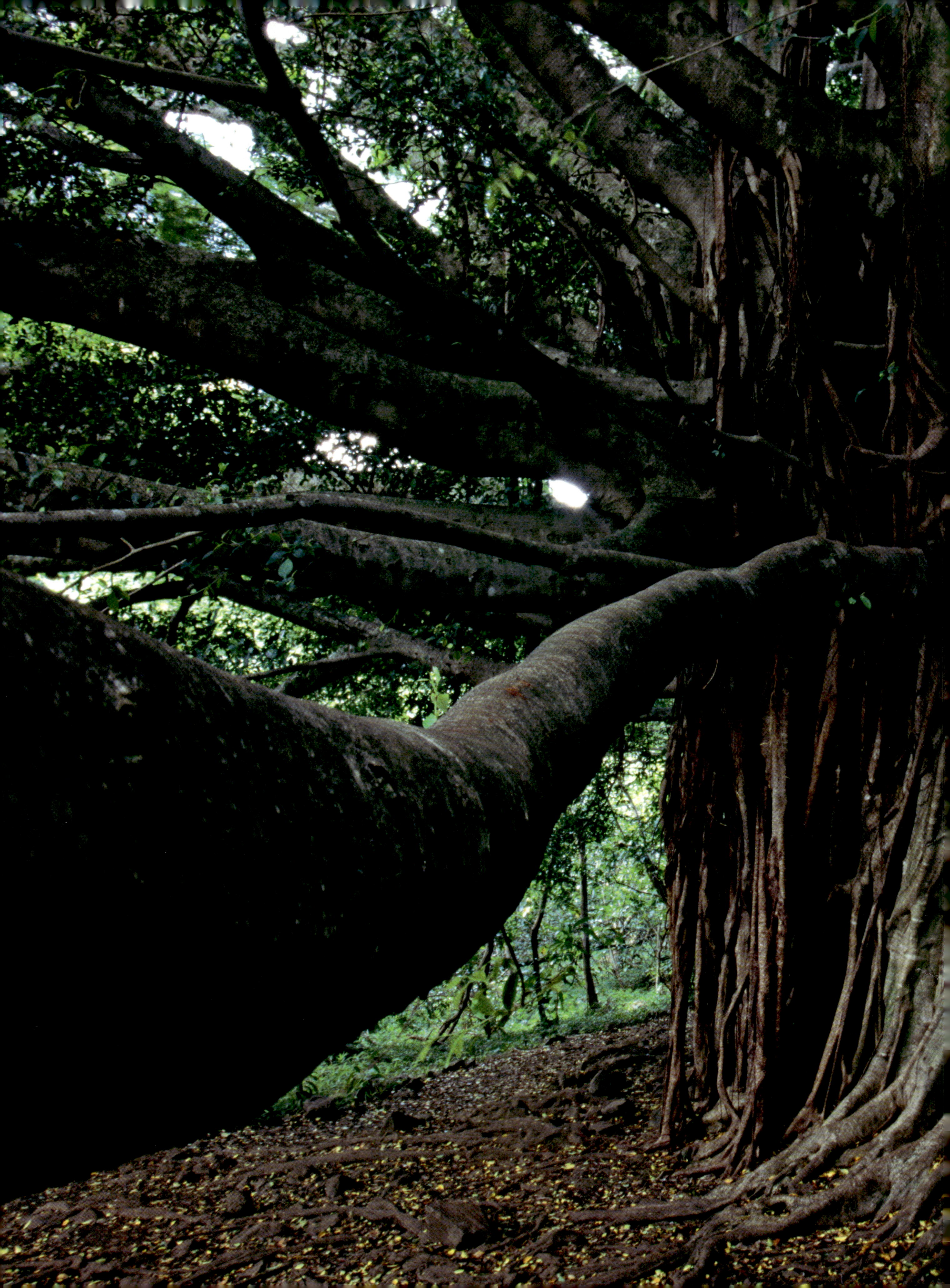

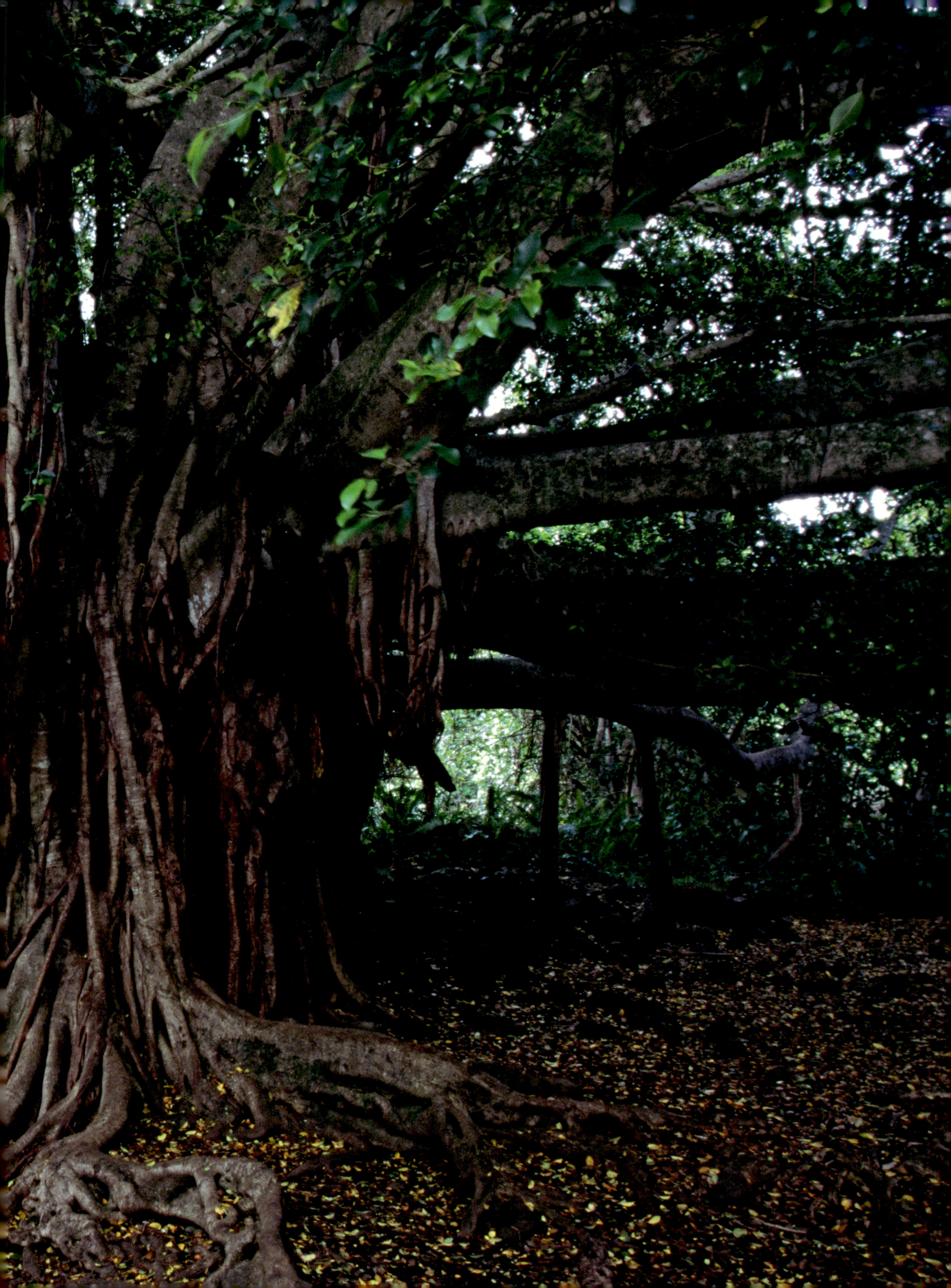

« Maui, Hawaii

↖ Adelaide, Australia

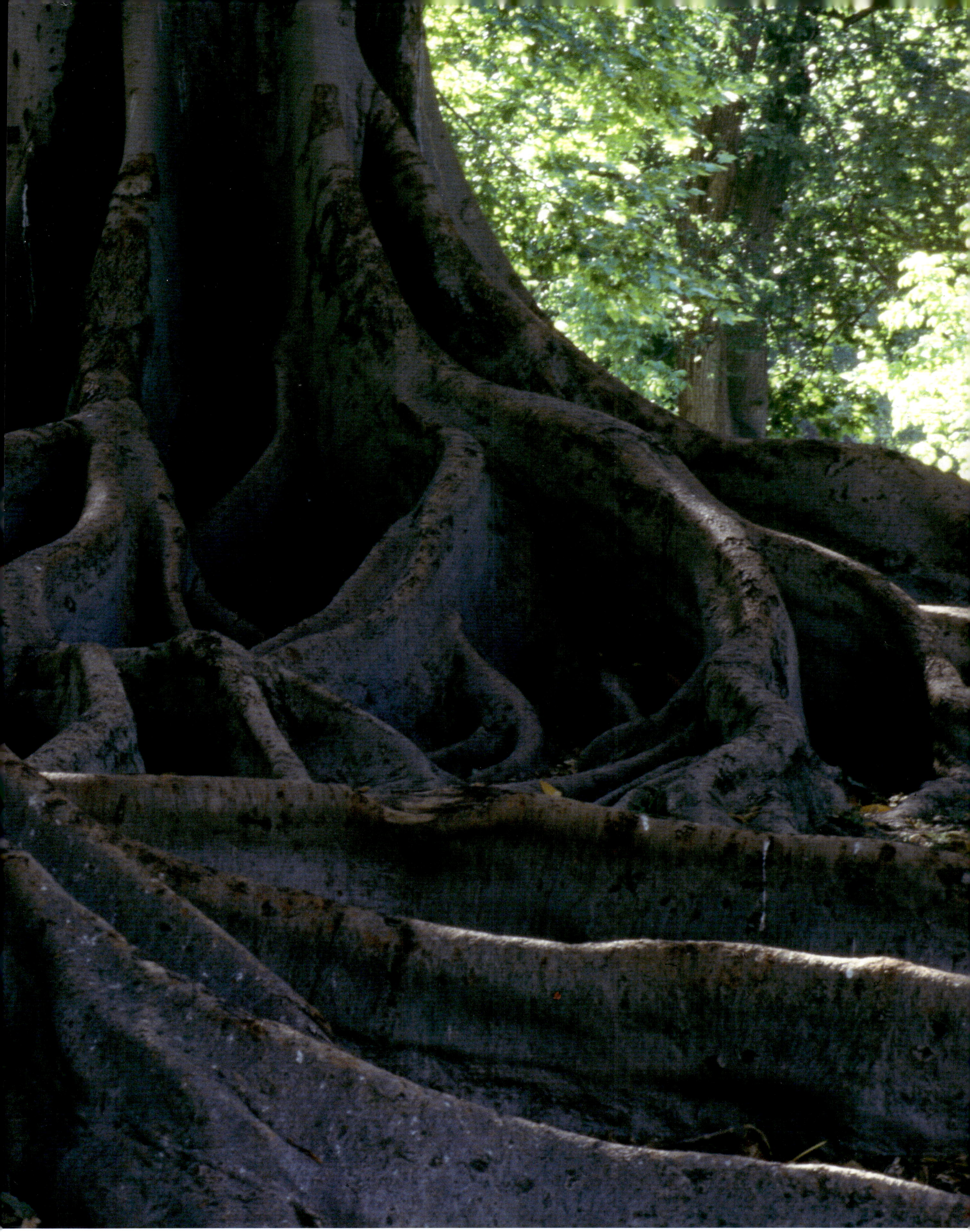

Ficus Sp.

Bodhgaya, India

Ficus Sp.

347

*Trees are poems that the earth
writes upon the sky.*
Khalil Gibran

*Bäume sind Gedichte,
die die Erde an den Himmel schreibt.*
Khalil Gibran

*Les arbres sont des poèmes
adressés au ciel par la terre*
Khalil Gibran

*Stromy jsou básně,
jež země píše na nebe.*
Chalíl Džibrán

*Los árboles son poemas que
escribe la tierra en el cielo.*
Khalil Gibran

*Gli alberi sono poesie
che la terra scrive al cielo.*
Khalil Gibran

Couroupita guaianensis, Botanic gardens, Hawaii 2	Ceratonia siliqua, Noto, Sicilia, Italia 16	Ceratonia siliqua, Noto, Sicilia, Italia 20 – 21
Jacaranda, Port Augusta, Australia 6	Ceratonia siliqua, Noto, Sicilia, Italia 17	Ceratonia siliqua, Noto, Sicilia, Italia 22 – 23
Cercis siliquastrum, Olympía, Elláda 10 – 11	Ceratonia siliqua, Noto, Sicilia, Italia 17	Fagus sylvatica, Bayern, Deutschland 24 – 25
Cercis siliquastrum, Olympía, Elláda 12 – 13	Ceratonia siliqua, Noto, Sicilia, Italia 17	Fagus sylvatica, Bayern, Deutschland 26 – 27
Ceratonia siliqua, Noto, Sicilia, Italia 14 – 15	Ceratonia siliqua, Noto, Sicilia, Italia 18 – 19	Quercus robur, Toscana, Italia 28 – 29

Quercus robur, Toscana, Italia 30 – 31

Thuja gigantea, Clères, Normandie, France 38

Olea europaea, Kriti, Elláda 44 – 45

Quercus robur, Toscana, Italia 32

Thuja gigantea, Clères, Normandie, France 39

Olea europaea, Nafpaktos, Elláda 46 – 47

Quercus robur, Toscana, Italia 33

Castanea sativa, Tortworth, Avon, Great Britain 40 – 41

Olea europaea, Sardegna, Italia 48

Quercus robur, Toscana, Italia 34 – 35

Castanea sativa, Tortworth, Avon, Great Britain 42

Olea europaea, Sicilia, Italia 49

Thuja gigantea, Clères, Normandie, France 36 – 37

Castanea sativa, Tortworth, Avon, Great Britain 43

Olea europaea, Itéa, Elláda 49

350

Olea europaea, Itéa, Elláda 49	Olea europaea, Kriti, Elláda 56 – 57	Olea europaea, Kérkyra, Elláda 65
Olea europaea, Kriti, Elláda 49	Olea europaea, Kriti, Elláda 58 – 59	Dracaena draco, Tenerife, España 66 – 67
Olea europaea, Kérkyra, Elláda 50 – 51	Olea europaea, Kriti, Elláda 60 – 61	Dracaena draco, Tenerife, España 68 – 69
Olea europaea, Kriti, Elláda 52 – 53	Olea europaea, Sardegna, Italia 62 – 63	Dracaena draco, Tenerife, España 70
Olea europaea, Kriti, Elláda 54 – 55	Olea europaea, Kriti, Elláda 64	Dracaena draco, La Palma, España 71

Dracaena draco, La Palma, España 71	Dracaena draco, Tenerife, España 74 – 75	Adansonia grandidieri, Morondava, Madagasikara 82 – 83
Dracaena draco, La Palma, España 71	Adansonia grandidieri, Morondava, Madagasikara 76 – 77	Adansonia rubrastipa, Morombe, Madagasikara 84 – 85
Dracaena draco, La Palma, España 71	Adansonia grandidieri, Morondava, Madagasikara 78 – 79	Adansonia rubrastipa, Morombe, Madagasikara 86 – 87
Dracaena draco, La Palma, España 72	Adansonia rubrastipa, Morombe, Madagasikara 80	Adansonia grandidieri, Morondava, Madagasikara 88 – 89
Dracaena draco, La Palma, España 73	Adansonia rubrastipa, Morombe, Madagasikara 81	Adansonia grandidieri, Morondava, Madagasikara 90 – 91

Adansonia digitata, Tène Toubab, Sénégal — 92–93	Adansonia digitata, Tsumeb, Namibia — 96	Aloe dichotoma, Kenhardt, South Africa — 104–105
Adansonia, Morombe, Madagasikara — 94	Adansonia digitata, Tsumeb, Namibia — 97	Aloe dichotoma, Kenhardt, South Africa — 106
Adansonia digitata, Tène Toubab, Sénégal — 95	Adansonia digitata, Tsumeb, Namibia — 98–99	Aloe dichotoma, Kenhardt, South Africa — 107
Adansonia digitata, Tène Toubab, Sénégal — 95	Adansonia gibbosa, Kimberley, Australia — 100–101	Aloe dichotoma, Keetmanshoop, Namibia — 108–109
Adansonia rubrastipa, Morombe, Madagasikara — 95	Aloe dichotoma, Kenhardt, South Africa — 103	Aloe dichotoma, Keetmanshoop, Namibia — 110–111

Aloe dichotoma, Kenhardt, South Africa 112

Acacia, Sossusvlei, Namibia 118 – 119

Cyphostemma currorii, Spitzkoppe, Namibia 126 – 127

Aloe dichotoma, Kenhardt, South Africa 113

Acacia, Sossusvlei, Namibia 120 – 121

Cyphostemma currorii, Spitzkoppe, Namibia 128

Acacia, Sossusvlei, Namibia 114 – 115

Cyphostemma currorii, Spitzkoppe, Namibia 122 – 123

Cyphostemma currorii, Spitzkoppe, Namibia 129

Acacia, Sossusvlei, Namibia 116

Cyphostemma currorii, Spitzkoppe, Namibia 124

Cyphostemma currorii, Spitzkoppe, Namibia 130 – 131

Acacia, Sossusvlei, Namibia 117

Cyphostemma currorii, Spitzkoppe, Namibia 125

Welwitschia mirabilis, Namib Desert, Namibia 132 – 133

354

Welwitschia mirabilis, Namib Desert, Namibia 134 – 135	Welwitschia mirabilis, Namib Desert, Namibia 139	Taxodium distichum var. distichum, Caddo Lake, Texas, USA 144
Welwitschia mirabilis, Namib Desert, Namibia 136	Welwitschia mirabilis, Namib Desert, Namibia 139	Taxodium distichum var. distichum, Caddo Lake, Texas, USA 145
Welwitschia mirabilis, Namib Desert, Namibia 137	Welwitschia mirabilis, Namib Desert, Namibia 139	Taxodium distichum var. distichum, Louisiana, USA 146 – 147
Welwitschia mirabilis, Namib Desert, Namibia 138	Welwitschia mirabilis, Namib Desert, Namibia 140 – 141	Taxodium distichum var. distichum, Louisiana, USA 148 – 149
Welwitschia mirabilis, Namib Desert, Namibia 139	Taxodium distichum var. distichum, Louisiana, USA 142 – 143	Taxodium distichum var. distichum, Louisiana, USA 150

Taxodium distichum var. distichum, Caddo Lake, Texas, USA — 151

Taxodium distichum var. distichum, Caddo Lake, Texas, USA — 160

Taxodium mucronatum, Santa María del Tule, Oaxaca, México — 162 – 163

Taxodium distichum var. distichum, Louisiana, USA — 152 – 153

Taxodium distichum var. distichum, Reelfoot Lake, Tennessee, USA — 161

Taxodium mucronatum, Santa María del Tule, Oaxaca, México — 164 – 165

Taxodium distichum var. distichum, Louisiana, USA — 154 – 155

Taxodium distichum var. distichum, Reelfoot Lake, Tennessee, USA — 161

Taxodium mucronatum, Santa María del Tule, Oaxaca, México — 166

Taxodium distichum var. distichum, Caddo Lake, Texas, USA — 156 – 157

Taxodium distichum var. distichum, Reelfoot Lake, Tennessee, USA — 161

Taxodium mucronatum, Santa María del Tule, Oaxaca, México — 167

Taxodium distichum var. distichum, Louisiana, USA — 158 – 159

Taxodium distichum var. distichum, Louisiana, USA — 161

Taxodium mucronatum, Santa María del Tule, Oaxaca, México — 168 – 169

Pinus longaeva/Pinus aristata, White Mountains, California, USA   170 – 171

Pinus longaeva/Pinus aristata, Great Basin National Park, Nevada, USA   178 – 179

Pinus longaeva/Pinus aristata, Great Basin National Park, Navada, USA   182 – 183

Pinus longaeva/Pinus aristata, White Mountains, California, USA   172 – 173

Pinus longaeva/Pinus aristata, Great Basin National Park, Nevada, USA   180

Pinus longaeva/Pinus aristata, Great Basin National Park, Nevada, USA   184

Pinus longaeva/Pinus aristata, Great Basin National Park, Nevada, USA   174 – 175

Pinus longaeva/Pinus aristata, White Mountains, California, USA   181

Pinus longaeva/Pinus aristata, Great Basin National Park, Nevada, USA   185

Pinus longaeva/Pinus aristata, White Mountains, California, USA   176

Pinus longaeva/Pinus aristata, White Mountains, California, USA   181

Pinus longaeva/Pinus aristata, White Mountains, California, USA   186 – 187

Pinus longaeva/Pinus aristata, Great Basin National Park, Nevada, USA   177

Pinus longaeva/Pinus aristata, White Mountains, California, USA   181

Pinus longaeva/Pinus aristata, White Mountains, California, USA   188 – 189

357

Pinus longaeva/Pinus aristata, White Mountains, California, USA   190 – 191

Sequoia sempervirens, Redwood National Park, California, USA   198 – 199

Sequoia sempervirens, Redwood National Park, California, USA   208

Pinus longaeva/Pinus aristata, Great Basin National Park, Nevada, USA   192

Sequoia sempervirens, Redwood National Park, California, USA   200 – 201

Sequoia sempervirens + rhododendron, Redwood National Park, California, USA   209

Pinus longaeva/Pinus aristata, Great Basin National Park, Nevada, USA   193

Sequoia sempervirens, Redwood National Park, California, USA   202 – 203

Sequoia sempervirens, Redwood National Park, California, USA   210 – 211

Pinus longaeva/Pinus aristata, Great Basin National Park, Nevada, USA   194 – 195

Sequoia sempervirens, Redwood National Park, California, USA   204 – 205

Sequoiadendron giganteum, Sequoia & Kings Canyon NP, California, USA   212 – 213

Pinus longaeva/Pinus aristata, Great Basin National Park, Nevada, USA   196 – 197

Sequoia sempervirens, Redwood National Park, California, USA   206 – 207

Sequoiadendron giganteum, Sequoia & Kings Canyon NP, California, USA   214 – 215

Sequoiadendron giganteum, Sequoia & Kings Canyon NP, California, USA   216 – 217

Sequoiadendron giganteum, Sequoia & Kings Canyon NP, California, USA   224

Juniperus occidentalis, Yosemite National Park, California, USA   228 – 229

Sequoiadendron giganteum, Sequoia & Kings Canyon NP, California, USA   218

Sequoiadendron giganteum, Sequoia & Kings Canyon NP, California, USA   225

Juniperus occidentalis, Yosemite National Park, California, USA   230

Sequoiadendron giganteum, Sequoia & Kings Canyon NP, California, USA   219

Sequoiadendron giganteum, Sequoia & Kings Canyon NP, California, USA   225

Juniperus occidentalis, Yosemite National Park, California, USA   231

Sequoiadendron giganteum, Sequoia & Kings Canyon NP, California, USA   220 – 221

Sequoiadendron giganteum, Sequoia & Kings Canyon NP, California, USA   225

Juniperus osteosperma, Monument Valley, Utah, USA   232 – 233

Sequoiadendron giganteum, Sequoia & Kings Canyon NP, California, USA   222 – 223

Juniperus osteosperma, Monument Valley, Utah, USA   226 – 227

Acer saccharum, Vermont, USA   234 – 235

Acer saccharum, Maine, USA — 236	Yucca, Chihuahua, México — 242 – 243	Yucca brevifolia, California, USA — 250 – 251
Acer saccharum, Maine, USA — 237	Yucca, Chihuahua, México — 244 – 245	Ceiba pentandra, Casamance, Sénégal — 252 – 253
Acer saccharum, Ontario, Canada — 238 – 239	Yucca brevifolia, California, USA — 246	Ceiba pentandra, Casamance, Sénégal — 254 – 255
Acer saccharum, Ontario, Canada — 240	Yucca brevifolia, California, USA — 247	Ceiba pentandra, Casamance, Sénégal — 256
Acer saccharum, Ontario, Canada — 241	Yucca, Chihuahua, México — 248 – 249	Ceiba pentandra, Casamance, Sénégal — 257

Ceiba pentandra, Casamance, Sénégal — 258 – 259
Ceiba pentandra, Casamance, Sénégal — 260 – 261 
Ceiba pentandra, Napo, Ecuador — 262 
Ceiba pentandra, Napo, Ecuador — 263 
Ceiba pentandra, Tikal, Guatemala — 264 – 265

Opuntia echios var. gigantea, Islas Galápagos, Ecuador — 266 – 267 
Opuntia echios var. gigantea, Islas Galápagos, Ecuador — 268 
Opuntia echios var. gigantea, Islas Galápagos, Ecuador — 269 
Opuntia echios var. gigantea, Islas Galápagos, Ecuador — 270 – 271 
Opuntia echios var. gigantea, Islas Galápagos, Ecuador — 272

Opuntia echios var. gigantea, Islas Galápagos, Ecuador — 273
Opuntia echios var. gigantea, Islas Galápagos, Ecuador — 273 
Opuntia echios var. gigantea, Islas Galápagos, Ecuador — 273 
Fitzroya cupressoides, La Unión, Chile — 274 – 275 
Fitzroya cupressoides, La Unión, Chile — 276 – 277

Fitzroya cupressoides, La Unión, Chile   278

Fitzroya cupressoides, La Unión, Chile   279

Fitzroya cupressoides, La Unión, Chile   280 – 281

Fitzroya cupressoides, La Unión, Chile   282

Fitzroya cupressoides, La Unión, Chile   283

Fitzroya cupressoides, La Unión, Chile   284 – 285

Araucaria araucana, Melipeuco, Chile   286 – 287

Araucaria araucana, Melipeuco, Chile   288

Araucaria araucana, Melipeuco, Chile   289

Araucaria araucana, Melipeuco, Chile   290 – 291

Araucaria araucana, Melipeuco, Chile   292 – 293

Araucaria araucana, Melipeuco, Chile   294

Araucaria araucana, Melipeuco, Chile   295

Araucaria araucana, Melipeuco, Chile   295

Araucaria araucana, Melipeuco, Chile   296 – 297

Index

Acacia 114-121
Acer saccharum 234-241
Adansonia 76-101
Agathis australis 330-339
Agavaceae 66-75, 242-251
Aloe dichotoma 102-113
Araucaria araucana 286-299
Araucariaceae 286-299, 330-339
Arecaceae 300-309
Asphodelaceae 102-113
Bombacaceae 76-101, 252-265
Cactaceae 266-273
Castanea sativa 40-43
Ceiba pentandra 252-265
Ceratonia siliqua 14-23
Cercis siliquastrum 10-13
Convallariaceae 66-75
Cupressaceae 36-39, 142-161, 162-169, 198-211, 212-225, 226-233, 274-285
Cyphostemma currorii 122-131
Dasypogonaceae 310-329
Dracaena draco 66-75
Fabaceae 10-13, 14-23
Fagaceae 24-35, 40-43
Fagus sylvatica 24-27
Ficus Sp. 340-347
Fitzroya cupressoides 274-285
Jubaea chilensis 300-309
Juniperus 226-233
Kingia australis 310-329
Mimosaceae 114-121
Moraceae 340-347
Olea europaea 44-65
Oleaceae 44-65
Opuntia echios var. gigantea 266-273
Pinaceae 170-197
Pinus longaeva, Pinus aristata 170-197
Quercus robur 28-35
Ruscaceae 66-75
Sapindaceae 234-241
Sequoia sempervirens 198-211
Sequoiadendron giganteum 212-225
Taxodium distichum var. distichum 142-161
Taxodium mucronatum 162-169
Thuja gigantea 36-39
Vitaceae 122-131
Welwitschia mirabilis 132-141
Welwitschiaceae 132-141
Xanthorrhoea preissii 310-329
Xanthorrhoeaceae 310-329
Yucca 242-251

Index

Acacia 114-121
Agavaceae 66-75, 242-251
Araucariaceae 286-299, 330-339
Arecaceae 300-309
Asphodelaceae 102-113
Baobab 76-101
Bombacaceae 76-101, 252-265
Bristlecone Pine 170-197
Butter Tree 122-131
Cactaceae 266-273
Canary Islands Dragon Tree 66-75
Carob 14-23
Chilean Wine Palm 300-309
Coast Redwood 198-211
Cobas 122-131
Convallariaceae 66-75
Copper Beech 24-27
Cupressaceae 36-39, 142-161, 162-169, 198-211, 212-225, 226-233, 274-285
Dasypogonaceae 310-329
English Oak 28-35
European Beech 24-27
Fabaceae 10-13, 14-23
Fagaceae 24-35, 40-43
Giant Sequoia 212-225
Grass Tree (Balga) 310-329
Judas Tree 10-13
Juniper 226-233
Kapok Tree 252-265
Kauri 330-339
Kingia 310-329
Mimosaceae 114-121
Monkey-puzzle 286-299
Montezuma Cypress 162-169
Moraceae 340-347
Oleaceae 44-65
Olive Tree 44-65
Opuntia Tree 266-273
Patagonian Cypress 274-285
Pinaceae 170-197
Quiver Tree 102-113
Ruscaceae 66-75
Sacred Fig Trees 340-347
Sapindaceae 234-241
Sugar Maple 234-241
Swamp Cypress 142-161
Sweet Chestnut 40-43
Vitaceae 122-131
Welwitschia 132-141
Welwitschiaceae 132-141
Western Red Cedar 36-39
Xanthorrhoeaceae 310-329
Yucca 242-251

Index

Agavaceae 66-75, 242-251
Akazie 114-121
Araucariaceae 286-299, 330-339
Arecaceae 300-309
Asphodelaceae 102-113
Baobab 76-101
Baumopuntie 266-273
Bombacaceae 76-101, 252-265
Cactaceae 266-273
Chilenische Araukarie 286-299
Convallariaceae 66-75
Cupressaceae 36-39, 142-161, 162-169, 198-211, 212-225, 226-233, 274-285
Dasypogonaceae 310-329
Echte Sumpfzypresse 142-161
Edelkastanie 40-43
Fabaceae 10-13, 14-23
Fagaceae 24-35, 40-43
Feigenbäume 340-347
Grannenkiefer 170-197
Honigpalme 300-309
Johannisbrotbaum 14-23
Judasbaum 10-13
Kanarischer Drachenbaum 66-75
Kapokbaum 252-265
Kingia australis 310-329
Köcherbaum 102-113
Küstenmammutbaum 198-211
Mexikanische Sumpfzypresse 162-169
Mimosaceae 114-121
Moraceae 340-347
Neuseeländischer Kauri-Baum 330-339
Ölbaum 44-65
Oleaceae 44-65
Patagonische Zypresse 274-285
Pinaceae 170-197
Preiss-Grasbaum 310-329
Riesenlebensbaum 36-39
Riesenmammutbaum 212-225
Rotbuche 24-27
Ruscaceae 66-75
Sapindaceae 234-241
Stieleiche 28-35
Traubenbaum 122-131
Vitaceae 122-131
Wacholder 226-233
Welwitschiaceae 132-141
Welwitschie 132-141
Xanthorrhoeaceae 310-329
Yucca 242-251
Zuckerahorn 234-241

Agathis australis, Waipoua, New Zealand 338 – 339

Ficus bengalensis, Maui, Hawaii 342 – 343

Ficus religiosa, Bodhgaya, India 346

Ficus macrophylla, Adelaide, Australia 340 – 341

Ficus macrophylla, Adelaide, Australia 344 – 345

Ficus religiosa, Bodhgaya, India 347

Xanthorrhoea preissii, South Australia 320
Xanthorrhoea preissii, South Australia 325
Agathis australis, Waipoua, New Zealand 332

Xanthorrhoea preissii, South Australia 321
Xanthorrhoea preissii, South Australia 325
Agathis australis, Waipoua, New Zealand 333

Xanthorrhoea preissii, South Australia 322 – 323
Kingia australis, South Australia 326 – 327
Agathis australis, Waipoua, New Zealand 334 – 335

Xanthorrhoea preissii, South Australia 324
Kingia australis, South Australia 328 – 329
Agathis australis, Waipoua, New Zealand 336

Xanthorrhoea preissii, South Australia 324
Agathis australis, Waipoua, New Zealand 330 – 331
Agathis australis, Waipoua, New Zealand 337

Araucaria araucana, Melipeuco, Chile — 298–299	Jubaea chilensis, Las Cabras, Chile — 306–307	Xanthorrhoea preissii, South Australia — 316
Jubaea chilensis, Las Cabras, Chile — 300–301	Jubaea chilensis, Las Cabras, Chile — 308–309	Xanthorrhoea preissii, South Australia — 317
Jubaea chilensis, Las Cabras, Chile — 302–303	Xanthorrhoea preissii, South Australia — 310–311	Xanthorrhoea preissii, South Australia — 317
Jubaea chilensis, Las Cabras, Chile — 304	Xanthorrhoea preissii, South Australia — 312–313	Xanthorrhoea preissii, South Australia — 317
Jubaea chilensis, Las Cabras, Chile — 305	Xanthorrhoea preissii, South Australia — 314–315	Xanthorrhoea preissii, South Australia — 318–319

Index

Acacia 114-121
Agathis 330-339
Agavaceae 66-75, 242-251
Aloès 102-113
Araucaria du Chili 286-299
Araucariaceae 286-299, 330-339
Arbre de Judée 10-13
Arecaceae 300-309
Asphodelaceae 102-113
Baobab 76-101
Black boy 310-329
Bombacaceae 76-101, 252-265
Cactaceae 266-273
Caroubier 14-23
Châtaignier commun 40-43
Chêne commun 28-35
Convallariaceae 66-75
Cupressaceae 36-39, 142-161, 162-169, 198-211, 212-225, 226-233, 274-285
Cyphostemma currori 122-131
Cyprès chauve 142-161
Cyprès de Patagonie 274-285
Cyprès mexicain 162-169
Dasypogonaceae 310-329
Dragonnier 66-75
Érable à sucre 234-241
Fabaceae 10-13, 14-23
Fagaceae 24-35, 40-43
Ficus 340-347
Figuier de Barbarie 266-273
Genévrier 226-233
Hêtre commun 24-27
Kapokier 252-265
Mimosaceae 114-121
Moraceae 340-347
Oleaceae 44-65
Olivier 44-65
Palmier à miel 300-309
Pin aristé 170-197
⬛aceae 170-197
⬛aceae 66-75
⬛indaceae 234-241
⬛quoia 198-211
⬛equoia géant 212-225
⬛huya géant de Californie 36-39
⬛itaceae 122-131
Welwitschia 132-141
Welwitschiaceae 132-141
Xanthorrhoea 310-329
Xanthorrhoeaceae 310-329
Yucca 242-251

Rejstřík

Agávovité 66-75, 242-251
Akácie 114-121
Aloe rozsochatá 102-113
Araukárie viz blahočet
Arekovité 300-309
Baobab 76-101
Blahočet chilský (Araukárie) 286-299
Blahočetovité 286-299, 330-339
Bobovité 10-23
Borovice osinatá 170-197
Borovicovité 170-197
Buk lesní 24-27
Bukovité 24-35, 40-43
Cejbovité 76-101, 252-265
Cyfostema 122-131
Cypřišovité 36-39, 142-169, 198-233, 274-285
Damaroň jižní (australská) 330-339
Dasypogonaceae 310-329
Dračinec dračí 66-75
Dub letní 28-35
Fíkovník 340-347
Fitzroya cupressoides (Patagonský cypřiš) 274-285
Jalovec 226-23
Javor cukrový 234-241
Jubaea chilská 300-309
Juka 242-251
Kaktusovité 266-273
Kaštanovník setý 40-43
Kingia 310-329
Konvalinkovité 66-75
Listnatcovité 66-75
Mimosoideae 114-121
Montezumův cypřiš viz Tisovec Montezumův
Morušovníkovité 340-347
Mýdelníkovité 234-241
Olivovník evropský 44-65
Olivovníkovité 44-65
Opuncie 266-273
Patagonský cypřiš viz Fitzroya
Révovité 122-131
Rohovník obecný 14-23
Sekvoj vždyzelená 198-211
Sekvojovec obrovský 212-225
Tisovec dvouřadý 142-161
Tisovec Montezumův (Montezumův cypřiš) 162-169
Vlnovec pětimužný 252-265
Welwitschie 132-141
Welwitschie podivná 132-141
Zerav obrovský 36-39
Zmarlika Jidášova 10-13
Žlutokap 310-329
Žlutokapovité 310-329

Índice

Acacia 114-121
Agavaceae 66-75, 242-251
Ahuehuete 162-169
Alerce patagónico 274-285
Algarrobo 14-23
Aloe dichotoma 102-113
Araucaria o Pehuén 286-299
Araucariaceae 286-299, 330-339
Árbol de Judas 10-13
Árbol de la vida 36-39
Arce azucarero 234-241
Arecaceae 300-309
Asphodelaceae 102-113
Baobab 76-101
Bombacaceae 76-101, 252-265
Cactaceae 266-273
Castaño común 40-43
Ceiba 252-265
Ciclamor 10-13
Ciprés calvo 142-161
Ciprés de los pántanos 142-161
Ciprés Mejicano 162-169
Convallariaceae 66-75
Cupressaceae 36-39, 142-161, 162-169, 198-211, 212-225, 226-233, 274-285
Cyphostemma currorii 122-131
Dasypogonaceae 310-329
Drago 66-75
El haya roja 24-27
Enebro 226-233
Fabaceae 10-13, 14-23
Fagaceae 24-35, 40-43
Falso ciprés de Patagonia 274-285
Ficus 340-347
Kauri 330-339
Kingia australis 310-329
Mimosaceae 114-121
Moraceae 340-347
Oleaceae 44-65
Olivo 44-65
Opuntia echios gigante 266-273
Palma chilena 300-309
Pan de San Juan Bautista 14-23
Pinaceae 170-197
Pino de Colorado 170-197
Pino longevo 170-197
Roble carvallo 28-35
Roble común 28-35
Ruscaceae 66-75
Sapindaceae 234-241
Secuoya gigante 212-225
Secuoya roja 198-211
Tuya gigante 36-39
Vitaceae 122-131
Weltwitschia 132-141
Welwitschiaceae 132-141
Xanthorrhoea preissii 310-329
Xanthorrhoeaceae 310-329
Yuca 242-251

Indice analitico

Acacia 114-121
Acero da zucchero 234-241
Agavaceae 66-75, 242-251
Albero del kapok 252-265
Albero di Giuda 10-13
Albero faretra 102-113
Araucaria o pino del Cile 286-299
Araucariaceae 286-299, 330-339
Arecaceae 300-309
Asphodelaceae 102-113
Baobab 76-101
Bombacaceae 76-101, 252-265
Cactaceae 266-273
Carrubo 14-23
Castagno 40-43
Cipresso della Patagonia 274-285
Cipresso delle paludi o calvo 142-161
Cipresso messicano o di Montezuma 162-169
Convallariaceae 66-75
Cupressaceae 36-39, 142-161, 162-169, 198-211, 212-225, 226-233, 274-285
Cyphostemma currori 122-131
Dasypogonaceae 310-329
Dracena o albero del drago delle Canarie 66-75
Fabaceae 10-13, 14-23
Fagaceae 24-35, 40-43
Faggio comune 24-27
Farnia o quercia comune 28-35
Fichi 340-347
Ginepro 226-233
Kauri neozelandese 330-339
Kingia australis 310-329
Mimosaceae 114-121
Moraceae 340-347
Oleaceae 44-65
Olivo 44-65
Opuntia echios 266-273
Palma del Cile 300-309
Pinaceae 170-197
Pino dai coni setolosi 170-197
Ruscaceae 66-75
Sapindaceae 234-241
Sequoia della California 198-211
Sequoia gigante 212-225
Tuja gigante 36-39
Vitaceae 122-131
Welwitschia 132-141
Welwitschiaceae 132-141
Xanthorrhoea preissii 310-329
Xanthorrhoeaceae 310-329
Yucca 242-251

First published in 2011 by Slovart Publishing Ltd, Bratislava
www.slovart.sk

This edition published in 2015

Distributed in cooperation with koenemann.com GmbH and Frechmann Kolón GmbH
www.koenemann.com
www.frechmann.com

Copyright © Slovart Publishing Ltd 2011, 2015
Photographs © Tomáš Míček 2011
Text © Hans Torwesten 2011
Design & Layout © Braňo Gajdoš 2011, 2015
Czech translation © Petr Hejný 2015

All photographs: Tomáš Míček, with exception of the following: David Holiš (p. 2), Milada Míčková (p. 32),
Liza Kellner (p. 68-69, 138, 152-153, 160, 236, 326-327)
The publisher would like to thank Bibliothek der Provinz, Austria for their kind permission to reproduce copyright material.

Project manager Andrea Žačoková
Production Dana Klimová

Translators: Richard Budd (English), Virginie de Bermond-Gettle (French), Petr Hejný (Czech),
Silvia Vertanová (Spanish), Anna Bologna (Italian)
Editors: Paul McCullough (English), Cornelia Ullmann (German), Petr Hejný (Czech),
Mónica Sanchez Presa (Spanish), Sara Grizzo (Italian)

Scanning and Retouching Velorum, Prague, Czech Republic
Typography & DTP A21 – studio of fine graphic design, Bratislava, Slovakia
Printed in Spain

All rights reserved. No part of this book may be reproduced, stored in a retrieval system,
or transmitted, in any form or by any means, electronic, mechanical, photocopying,
recording or otherwise without the prior permission of the publisher.

ISBN (English)	978-80-556-0076-5
ISBN (German)	978-80-556-0077-2
ISBN (Czech)	978-80-7391-150-8
ISBN (Spanish)	978-80-556-0078-9

10 9 8 7 6 5 4 3 2 1